张 莲 编著

实例版
· SHI LI BAN ·

散户跟庄与胜庄

操盘策略详解

中国铁道出版社有限公司
CHINA RAILWAY PUBLISHING HOUSE CO., LTD.

内 容 简 介

　　本书是一本针对散户介绍如何通过盘面来观察庄家操作手法的实战应用工具书，全书共9章，主要包括识别庄家、了解庄家选股策略、庄家坐庄第一步低位建仓、跟庄买入第二次机会、抓住庄股主升期、高位出货散户要顺势出局、庄家常用的骗术总结、解套技巧以及培养多空转换思维胜庄等内容。

　　内容丰富，采用理论知识与案例相结合的方式进行讲解，对帮助投资者了解庄家，清晰认识庄家操作阶段的实战应用非常适合。希望所有读者能够从本书中受到启发，摸索出适合自己的操作风格，准确分析和预测行情趋势，把握最佳买卖点，在股市中持续稳定获利。

图书在版编目（CIP）数据

散户跟庄与胜庄操盘策略详解:实例版/张莲编著. —北京:
中国铁道出版社有限公司，2020.9
ISBN 978-7-113-27035-3

Ⅰ.①散… Ⅱ.①张… Ⅲ.①股票交易-基本知识 Ⅳ.①F830.91

中国版本图书馆CIP数据核字（2020）第115185号

书　　名：散户跟庄与胜庄操盘策略详解（实例版）	
作　　者：张　莲	
责任编辑：张亚慧	读者热线：(010)63560056
责任校对：王　杰	
责任印制：赵星辰	封面设计：宿　萌

出版发行：中国铁道出版社有限公司（100054，北京市西城区右安门西街8号）
印　　刷：三河市宏盛印务有限公司
版　　次：2020年9月第1版　2020年9月第1次印刷
开　　本：700 mm×1 000 mm　1/16　印张：15.5　字数：215千
书　　号：ISBN 978-7-113-27035-3
定　　价：59.00元

庄家和散户是一个相对的概念，最明显的区别便是资金量的大小。对于散户来说，庄家既可亲又可憎。跟紧庄家的步伐，可以轻而易举地获取较大的收益；但如果没有察觉到庄家出货的行踪，又很容易被套牢。因此，散户与庄家常年处于博弈状态。

然而庄家借助其庞大的资金量，常年扮演着股市中的弄潮儿一角，且庄家机构人员设置完善，基本能够覆盖基本面与技术面两个方面。因此，对于散户投资者而言，庄家的操作可谓相当"任性"。

当庄家拉升过程中需要散户投资者的入市帮助时，庄家便放出利好信号用于吸引；当需要修整走势时，则将散户投资者清理出局；当需要变现利益时，便直接出局，任散户们挂于高处不管不顾。

正因如此，散户们为了保住自己的利益，与庄家可谓斗智斗勇，常年博弈。与庄家博弈，不如说是寻找庄家操作的形迹，借庄家之力，盈自身之利。为了让散户投资者们更好地识庄与胜庄，抓住庄家操作的蛛丝马迹，从而提高操作策略与买卖点研判的准确性，我们编写了本书。

本书共 9 章内容，可划分为 3 个部分，各部分的内容如下。

● **第一部分（第 1～2 章）**：这部分主要介绍了庄家与散户的区别、庄家的选股策略与庄家的操作流程等内容，可以让散户投资者对庄家有一个系统地认识，也更明确庄家们的选股偏好。

- **第二部分（第 3～6 章）**：这部分内容主要介绍了庄家操作的全步骤，从最初的建仓到最终的出货，对这一期间庄家的心路历程与操作特点都有一个比较全面地介绍，也运用了很多案例进行佐证，不仅有综合应用的内容，也有陷阱识别的内容，通过这部分内容的学习，可以让读者对庄家坐庄的过程与常用的方法有所了解。

- **第三部分（第 7～9 章）**：这部分内容主要介绍了庄家常用的骗术、散户们解套的心态和多空转换的思维。通过这部分内容的学习，可以让读者对庄家的操作技巧有一个更全面的认识，也对操作失误时如何解套有更清晰地认知。

在编写本书的过程中，我们从实用的角度出发，选取了大量的案例进行剖析，系统全面地介绍了识庄、胜庄的实战用法，以及通过各种盘面指标来分析庄家的操作技法，并利用丰富的图示降低阅读的枯燥感，让读者在一种轻松的阅读氛围中学习本书的知识。

由于编者经验有限，加之时间仓促，书中难免会有疏漏和不足之处，恳请专家和读者不吝赐教。

股市有风险，投资须谨慎。

编 者

2020 年 6 月

目录

第 1 章

知己知彼,
识庄才能更好跟庄

在股市中,散户们孜孜不倦分析的,除了个股本身的行情走势之外,还有庄家们的动向。究其原因,庄家"财大气粗",其盘内操作对个股走势有较大的影响,识别出了庄家的操盘行为,便可较为轻松地获得较高收益,下面我们来简单了解一下庄家。

1.1　初识庄家的真面目

无论市场行情如何波动，庄家和散户们进入市场投资的根本目的是完全一样的，均是为了获利避险。下面来简单介绍一下庄家的特点与优劣势等内容。

1.1.1　庄家与散户的区别

庄家和散户通过购入某只股票，成为该家上市公司的股东。庄家通常是指持有或影响上市公司大量流通股的股东；散户通常是指持有或影响上市公司极少量流通股的股东。

虽然都是为了在股市中获利，但庄家与散户有较大的区别。在股票市场中，散户占多数，但股市中大部分资金又掌握在庄家手里，散户与庄家在股市中形成一种看似相互对立又相互依存的关系。那么庄家和散户的不同主要体现在哪几个方面呢？

1. 资金量：十几亿 VS 十几万

庄家一般以团体形式出现，坐拥较庞大的资金量，当这个团体坐庄某只股票时，一般都可以影响、控制甚至操纵它在二级市场上的走势与股价；而散户资金量较少，一般情况下对股价没有太大的影响，只有在极端情形下才有可能影响股价的波动。

2. 持股时间：一年 VS 几天

大多数庄家坐庄的时间属于中长期，短则半年，长则几年。因此庄家经历的是这只股票从底部上升至高位的全过程，中途的波动庄家很少在意，从长远来看，庄家们总是获利的；而散户们操作股票时间较短，喜欢一只股票做几周甚至几天，股价稍有波动，便会采取抛售或者买入的操作。

如图 1-1 所示，若将平安银行 2018 年 6 月至 2019 年 11 月的股价走势图看成某庄家的坐庄过程，则该过程已持续超过一年。在该过程中，股价有拉升，也有阶段性回调，但总趋势是上涨，说明盘内的大额资金并未出现脱离。

图 1-1 庄家坐庄

而对于散户而言，则很少会持有一只股票长达一年以上，在股价中途波动时，散户们便已选择落袋为安，以保证资金的安全性。

知识点拨 *庄家并非都选择中长期操作*

股市中除了上面介绍的中长期操作的庄家外，还有短线操作的庄家，大致可分为两种：一种是抢反弹的，在大盘接近低点时买进，然后快速拉高，待广大散户也开始抢反弹时迅速出局；另一种是炒题材股的，出现重大利好消息前拉高吃货，或出消息后立即拉高吃货，之后继续迅速拉升，并快速离场。

---

3. 前期准备：周密计划 VS 3 分钟做决定

因为庄家们通常是选择长期持有某只股票，所以在此之前，他们会对该股的基本面、技术面做长时间的详细调查、分析，制订周密的计划后才敢慢慢行动；一般的散户则是通过较为短期的观察，则做出买卖决定。

4. 选股差异：冷门 VS 热门

庄家都喜欢一些比较冷门的个股，然后慢慢将其炒热，创造题材。散户总是喜欢当前最热门的个股，反复不断地追逐更新的热点。

5. 彼此态度：知己知彼 VS 不屑一顾

庄家总是非常重视散户的看法，经常会亲自到散户群中去倾听他们的心声，了解他们的动向，做到知己知彼。散户总是对庄家在盘面上的行动和变化不屑一顾，认为庄家的操盘手法对自己没有帮助。

庄家与散户的差别很多，上述只是列举其中一些主要的差别。从上述内容中也可以看到，庄家与散户有着截然不同的思维方式和操作方式。从耐心和心态上来看，庄家原则上永远都会是赢家，而散户只是被动地期待，频繁操作，才能在股市中获得较少利润。因此，散户跟庄是一个较为稳定获得收益的方法。

1.1.2 庄家的分类与操盘特点

分析庄家之前，首先要了解庄家的分类，因为不同类型的庄家，操盘手法是不同的。

1. 根据操作周期的长短可分为短线庄家、中线庄家、长线庄家

◆ 短线庄家

短线庄家收集的筹码少，通常是 5% ~ 10%，收集期短，收集手法十分隐蔽，不容易被发现。使用快进快出的操作手法，极少出现"游击战"变"持久战"。

短线庄家要求的操盘技术远没有中线庄家复杂。从投资机会看，短线坐庄机会比较简单明了，远没有中、长线庄那样对中长线走势要有一个较准确地判断，他们擅长快进快出，短期内获利。

◆　中线庄家

中线庄家有一个明显的筹码收集期，持筹最少三成，最多可达八成，因为筹码的收集时间长，所以在 K 线图上常常会留下明显的痕迹，一般表现为在底部附近，大盘下跌该股不跌；大市盘整，它却拉升等形态，如图 1-2 所示。

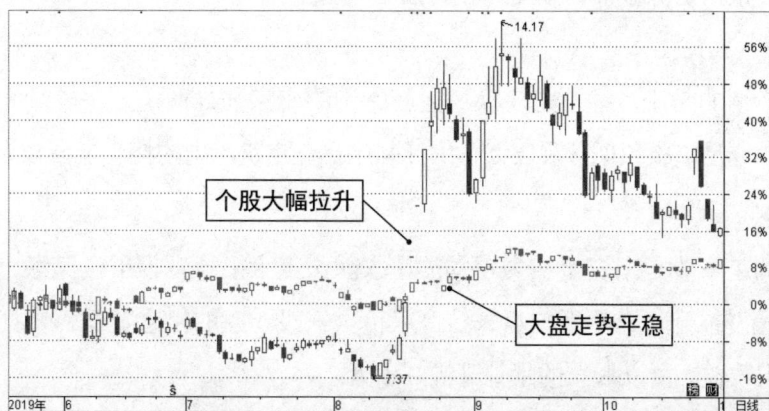

图 1-2　个股与大盘走势不同

中线庄家坐庄的个股一般升幅可观，最少达五成以上，因为中线庄家手中锁定了大量筹码，很容易把股价拉上去。

但中线庄家手中筹码多，因此派发时间自然较长，它不仅在高位和中位派发，甚至到了低位仍贱价出售，抛弃筹码。

◆　长线庄家

长线庄家的特点是在股价底部附近时不会计较价格的小幅波动，积极吸筹；在股价的顶部附近时也不会计较卖出价格是否全部为最高价，只要达到自己的操盘目的，就会在顶部附近大量出货。

长线庄家看中的是股票背后上市公司的业绩，他们是以投资者的心态入市的。由于长线庄家资金实力大、底气足、操作时间长，在走势形态上才能够明确地看出吃货、洗盘、拉高和出货。

长线庄家的一个最重要的特点就是持仓量。由于持股时间非常长，预期涨幅非常大，所以要求庄家必须能买下所有的股票，其实庄家也非常愿意这样做。这样股价从底部算起，有时涨了一倍了，可庄家还在吃货。出货的过程也同样漫长，甚至到后期时不计价格地抛售，他们看重的是整体收益，而非一时损益。

2. 根据走势振幅和幅度可分为强庄和弱庄

◆ 强庄

所谓的强庄，并不是庄家一定就比别的庄家强，而是某一段时间走势较强，或是该股预期升幅巨大，因此强庄在一定阶段内的持仓量会较大。

◆ 弱庄

弱庄一般是指资金实力较弱的庄家。由于大幅拉升顶不住抛盘，所以只能缓慢推升，靠不断洗盘来拉高股价。一般弱庄的持仓量低，靠打差价来获得收益，所以股票的累计升幅并不大。

3. 根据股票走势和大盘的关系，可分为顺势庄和逆市庄

◆ 顺势庄

顺势庄是指庄家所控制的盘面走势与大盘走势一致，需要庄家有较强的分析能力、操作能力和较高的控盘水平。

◆ 逆市庄

与顺势庄相反，逆市庄是指所控盘面与大盘走势没有共性的庄，如大盘下跌时个股上涨。

逆市庄由于白白放弃了一个重要的工具，即市场人气，所以做盘难度大，失败的较多。

4. 根据庄家做盘顺利与否，可分为获利庄和被套庄

◆ 获利庄

获利庄是指成功出货，获得丰厚利润的庄家。

◆ 被套庄

被套庄分为两种,一种是股价低于庄家的建仓成本,庄家已没有操纵股价的能力了。这种庄家比散户被套要惨得多,因为没有新庄入场的话,就没有解套的可能,割肉的话,又苦于没有接盘。

另一种被套庄,是由于手法不对,或所炒股票明显超出合理价值,导致没有跟风盘,结果虽然股价高于成本,但无法兑现。

5. 根据性质可以将庄家划分为法人和个人投资者、市场的机构投资者和国家的机构投资者

◆ 法人和个人投资者一般包括上市公司的控股股东或个人投资者。
◆ 市场的机构投资者包括券商、公募基金和私募基金等。
◆ 国家的机构投资者包括社保基金和一些保险基金等。

1.1.3 庄家的优劣势分析

尽管庄家有雄厚的资金实力可以提前干预股市,但是并不等于庄家就具有完全的优势。正如股价有涨跌,庄家作为股市的操盘者,自然也有优劣势,下面来详细了解一下。

1. 庄家的优势

◆ 资金体量大

庄家的资金体量相对于散户来说是很大的,庄家手中掌握着一只股票大量的流通筹码,并且手中还有相当多的现金,用来打压股价和拉升股价。庄家的动作相对灵活,可以根据市场的表现对股票价格采取不同的措施。而很多散户通常买一只股票通常都是一次性全仓买入,这样就失去了主动权,在股价的波动过程中容易被庄家迷惑。

◆ 团队合作能力强

通常一只股票的控盘庄家并不是一个人,而是一个团队。这个团队除了有操盘手，还有一些数据分析师、统计员等，庄家在运作过程中是一个团队在运作，他们需要考量一只股票场内是否还有其他暗庄（即拥有大量筹码，但是盘面上并看不出来）。

不仅是对于个股，他们精通基础分析和技术分析，对于大盘的近期走势也有一定的把控，并能够根据市场的变化及时调整操作思路，这样有利于高抛低吸。大盘行情好时他们高位卖出获利，大盘行情差时他们低位买入，在这过程中不断降低成本。

◆ 信息优势

庄家相较于散户而言，信息更加畅通，甚至有时候散户得到的消息，都是庄家故意放出来的，例如会经常发现某只个股出了利好消息，但是当天股价高开低走，成交量全天放巨量，K线收阴线。这种就是庄家在准备出货的时候刻意放出利好消息让散户投资者接盘。

2. 庄家的劣势

◆ 资金的时间成本高

庄家的资金虽然体量大，但是都是带有一部分利息的，甚至有一部分杠杆资金。这些资金在短期内能发挥强大的威力，但是如果时间太长，庄家就会不堪重负。

◆ 运作股价留下痕迹

庄家在运作时会在分时图内不断拉升、打压，从K线图上看总是能发现一些规律，熟悉股票技术分析的投资者很容易从K线图和分时图中识别庄家，并且能够推理出庄家目前所进行的阶段。

◆ 船大难掉头

庄家由于持有一只股票大量的流通筹码，如此大量的筹码也造成了庄家很难一次性出货，如果一次性将大量股票全部卖出，会造成股价的急速下跌，原有的账面利润马上就可能变成亏损。因此，庄家在出货时必须要悄无声息，不能让散户投资者发觉，这也是庄家在整个坐庄流程中最难的环节。

1.2　剖析庄家的内部结构、外部联系

庄家是由一群人员组成的团体，并且团体内职责分明，大家各司其职，每次操盘的成功与每个职责单位都有密不可分的关系。

在操盘过程中，庄家与外部的联系同样重要，它是庄家保持信息畅通的主要渠道。

1.2.1　庄家的内部结构

一个完整的庄家团体，一般由以下人员构成，如表 1-1 所示为庄家团体的基本结构。

表 1-1　庄家团体的基本结构

职位	工作职责
总管	总管的主要职责是主持整体坐庄过程的全局，把握大的方向，起着决策主导作用，是庄家活动的核心，贯穿整体活动。他的决策包括选择什么坐庄品种，进庄时机，持仓数量，操作手法，出货方式，以及资金调度和人员安排
调研人员	调研人员的主要工作是与上市公司进行沟通，通过调查分析，归纳提出一些有价值的建议和意见，并且进行进一步研究，给总管提出防范风险的措施
公关人员	这类人是由庄家派出的外交人员，他们接触形形色色的人，包括上市公司、咨询公司、电台、电视台、散户、大户、股评人士、传媒等，以此来贯彻和执行总管的意图。很多消息的发布都是由这些人来完成的
资金调度人员	资金是坐庄过程中的血脉，如果资金链断裂，必然带来坐庄的风险。庄家必须要想尽办法保持资金充足，要有专人与银行打交道，保持与金融界的关系
操盘手	其工作主要是按总管的指令进行现场买卖。操盘手的水平高低直接影响股价走势，其作用不可低估。现在，一般散户认为操盘手是庄家，把庄家等同于操盘手，这是不正确的

1.2.2　庄家的外部联系

坐庄是一个关系协调处理的过程，庄家在实际操作中，除了内部井然有序之外，与外部的联系同样重要，日常也会比较注重对外关系的维护，如果一方处理不当，则可能会造成坐庄失败。

1. 与券商的关系

庄家与券商之间有着密切的关系，他们会借助券商的力量来完成坐庄任务，主要表现在以下两个方面。

◆ 融资支持与其他业务支持

庄家在建仓完成后，往往需要融出拉升所需资金，券商是重要的融资渠道之一。

◆ 业务支持

由券商出面协调与上市公司及其他层面的关系，往往事半功倍，而券商的投资银行业务能力往往是各路庄家所羡慕的。

例如可以借助上市公司配股或增发股票的时期，将股价打压至较低价位，在券商包销后倒仓，便可持有较为廉价的筹码。

2. 与中介机构的关系

中介机构主要包括具备证券从业资格的会计师事务所、律师事务所和投资咨询顾问公司等。

庄家与中介机构建立起良好的合作关系，是坐庄成功的重要环节之一。庄家出于获取较大利润的目的，善于利用天然的优势去对中介机构施加影响，必要的时候可以利诱。那么这些中介机构对坐庄会有哪些重要影响呢？

◆ 与律师事务所的关系

律师事务所会介入上市公司的重要事件当中，因此庄家与律师事务所相互配合，在重要事件发生时保证其符合国家有关法律、法规的规定，否则一旦"程序不合法"，则心血必将毁于一旦。

◆　会计师事务所的作用

会计师事务所对上市公司的年报、配股、发行、增发及 T 类公司中报均负有审计的职责。

在出具审计报告的过程中，对财务数据的真实性、准确性需要进行确认，在此环节若是出现漏洞，则无法保证财务报告的准确性，而庄家坐庄选择某只股票时，会分析该家上市公司的经营情况，势必会使用到审计报告，可见会计师事务所的重要性。

若是公司财务数据出现造假，而会计师事务所因某些原因未查明，一旦曝光，则庄家坐庄失败，前期付出的所有精力都将白费。

实例

金亚科技（300028）财务造假，立信会计师事务所被罚没 360 万元

成都金亚科技股份有限公司 2009 年成功上市，并在股市演绎了 6 年的财富神话，直到 2015 年 6 月被证监会立案调查，才让其原形毕露。

下面来了解一下金亚科技的基本情况，如图 1-3 所示为企查查上显示的该公司的基本信息。

法定代表人	熊　　　　他关联1家企业 >	注册资本	34398万元人民币
		实缴资本	26460万元人民币
经营状态	存续（在营、开业、在册）	成立日期	1999-11-18
统一社会信用代码	9151▇▇▇▇▇▇	纳税人识别号	91510▇▇▇▇
注册号	51010▇▇▇▇	组织机构代码	720▇▇▇
企业类型	股份有限公司(上市、自然人投资或控股)	所属行业	科学研究和技术服务业
核准日期	2018-08-23	登记机关	成都市工商行政管理局
所属地区	四川省	英文名	Geeya Technology Co., Ltd.
曾用名	成都金亚科技股份有限公司	参保人数	61
人员规模	500-999人	营业期限	1999-11-18 至 3999-01-01
企业地址	成都金▇▇▇▇		查看地图　附近企业
经营范围	数字化用户信息网络终端产品、卫星直播系统综合解码器、电子产品、通信设备(不含无线电发射设备)的设计开发、生产、销售和服务;网络技术的开发和服务;实业投资(不得从事非法集资、吸收公众资金等金融活动);货物进出口,技术进出口。(依法须经批准的项目,经相关部门批准后方可开展经营活动)。		

图 1-3　企查查上显示金亚科技基本信息

公司前五大个人股东持股情况如图1-4所示。

序号	股东名称	股份类型	持股数(股)	持股比例	最终受益股份	增减(股)	变动比例
1	周██ 大股东 有股权质押 实际控制人 最终受益人 他关联1家企业 >	流通A股	96 251 220	27.98% 持股详情>	27.98%	不变	—
2	王██ 有股权质押 他关联5家企业 >	流通A股	18 490 680	5.38% 持股详情>	5.38%	不变	—
3	丁██ 他关联1家企业 >	流通A股	4 268 300	1.24%	1.24%	不变	—
4	蒋██ 他关联1家企业 >	流通A股	1 526 855	0.44%	0.44%	不变	—
5	阿██ 他关联1家企业 >	流通A股	1 188 800	0.35%	0.35%	不变	—

图1-4 金亚科技五大自然人股东

在个人股东持股中，持股量最大的周××为前任董事长。

公司前五大机构股东持股情况如图1-5所示。

序号	企业名称	参股关系	参股比例	投资金额	被参股公司净利润	是否合并报表	主营业务
1	四川████有限公司	联营企业	14.27%	2 090.35万元	-	-	-
2	北京████有限公司	联营企业	49.00%	-	-	-	-
3	成都████有限公司	联营企业	14.97%	398.24万元	-	-	-
4	成都████有限公司	联营企业	17.53%	-	-	-	-
5	成都████科技有限公司	联营企业	40.00%	47.92万元	-	-	-

图1-5 金亚科技的前五大机构股东

2013年，金亚科技经营亏损严重，当时在任的董事长周××在2014年年初定下了公司当年利润为3 000万元左右的目标。由于存在业绩压力，董事长伙同财务负责人伪造相应的财务数据，财务负责人将真实的利润和目标利润的分解额告诉董事长，由董事长确认对外的公布数据，财务负责人再将相应的利润分解金额告诉财务人员，再由财务人员做入账里面。

对于金亚科技披露的2014年合并财务报表虚增银行存款2.18亿元，虚增营业收入7 363.51万元，虚增营业成本1 925.33万元，虚增预付工程款3.1

亿元。而立信会计师事务所在对金亚科技 2014 年度财务报表审计时，未勤勉尽责，出具了存在虚假记载的审计报告。

立信会计师事务所因金亚科技 2014 年年报审计问题，证监会决定，没收立信所业务收入 90 万元，并处以 270 万元的罚款。

而金亚科技自身因此事件，股价大幅下滑，如图 1-6 所示为金亚科技 2009 年上市至 2018 年 8 月的股价走势。

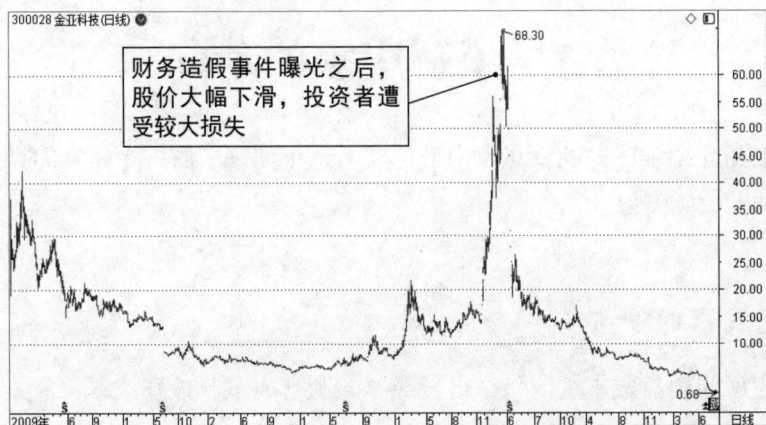

图 1-6　金亚科技 2009 年上市至 2018 年 8 月的股价走势

由上图中可见，金亚科技因财务造假一事，会计师事务所在出具审计报告时未履行勤勉责任，此事曝光，造成股价断崖式下滑，投资者遭受惨痛损失。

3. 与专家、学者的关系

庄家与传媒及对经济决策有影响的专家、学者保持良好关系，能够充分利用这些人的作用，获得他们的指点与忠告，还可以了解国家政策的方向，及时把握影响上市公司的最新发展动态，提前知晓利空或利好政策的出台，可有效地防范风险，减少不必要的损失。

同时，早一步知晓对股市有重大影响的政策出台，从而有效地避免政策变动风险，化风险为机遇，抓住有利时机。

4. 与当地政府部门的关系

由于经济发展不平衡，我国区域差别很大，导致当地政府对上市公司的支持有很大的差别。例如，少数民族地区的上市公司能获得当地政府的支持和保护，这样有利于庄家开展坐庄操作。

1.3　了解庄家的动向

上面介绍了庄家的特点及内外部联系，下面来了解一下庄家的操盘成本及利润率等内容。

1.3.1　庄家的操盘成本

庄家的操盘成本主要包括进货成本、利息成本、拉升成本、公关成本和交易成本等。

1. 进货成本

庄家资金量大，进场时必然会耗去一定升幅，尤其是拉高建仓或者接手前庄的筹码，进货成本比较高。这类庄家志向高远，不计较进货价格。但有人看见股价从底部刚涨了10%，便担心升幅已大，不敢再买。

其实，升20%甚至50%有可能是在为庄家吸筹，关键要看在各个价位区间成交量的多寡。低位成交稀少，庄家吸筹不充分，即使已有一定的涨幅亦不足为惧。

很多散户在跟庄的过程中会有这样的体会，虽然抓到了黑马，但不是在庄家的震仓洗盘中割肉出局，就是在股价上涨阶段小有获利时就出局，最终与黑马失之交臂。

2. 利息成本

利息成本也称融资成本，除了少数自有资金充足的机构庄家外，大多数庄家的资金都是从各种渠道筹集的短期借贷资金，要支付的利息很高，有的还要从坐庄赢利中按一定比例分成。

因此，坐庄时间越久，利息支出越高，持仓成本也就越高。有时一笔短期借贷款到期，而股票没有获利派发，只好再找资金，拆东墙补西墙，甚至被迫平仓出局。因此，股价更需向上的拓展空间。

3. 拉升成本

正如庄家无法买到最低价，同样亦无法卖到最高价，通常有一大截涨幅是为他人做嫁衣，资金量较小的散户的跟风盘跑得比庄家还快。

有的庄家拉升时高举高打，成本往往很高，短期会有大涨幅；有的喜欢稳扎稳打，成本较低，也为日后的派发腾出空间。

手法高明的庄家在拉高时只需借助利好消息，股价就能让追涨的散户抬升上去。

但是大多数庄家需要盘中对倒放量制造股票成交活跃的假象，因此仅交易费用一项就花费不少。另外，庄家还要准备护盘资金，在大盘跳水或者技术形态变坏时进行护盘，有时甚至要高买低卖。

4. 公关成本

庄家的公关包括很多层面，主要有管理层、券商、银行、上市公司、中介机构等。这些公关的重要性是不言而喻的，但庄家也应为此付出必要的成本。

5. 交易成本

尽管庄家可享受高额佣金返还，但庄家的印花税还是免不了的。这笔费用不得不计入持仓成本中。

1.3.2 庄家的持仓量

庄家要坐庄，无论是短线操作、中线操作还是长线操作，控盘程度最少应该在 20% 以上，只有控盘达到 20% 以上的股票才做得起来。如果控盘达不到 20%，原则上是不可能坐庄的。

◆ 如果控盘度在 20% ~ 40% 之间，股性最活跃，但浮筹较多，上涨空间较小，拉升难度较高。

◆ 如果控盘度在 40% ~ 60% 之间，这种股票的活跃度更好，空间更大，这个程度就达到了相对控盘，大多数庄家都是中线庄家。

◆ 若超过 60% 的控盘度，则活跃程度较差，但空间巨大，这就是绝对控盘，大黑马大多产生于这种控盘区间。

对个股而言，控盘度越高越好，因为个股的升幅与持仓量大体成正比关系，庄家动用的资金量越大，日后的升幅越可观。

一般而言，一只股票流通盘总数的 20% 左右是锁定不动的，无论行情怎么变化，这部分筹码也不会流出来。这是因为，一只股票总有人要做长线，无论股价如何暴涨暴跌，他们就是不走，或者说有一部分人在高位深套，把股票压箱底了，不想跑了等，这批人等于为庄家锁仓，庄家想把他们手里的筹码"骗"出来非常难。

流通盘中除了 20% 不流动的股票外，剩下的 80% 是流动筹码。在这部分筹码中，属于最活跃的浮筹只占流通盘的 30% 左右，当庄家把这部分最活跃的浮筹清洗完毕，如果不考虑股价因素，市场中每日卖出的浮筹就非常少，所以庄家持有 30% 的筹码就能大体控盘。

其余 50% 都是相对稳定的持股者，只有在股价大幅上涨或行情持续走低时，他们才会陆续卖出。如果庄家在剩余的 50% 浮筹中再控制 20%，手里的筹码就有 50%，庄家基本上就可以很好地控盘了。

所以，一只股票的筹码从流动到稳定分布是这样的：30% 是浮动筹码，最容易流动；接下来 20% 是相对稳定，只有大涨或大跌时才会卖出；再下来 15% 的稳定部分，只有上涨的时间长了才卖出；后面的 15% 更稳定，只有技术形态变坏了才卖出；最后 20% 是长期稳定，涨也不卖，跌更不卖，基本上处于"死亡"状态。

但是，庄家手里筹码也并非越多越好，如果控盘 60% 以上，那么外面的流动筹码只有 20%，市场中没有财富效应，赚钱的人很少，这只股票的走势就会慢慢变得呆滞，从易涨难跌到难涨难跌，成交量也很少。而且庄家控制的筹码越多，占用的资金越多，撤退就越难。

如果跟庄做短线，最好是跟持仓量 30% 左右的，如果做中线，就跟持仓量 60% 左右的。想要做到这一点，就要能对庄家的持仓总量进行准确判断。

我们在判断庄家持仓总量的时候，有一种简单的方法，即一波行情从底部到顶部上涨的过程中，如果成交量是 1 亿股，那么庄家一般占有其中的 30%。

在操作的时候还可以再简单一点，从庄家介入的那天开始到大规模拉升之前，算一下这一过程中总共成交量是多少股，如果成交量是 5 亿股，那么庄家的持仓量大约是 1.5 亿股。

1.3.3　庄家的利润率

庄家在操盘的过程中，会设定一个利润率作为操盘目标，根据我国现在股市的实际情况，庄家一般以股价翻倍的位置作为卖出目标的基础。

如果一只股票有上涨 100% 的空间，庄家的利润率应该维持在 30% ~ 40%。这里的 100% 是指股价从一波行情的最低价到最高价的幅度，30% ~ 40% 为净利润，如包括 10% 的资金成本，毛利润应在 40% ~ 50%，这是一般庄家的正常收益。

比如，某只股票的最低价为 10 元，庄家吸筹一般要消耗 20% 左右的利润空间，即股价在 12 元附近为庄家的吸货成本价。拆借资金年利息一般在 10% 左右。

中线庄家坐庄时间一般要经历一年以上的时间，利息成本消耗 10%。坐庄过程中要经历的吸筹、洗盘、震仓、拉升、出货等工作都需要耗去各种成本，一般在 10% ~ 20% 之间，并且庄家不可能完全在高位派发手中的筹码。

比如，股价从 25 元上涨到 35 元，高位派发空间需要 20% ~ 30%，即股价在 30 ~ 35 元之间都是庄家的派发空间，这样又耗去涨幅的 20% ~ 30%。

总的来说，成本累计高达 60% ~ 70%，这就是庄家坐庄的"行业平均成本"，即如果目标个股上升 100% 的幅度，庄家实际只能获利 30% ~ 40%。这 30% ~ 40% 的利润是庄家坐庄行业的平均利润，如果低于这个利润，很多庄家会退出这个高风险的行业。

1.4　解读庄家的操盘过程

因为庄家坐拥大量资金，投入更大，操盘时间也较长，相应承担的风险就越大。所以庄家的行为会更为谨慎。

庄家坐庄会经历建仓、洗盘、拉升和出货 4 个阶段，这几个阶段表现在图形上，则如图 1-7 所示。

从图可见，散户们最佳入股时间为庄家的建仓期，但是该阶段历时较长，且盘面较隐蔽，一般不易被发现。因此大多数投资者都更容易在股价拉升阶段入市，此阶段拉升力度较强，投资者们可以获得较高的收益。

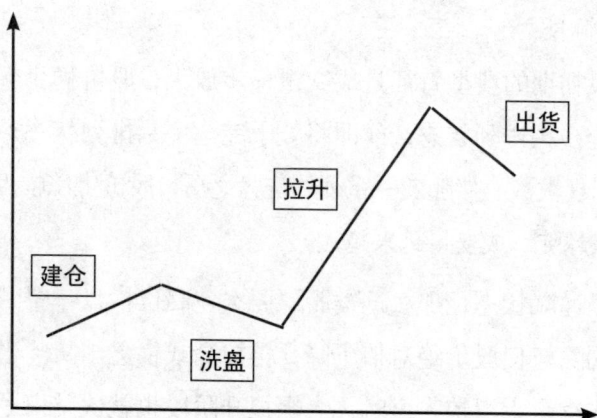

图 1-7　庄家坐庄的过程

为了帮助投资者更好地跟庄，下面对这几个操盘过程进行具体介绍，让投资者可以更深入地了解庄家各阶段的操盘手段。

◆　建仓阶段

建仓是庄家坐庄的第一步，也被称为吸筹，即吸取筹码。在这一阶段，主力往往会耐心地、静悄悄地、不动声色地收集低价位筹码，这部分筹码是主力的仓底货，是主力未来产生利润的主要来源，一般情况下主力不会轻易抛出。

这一阶段中的成交量每日极少，且变化不大，均匀分布。在吸筹阶段末期，成交量有所放大但并不是很大，股价呈现为不跌或即使下跌，也会很快被拉回，但上涨行情并不会立刻到来。因此，该阶段散户投资者应观望为好，不要轻易杀入，以免资金呆滞。

◆　洗盘阶段

主力在低位吸足筹码后，一般先要洗盘一番，将股价小幅拉升数日，看看市场中的跟风盘多不多，持股者心态如何。随后便是持续数日的打压，震出意志不稳的浮码，为即将开始的大幅拉升扫清障碍。

如果不洗盘，一旦这些浮码在主力大幅拉升时中途抛货砸盘，主力就要付出更多的拉升成本，这是主力绝对不能容忍的，因此打压震仓不可避免。

◆ 拉升阶段

这一阶段初期的典型特征是成交量逐步放大，股价稳步攀升，移动平均线处于完全多头排列状态，或即将处于完全多头排列状态，阳线出现次数多于阴线出现次数。伴随着一系列的洗盘之后，股价上涨幅度越来越大，上升角度越来越陡，成交量越来越大。

若有量呈递减状态，那么这类股票要么在高位横盘一个月左右慢慢出货，要么利用除权使股价绝对值下降，再拉高或横盘出货。当个股的交易温度火热，成交量大得惊人之时，大幅拉升阶段也就快结束了，因为买盘的后续资金一旦用完，卖压就会倾泻而下。因此，此阶段后期的交易策略是坚决不进货，如果持筹在手，则应伺机出货。

◆ 出货阶段

出货是庄家操盘的最后一步，即将持有的筹码脱手抛出，此时买盘虽仍旺盛，但已露疲弱之态，成交量连日放大，显示主力已在派发离场。因此，此时就成为投资者离场的最佳时机，此阶段跟进者则风险较大，实为不智之举。

第2章

寻迹庄股,
散户选股胜庄策略

在了解了庄家的基本情况后,接下来再了解一下庄家选股的策略。庄家选择某只股票,需要综合考虑各方面的因素,了解这些知识点能更好地帮助散户们做出正确的选择。

2.1　胜庄的选股准备

庄家们在资金和操盘技术上都远远高于散户，因此散户在选股时，总会揣测庄家们的选股思路，想模仿他们的选股技巧。那么庄家怎么选股？庄家选股需要做好哪些准备呢？

2.1.1　解析庄家选股标准

市场中有一句话在一定程度上反映出了选股的重要意义，即"选股如选妻"。对于散户们来说，大多数的操作是冲动无序，甚至是盲目的，介入个股的随意性很大，而对于庄家来说，他们有着严格的选股标准和条件。

1. 基本面

基本面是指对宏观经济、行业和公司基本情况的分析，包括宏观经济运行态势和上市公司基本情况。如表 2-1 所示为宏观经济的基本面分析主要内容。

表 2-1　宏观经济运行态势的基本面分析

主要方面	内容
经济因素	从长期和根本上来看，股票市场的走势和变化是由国家经济发展水平和经济景气状况所决定的，股票市场价格波动也在很大程度上反映了宏观经济状况的变化。在经济繁荣时期，企业经营状况好，盈利多，其股票价格也上涨。经济不景气时，企业收入减少，利润下降，导致其股票价格不断下跌
政治因素	指对股票市场直接或间接受到政治方面的影响，如国际的政治形势，政治事件，国家之间的关系，重要的政治领导人的变换，国家间发生战事，某些国家发生劳资纠纷甚至罢工风潮等，这些都会对股价产生巨大的、突发性的影响。这也是基本面中应该考虑的一个重要方面

续上表

主要方面	内容
行业因素	行业在国民经济中地位的变更，行业的发展前景和发展潜力，新兴行业带来的冲击等，以及上市公司在行业中所处的位置，经营业绩，经营状况，资金组合的改变及领导层人事变动等都会影响相关股票的价格
市场因素	投资者的动向，大户的意向和操纵，公司间的合作或相互持股，信用交易和期货交易的增减，投机者的套利行为，公司的增资方式和增资额度等，均可能对股价形成较大的影响
心理因素	投资人在受到各个方面的影响后产生心理状态改变，往往导致情绪波动，判断失误，做出盲目追随大户而抛售或抢购等行为，这往往也是引起股价狂跌、暴涨的重要因素

宏观经济运行态势反映出上市公司整体经营业绩，也为上市公司进一步的发展确定了背景，因此宏观经济与上市公司及相应的股票价格有着十分密切的关系。

上市公司的基本面包括财务状况、盈利率、市场占有率、经营管理制度和人才结构等方面，如表 2-2 所示。

表 2-2　上市公司的基本面分析

主要方面	内容
财务状况	财务状况是企业经营活动成果在资金方面的反映，按照各项目间存在的相互对应关系，将资金占用和资金来源之间的各个对应项目加以分析对比，观察资金占有及其来源是否合理。一般来说，公司的财务状况主要反映在财务报表上，财务状况越好的公司，投资者们越看好
盈利率	盈利率又称市价盈利率、市盈率，是指长线投资复息回报率。这一比率反映了投资者对公司未来盈利的预期，比率越高，表示投资者对股票的预期越乐观，反之则不然。其原因在于，投资者对公司未来盈利的预期大，股价才会上升，这一比率才相应地增加。一般来说，那些快速发展的公司，这一比率较高，而平稳发展的公司这一比率则相应较低

续上表

主要方面	内容
市场占有率	市场占有率亦称市场份额，指某企业、某一产品（或品类）的销售量（或销售额）在市场同类产品（或品类）中所占比重。反映企业在市场上的地位，通常市场份额越高，竞争力越强，投资者们买入的可能性越大
经营管理制度	经营管理制度是对企业资产的形成、积累、评估、管理、使用和创新整个过程的控制和管理的制度。经营管理制度是资产管理的基础，没有健全的资产制度，资产管理就无章可循
人才结构	人才结构是指企业的人员配置，包括三个方面的含义：人才整体中要素的数量；人才整体中要素的配置；各要素在人才整体中的地位和作用。人才结构越合理，公司发展越稳健

在具体操作中，庄家偏好选择有利润增长潜力，未分配利润多，资本公积金与净资产值高的股票。

另外，庄家往往还会考虑个股基本面的改观潜力。那些基本面优异、受到国家产业政策扶持的股票，前景看好、价格较高，容易导致筹码分散，庄家难以吸到货。而基本面差、无人问津的股票，如果通过潜在题材出现而使基本面改观，往往是庄家追捧的对象。

2. 技术面

技术面是指反映股价变化的技术指标、走势形态以及K线组合，为股价后期的走势及变化做判断。

一般来讲，庄家在选股的时候会从下面3点加以分析。

◆ 看流通盘大小与自己的资金量是否相同，用太小的资金炒作太大的盘子，会感到力不从心，推不动盘口。一般情况下，庄家如果能够拥有50%以上的流通盘，就可以操纵股价。大机构炒大盘股往往是为了控制大盘指数，激发市场人气。

◆ 看筹码分布是否均匀是指筹码分布在不同价位、不同投资者手中。

◆ 看当前个股走势，看个股是已经初步探底完成还是正处于下跌过程。

3. 题材概念面

题材概念股是指由于一些突发事件、重大事件或特有现象而使部分个股具有一些共同的题材，这些题材可供炒作者借题发挥，从而引起市场大众跟风。

题材股拥有以下 4 个特征。

- **极大的想象空间**：给人以非常大的想象空间，对后市发展充满希望。
- **阶段、时效性强**：题材股是一个阶段所发生的，时效性强，即人们所说的"过期不候"，持续性弱。
- **有反复性**：按概率论、循环论，这一类的题材到第二年同一时段可能还会发生，因为有些题材有着反复性。
- **主力、众人关注**：能激发人气，利用人们的从众心理，引起大众跟风。

> **知识点拨** *庄家选股其他几个重视的方面*
>
> 　　除了上述介绍的选股策略外，庄家在选股时还有两点比较重视：一是所选目标股应该是近些年来没有爆炒过的个股；二是所选目标股是否有其他的庄家机构潜伏在内，如果有的话庄家之间的搏杀将十分惨烈，做庄成功的难度也会成倍增大。

2.1.2　不同庄家的选股侧重点

在第 1 章我们了解到了庄家可分为法人和个人投资者、市场的机构投资者和国家的机构投资者。不同的庄家，操作手法不同。下面具体来了解不同庄家的操作特点，从而为投资者精准跟庄提供参考。

1. 法人或个人投资者灵活操作

法人或个人庄家持股很灵活，他们喜欢炒作热点股票，并且是炒完就撤，多数散户被套牢就是因为选中了这种庄家潜伏的个股。

这类庄家的选股很隐秘，他们在建仓之前不会向外界透露任何消息，等到某只股票发布公告的时候，会发现这个庄家已经进驻到该股了。而此时，股价已经处于一个相对高价位区域，等到散户们想跟风炒作时，这类庄家早就做好了出局的准备或者已经出局。

2.QFII 喜欢长期持有

QFII 全称是 Qualified Foreign Institutional Investors，是合格的境外机构投资者的英文简称。常见的境外的投资机构有摩根大通银行、摩根士丹利国际有限公司、花旗银行等。

这类机构活动于中国的股市中，它们最看重的是上市公司的基本面，尤其注重公司的业绩和成长性。

QFII 机构经过长期的深入分析讨论后，决定投资某只股票时会选择长期投资，因为有了 QFII 的长期"潜伏"，该公司股票的走势会有较好的潜伏性，一旦启动上涨，幅度也会比较惊人。

3. 券商机构的优先条件

券商机构内部通常有很多优秀的投资分析专家，他们每天都在搜集资料、计算数据，所以对大盘变化以及个股未来的走势有着敏锐的洞察力。因此，如果某只股票有券商投资进驻，则该股十有八九会上涨。

对于券商机构投资者而言，他们也是喜欢做长期投资，但是如果某只个股是券商一致看好的，那么此时该股大多数情况下已经处于高位了，因此，对于券商推荐的股票，散户投资者一定要仔细分析该股目前处于哪个走势阶段，切勿盲目听信券商的推荐，介入要谨慎。

4. 基金机构广泛撒网

基金机构投资者主要是指公募基金庄家，这类庄家在基金销售之前会在招募书上将入股的公司类型以及其他内容进行一定描述。

许多散户投资者喜欢跟这样的庄，因为基金庄家喜欢采取"游击战"的方式操作某只股票，很少长期持股的情况，这与一般散户的操作方式很接近，因此他们的投资方向成为散户们决策的重要依据。

但是，由于散户投资者得到的消息具有滞后性，所以当散户们知道基金公司重仓某只股票的时候，该股票已经上涨了一定幅度，此时的价位是否适合散户继续跟进，需要考虑清楚。

再者，并不是每只基金重仓的股票都会快速上涨，在某些市场条件下，基金重仓的股票可能会出现下降。所以投资者在获得个股有基金重仓的消息后，一定要分析股价所处的价位在哪个阶段，以及市场条件是否支撑该股继续上涨，切勿盲目追涨。

5. 国家机构投资者一段时间持有

国家机构投资者的资金实力通常都较为雄厚，而且对政策方面的变动比其他的投资者更加敏感。这些比较活跃的机构主要包括社保基金或者保险公司的资金。

类似这样的机构在认定某只股票后，一般都会重仓进驻，但是通常不会长期持有，当投资价值得到体现后，它们一般都会迅速撤离。因此，在某些上市公司的十大流通股股东中往往会出现第一季度还有社保基金的持股，但是到第二季度它们就已经退出了的情况。

2.2　胜庄选牛股

投资者们在选股时都希望能一举选中牛股，以便一朝入市，高枕无忧，那么选择牛股需要注意哪些方面呢？

2.2.1　牛股特征

牛股是指在一个时间段内涨幅和换手率都较高的个股，尤其是涨幅远远高于其他个股的股票。一般而言，牛股具备以下几个特征。

1. 股本小或市值小

一般而言，股本小或者市值小的公司，发展潜力大，公司扩张能力强，可以不断送股和扩张股本而业绩却基本不受影响。

反之，那些大型的公司股票，公司的发展已进入成熟期甚至衰落期，扩张能力与发展潜力不够，我们可以看到很多大牛股都是从小公司的股票涨起来的。

如图 2-1 所示为万隆光电（300710）的总股本为 6861 万，流通股为3352 万，并不属于大盘股，但其在 2019 年 2 月股价却从低位的 18.51 元上涨至最高的 44.00 元，涨幅达到 137.71%。

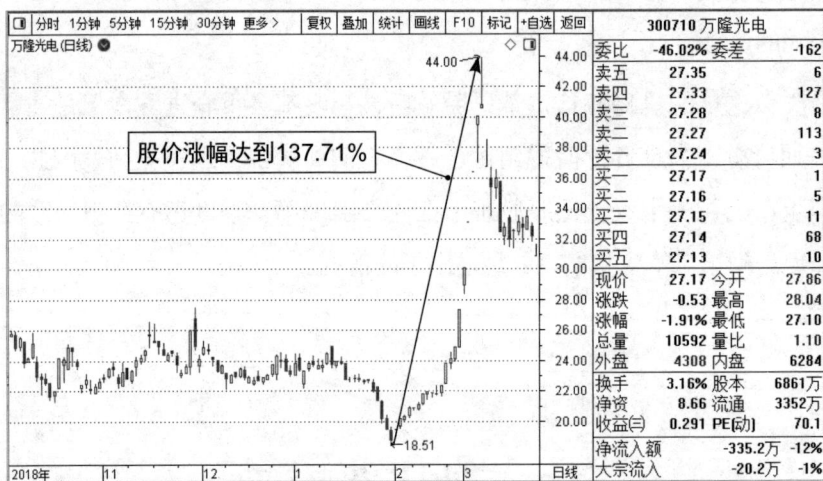

图 2-1　万隆光电 2018 年 10 月至 2019 年 3 月 K 线图

2. 公司的主绩增长速度稳定

牛股的公司盈利能力必须要强，增长速度快，这样的公司会给投资

者们带来很大的安全感，从而产生很强的追随效应，股价自然就一路高歌
猛进。

实例

卓胜微（300782）较高的盈利能力，股价一路上涨

江苏卓胜微电子股份有限公司成立于 2012 年 8 月 10 日，公司的主营业
务为射频前端芯片的研究、开发与销售，主要向市场提供射频开关、射频
低噪声放大器等射频前端芯片产品，并提供 IP 授权，应用于智能手机等移
动智能终端等，于 2019 年 6 月 18 日登陆创业板，如图 2-2 所示为卓胜微
上市之后的股价走势。

图 2-2 卓胜微上市之后的股价走势

由图中可知，卓胜微在上市之后股价一路上涨，从最初的 42.35 元上涨
至 456.88 元，涨幅惊人，达到 978.82%。

该股的股本为 1 亿，流通股为 2500 万，为何涨势如此惊人，投资者的
热情为何如此之高。来看一下该股的基本财务状况，如图 2-3 所示为该股
近 4 年来的财务状况。

财务指标	2019-09-30	2018-12-31	2017-12-31	2016-12-31
审计意见	未经审计	标准无保留意见	标准无保留意见	标准无保留意见
净利润(万元)	32266.52	16233.29	16988.84	8415.94
净利润增长率(%)	135.0297	-4.4473	101.8650	—
营业总收入(万元)	98487.81	56019.00	59164.74	38520.93
营业总收入增长率(%)	123.7969	-5.3169	53.5911	—
加权净资产收益率(%)	35.3000	41.3200	74.7500	100.0500
资产负债比率(%)	12.6906	12.7495	14.5782	30.7705
净利润现金含量(%)	24.9124	82.7205	75.6782	112.2996
基本每股收益(元)	3.8720	2.1644	2.2652	1.1663
每股收益-扣除(元)		2.0463	2.2667	1.6042
稀释每股收益(元)	3.8720	2.1644	2.2652	1.1663
每股资本公积金(元)	9.3951	1.8087	1.8087	10.9352
每股未分配利润(元)	4.4628	3.1378	1.1773	-0.3384
每股净资产(元)	15.2919	6.3400	4.1400	11.7900
每股经营现金流量(元)	0.8038	1.7900	1.7100	7.7300
经营活动现金净流量增长率(%)	12.7039	4.4444	36.0359	

图 2-3　卓胜微近 4 年来的财务状况

由图中可知，卓胜微的财务状况在近 4 年中一直保持较好状况，净利润以较为稳定的形态增长，并且公司的偿债能力指标始终保持在稳定的幅度内，如图 2-4 所示。

财务指标	2019-09-30	2018-12-31	2017-12-31	2016-12-31
流动比率	8.0423	7.5990	6.5384	3.2509
速动比率	6.7461	5.4514	4.7008	2.2954
资产负债比率(%)	12.6906	12.7495	14.5782	30.7705
产权比率(%)	14.5352	14.6125	17.0662	44.4470

财务指标	2019-09-30	2019-06-30	2019-03-31	2018-12-31
流动比率	8.0423	9.9632	5.9157	7.5990
速动比率	6.7461	8.8084	4.4508	5.4514
资产负债比率(%)	12.6906	10.3724	16.6771	12.7495
产权比率(%)	14.5352	11.5728	20.0151	14.6125

图 2-4　卓胜微的偿债能力指标

正因为卓胜微稳定的业绩增长率与偿债能力，所以持股稳定性较高，投资者持续看好该股，股价得以一路上涨。

3. 有资源或创新等竞争优势

在市场经济中，个股所代表的公司在几年内保持稳定的增长率是不够的，因为市场竞争激烈，那些有资源优势的股票就明显有资源优势和竞争优势。这些优势就犹如公司的"护城河"，保护着企业稳定运行，使其他公司很难阻挡其前进的脚步，这样的个股才是真正意义上的大牛股。

实例

云南白药（000538）——真正意义上的大牛股

云南白药是被列入一级保护品种的药品，也是绝密级中药制剂。中药保密品种是根据《中华人民共和国保守国家秘密法》《科学技术保密规定》等有关规定，已列入国家秘密技术项目的中药品种，其处方、剂量、制法等内容是保密的，具体还划分为绝密级、机密级和秘密级，其中绝密级为长期保密，这个秘方便成为云南白药的"护城河"，保护其股价长期稳定运行。

如图 2-5 所示为云南白药在上市之初 1993 年 12 月 15 日至 2019 年 11 月的 K 线走势图。

图 2-5　云南白药 1993 年 12 月 15 日至 2019 年 11 月 K 线图

从图中可知，云南白药的股价从上市起便保持上涨的大趋势，途中虽有波动，但不影响其稳定发展，可见"秘方制剂"这一资源优势在其发展过程中起到的牢固的防护作用。

4.公司主营业务符合未来经济发展方向

符合未来经济发展方向的公司股价自然也较为稳定，例如过去有一段时间是房地产的黄金十年，很多的房地产股票都上涨十倍甚至几十倍，再早些年是基建工程的好时光，那时很多机械工程类的上市公司股票暴涨十倍以上。

因此投资者在选择股票的时候，还要看该公司的未来发展战略是否符合未来经济的发展方向，例如我国未来行业发展的大方向是环保、养老、智能、生物医药、消费等产业。这些代表未来经济发展方向的行业必然会迅猛发展，其所在的公司的业绩和股价往往会有大幅上涨。

2.2.2 新股中选牛股

现在每个交易日都会有很多新股上市，如图 2-6 所示为通达信行情软件中的新股发行图。

	代码	名称	申购日期	发行价	申购		申购代码	总量(万股)	网上(万股)
					顶格需市值(万)	上限(股)			
1	603995	甬金股份	12-11 周三	22.52	23.00	23000	732995	5767.00	2306.00
2	601658	邮储银行	11-28 周四	5.50	1706.00	1706000	780658	517216.41	93098.90
3	688218	江苏北人 R	11-27 周三	—	7.00估	7000估	787218	2934.00	748.15
4	688198	佰仁医疗 R	11-27 周三	—	6.00估	6000估	787198	2400.00	612.00
5	688258	卓易信息 R	11-26 周二	—	6.00估	6000估	787258	2173.92	619.55
6	688399	硕世生物 R	11-25 周一	46.78	4.00	4000	787399	1466.00	417.80
7	688357	建龙微纳 R	11-22 周五	43.28	4.00	4000	787357	1446.00	412.10
8	688118	普元信息 R	11-22 周五	26.90	6.50	6500	787118	2385.00	679.70
9	688358	祥生医疗 R	11-21 周四	50.53	5.50	5500	787358	2000.00	762.00
10	300810	中科海讯	11-21 周四	24.60	19.50	19500	300810	1970.00	1970.00
11	300809	华辰装备	11-21 周四	18.77	15.50	15500	300809	3923.00	3530.70
12	002203	海亮股份 R	11-21 周四	发债	—	—	072203	—	—
13	688310	迈得医疗 R	11-20 周三	24.79	5.50	5500	787310	2090.00	794.20
14	002968	新大正	11-20 周三	26.76	17.50	17500	002968	1791.07	1791.07
15	300808	久量股份	11-19 周二	11.04	16.00	16000	300808	4000.00	3600.00
16	300801	泰和科技	11-19 周二	30.42	12.00	12000	300801	3000.00	2700.00
17	002969	嘉美包装	11-19 周二	3.67	28.50	28500	002969	9526.31	8573.70
18	603806	福斯特 R	11-18 周一	发债	—	—	754806	—	—

图 2-6 通达信软件中的新股发行图

在这众多的新股中，如何快速找到后续发展势头良好的个股呢？这就需要投资者通过个股基本面的情况来分析。以上图中 12 月 11 日可申购的甬金股份（603995）为例进行介绍。

实例

新股上市，如何查看基本面情况

甬金股份（603995）隶属于浙江甬金金属科技股份有限公司，公司成立时间为 2003 年 8 月 27 日，主营业务为冷轧不锈钢板带的研发、生产和销售，来看一下该公司近几年来的财务情况，如图 2-7 所示。

指标 （单位：万元）	2019-09-30	2018-12-31	2017-12-31	2016-12-31
资产总额	366759.31	301713.30	329234.22	324981.91
货币资金	44289.48	32381.77	23060.13	15659.09
应收票据及应收账款	22441.10	13415.55	29124.39	16424.48
预付账款	10056.94	1651.60	2071.41	17473.00
其他应收款	5241.52	4391.62	9191.65	10153.26
存货	62253.78	45141.31	55547.59	49267.35
流动资产总额	148458.31	97015.74	121159.69	110195.59
固定资产	166514.69	175252.19	182317.46	189127.26
负债总额	177511.41	133753.61	191950.32	213623.71
应付票据及应付账款	67587.85	36644.67	45362.97	45385.06
预收帐款	30664.97	27813.62	30589.02	38073.64
流动负债	154210.22	122629.85	167590.39	175276.39
非流动负债	23301.19	11123.77	24359.93	38347.32
未分配利润	117307.10	98588.64	71347.46	50728.39
盈余公积金	7205.69	7205.69	4785.70	3699.56
母公司股东权益	162818.49	144065.81	114391.08	92690.36
少数股东权益	26429.41	23893.87	22892.81	18667.84
股东权益合计	189247.90	167959.68	137283.90	111358.20
商誉				
在建工程(净额)	26299.95	6271.26	4558.04	5029.15
可出售金融资产		850.00	850.00	850.00

图 2-7　甬金股份的基本财务数据

由图中可见，甬金股份作为冷轧不锈钢板带的研发生产企业，在固定资产上投入了较大资本，固定资产占总资产的比例为 45.40%，其余可流动资产的占比大约为 50%，在流动资产中，存货有 62 253.78 万元，占总资产的 16.97%，从某种程度上来说，该公司的资产流动性并不高。

来看一下企查查上显示的该公司的自身风险情况，如图 2-8 所示。

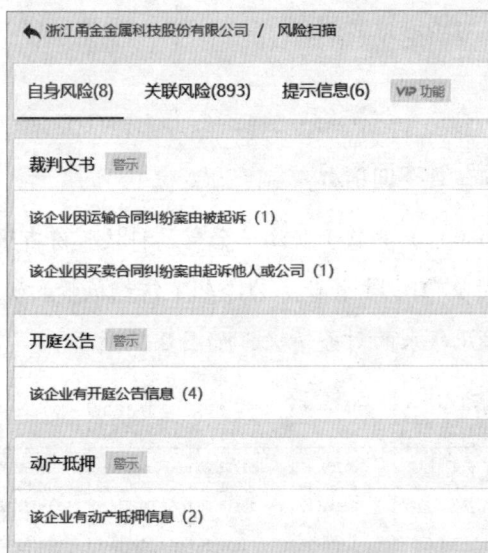

图 2-8　甬金股份自身风险情况

　　由图中可知，甬金股份的自身风险是合同起诉与动产抵押风险，其中的合同纠纷案件分别发生在 2016 年和 2017 年，距今有一段时间，来看一下公司的开庭公告信息，如图 2-9 所示。

序号	案号	开庭时间	案由	公诉人/原告/上诉人/申请人	被告人/被告/被上诉人/被申请人
1	（2019）浙0781民初4665号	2019-10-21 09:10	劳动争议	徐贵华	浙江甬金金属科技股份有限公司
2	(2019)浙0781民初4665号	2019-10-21 09:00	劳动争议	徐贵华	浙江甬金金属科技股份有限公司
3	(2018)浙0781民初7299号	2019-04-09 09:15	买卖合同纠纷	浙江甬金金属科技股份有限公司	宁波新大陆电器有限公司
4	(2018)浙0781民初7299号	2019-01-02 10:30	买卖合同纠纷	浙江甬金金属科技股份有限公司	宁波新大陆电器有限公司

图 2-9　甬金股份的开庭公告信息

　　由图中可见，甬金股份的被起诉案件均为劳动争议，对公司的经营并不构成较大影响，来看一下该公司的动产抵押情况。如图 2-10 所示为甬金股份的动产抵押情况。

序号	登记编号	登记日期	登记机关	被担保债权数额
1	33072019008077	2019-04-22	浙江省金华市兰溪市市场监督管理局	6345万元人民币
2	33072018000519	2018-09-14	浙江省金华市兰溪市市场监督管理局	4993.17万元人民币
3	兰工商抵登字[2017]第95号	2017-07-27	兰溪市工商行政管理局	3600万元人民币
4	兰工商抵登字[2016]第117号	2016-09-07	兰溪市工商行政管理局	5000万元人民币
5	兰工商抵登字[2015]第80号	2015-07-21	兰溪市工商行政管理局	-
6	兰工商抵登字[2015]第74号	2015-07-07	兰溪市工商行政管理局	-

图 2-10　甬金股份的动产抵押情况

由图中可知甬金股份在 2015 年至 2019 年均有动产抵押的情况，总有效抵押金额约为 1.99 亿元，来看具体抵押物情况，如图 2-11 所示。

抵押物信息			
抵押物名称：	精密分厂2号轧机	所有权或使用权归属：	浙江甬金金属科技股份有限公司
数量、质量、状况、所在地等情况：	1组，质量良好，在浙江甬金金属科技股份有限公司厂区内正常运行	备注：	-
抵押物名称：	精密分厂1号轧机	所有权或使用权归属：	浙江甬金金属科技股份有限公司
数量、质量、状况、所在地等情况：	1组，质量良好，在浙江甬金金属科技股份有限公司厂区内正常运行	备注：	-
抵押物名称：	精密分厂2号清洗机组	所有权或使用权归属：	浙江甬金金属科技股份有限公司
数量、质量、状况、所在地等情况：	1组，质量良好，在浙江甬金金属科技股份有限公司厂区内正常运行	备注：	-
抵押物名称：	总厂2号拉矫机	所有权或使用权归属：	浙江甬金金属科技股份有限公司
数量、质量、状况、所在地等情况：	1组，质量良好，在浙江甬金金属科技股份有限公司厂区内正常运行	备注：	-
抵押物名称：	分厂1#平整机	所有权或使用权归属：	浙江甬金金属科技股份有限公司
数量、质量、状况、所在地等情况：	1组，质量良好，在浙江甬金金属科技股份有限公司厂区内正常运行	备注：	-
抵押物名称：	精密分厂1号拉矫机	所有权或使用权归属：	浙江甬金金属科技股份有限公司

图 2-11　甬金股份的抵押物信息

由图中可知，甬金股份将其固定资产作抵押，向银行借款，有较高额的借款，来看一下公司的偿债能力指标，如图 2-12 所示。

财务指标	2019-09-30	2018-12-31	2017-12-31	2016-12-31
流动比率	0.9627	0.7911	0.7229	0.6286
速动比率	0.5590	0.4230	0.3915	0.3476
资产负债比率(%)	48.4000	44.3314	58.3021	65.7340
产权比率(%)	93.7984	79.6344	139.8200	191.8347

图 2-12　甬金股份偿债能力指标

由图中可见，甬金股份的资产负债率并不低，流动比率均在 1 以下，速动比率在 0.5 附近（最合适的速动比率为 1），说明公司的偿债能力不强。

综上，甬金股份的基本面情况并不算良好，主要表现为资产流动性低，偿债能力不高，在目前的财务状况下，上市后，股价后市走势不被看好。

投资者在分析新股时，因为没有历史走势，无法进行技术面的分析，就需要从基本面情况来解读个股。

2.2.3　怎样选行业龙头股

抓龙头，赚取大的利润，是众多投资者希望的。要选择行业龙头股，投资者们需要从这几方面着手。

1. 判断大盘趋势

◆ 前期经过长期下跌，大盘处于盘整状态的末期。

◆ 大盘处于连续拉升后第一次急速大幅度回调。

◆ 技术层面出现利好消息。

当个股符合上述大盘的条件，热点龙头股就有操作价值。

2. 找出主流热点板块

◆ 依据技术分析，辨别出众多板块中哪一个板块的控盘程度最高，图表走势最好。

◆ 有政策扶持、经济生活热点等，且板块处于启动的初期。

3. 找出龙头个股并找出买入时机

◆ 投资者可以根据价格、成交量、市场影响力、板块效应、资金流向
以及媒体关注等方面判断龙头个股。

◆ 买入时机是在次日开盘价位附近买进领涨的个股。

4. 卖出

◆ 同一板块中的其他个股开始赶超龙头股的涨幅。

◆ 前期没有涨的个股开始补涨。

◆ 最大主力资金高台跳水，基于小主力听从大主力，其他的主流资金
有卖出，散户投资者也应该及时卖出。

◆ 技术面上，当天不能涨停，或者是 30 分钟和 60 分钟的 KDJ 在高位
形成死叉，投资者就要清仓出局了。

2.3　胜庄选黑马

黑马股是指价格可能脱离过去的价位而在短期内可能大幅上涨的股票，
这样的股票一旦买入，短期内便可获得较大利润，一般可遇不可求。

2.3.1　黑马股的三大要素

黑马股能够在短时间内迅速上涨，那么在股价启动前，这种股票具有
哪些形态呢？即要成为黑马股要具有哪些要素？

◆ 市场的浮动筹码减少，股价的振幅趋窄，如果主力今天休息则盘口
的交易非常清淡，启动之前往往有连续多个交易日的阶段性地量交
易过程。

◆ 股价的 30 日均线连续多个交易日走平或者开始缓慢上移，30 日均线代表着市场平均成本，如果一个股票的 30 日均线走平则意味着多空双方进入平衡阶段，30 天之前买进股票的投资者已经处于保本状态，只要股价向上攻击，投资者就迅速进入赢利状态，由于市场平均成本处于解套状态，该股向上的套牢盘压力比较轻，并且刚启动时市场平均成本处于微利状态，相应的兑现压力也比较轻，所以行情启动之初主力运作将相对轻松。

◆ 周线指标及月线指标全部处于低位，日线指标处于低位并不能有效说明什么，主力依靠资金实力便可以比较轻松地将日线指标尤其是广大投资者熟悉的技术指标如 KDJ、RSI 等指标做到低位，只有周线指标与月线指标同时处于低位，该股才是真正具备了黑马的潜质。

实例

宏达股份（600331）股价短期内迅速上涨

如图 2-13 所示为宏达股份 2018 年 10 月至 2019 年 3 月 K 线图。

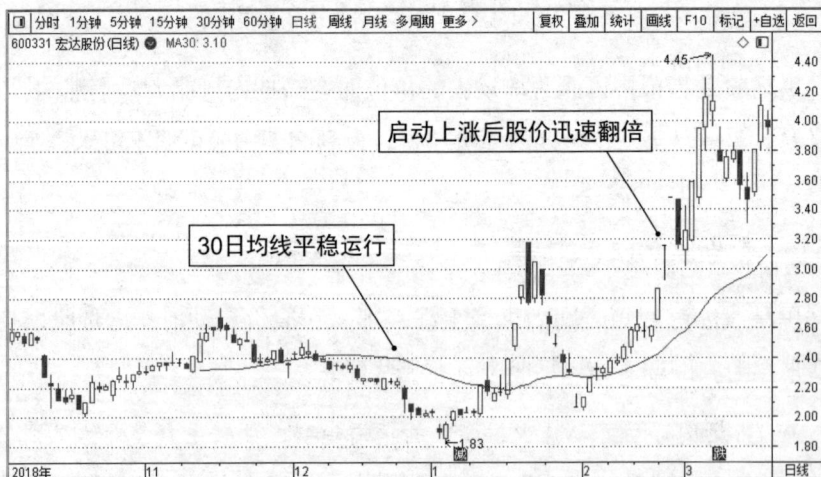

图 2-13　宏达股份 2018 年 10 月至 2019 年 3 月 K 线图

由图中可知，宏达股份的股价在 2018 年 10 月至 12 月一直在低位运行，并且 11 月至 12 月时出现小幅下跌形态，同期的 30 日均线则表现一直平稳，并未出现明显下降。

进入 2019 年，股价两次向上突破 30 日均线，后续均出现较大涨幅，尤其是第二次，股价直接从 2 元附近最高上涨至 4.45 元，涨幅超过 100%，第二次拉升的时间为一个月，属连续拉升的形态，为黑马个股，并且该股价格门槛低，投资者入市较为容易。

2.3.2 黑马股的特征

准确挑选黑马股的核心技术是识别黑马股的特征，黑马股的基本特征如表 2-3 所示。

表 2-3 黑马股的基本特征

特征	主要表现
启动前遇到利空	利空主要表现在：上市公司的经营恶化，有重大诉讼事项，被监管部门谴责和调查，以及在弱市中大比率扩容等多个方面。虽然利空的形式多种多样，但是在一点上是共同的，就是利空消息容易导致投资者对公司的前景产生悲观情绪，有的甚至引发投资者的绝望心理而不计成本地抛售股票
形成前的走势不优	黑马形成前的走势让投资大众对它不抱有希望。因为走势非常难看，通常是长长的连续性阴线击穿各种技术支撑位，走势形态上也会显示出严重的破位状况，多种常用技术指标也表露出弱势格局，使投资者感到后市的下跌空间巨大，心理趋于恐慌，从而动摇投资者的持股信心
筑底阶段出现异常放量现象	能成为黑马的个股在筑底阶段会有不自然的放量现象，量能的有效放大显示出有增量资金在积极介入。因为散户资金不会在基本面利空和技术面走坏的双重打击下蜂拥建仓，所以这时的放量说明了有部分恐慌盘在不计成本地出逃，而放量时股价保持不跌常常说明有主流资金正在乘机建仓。因此，这一特征反映出该股未来很有可能成为黑马。投资者对这一特征应该重点关注

实例

宏达股份（600331）外部资金流入，后市看涨

结合前面宏达股份的个股案例，可见其启动前的走势确实不好，在均线企稳的形态下股价继续下跌，再来看一下该股当时的成交量情况，如图2-14所示。

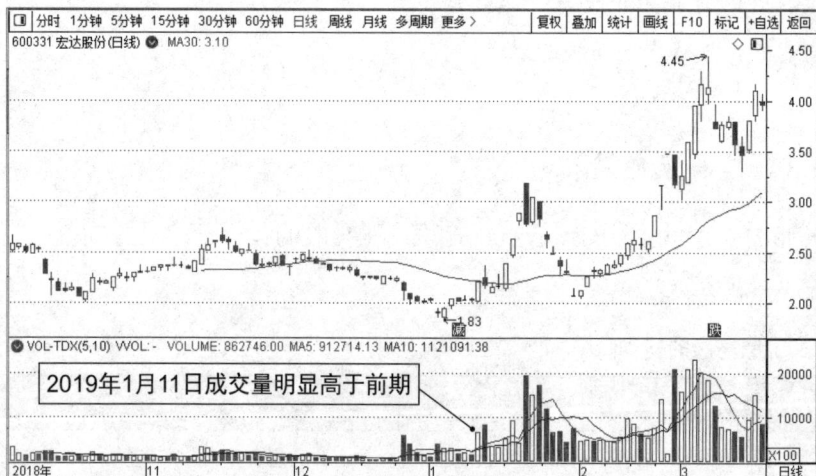

图2-14　宏达股份2018年10月至2019年3月K线图

由图中可知，宏达股份的股价在低位的时候，成交量出现明显异于前期的形态，出现放量现象，来看一下2019年1月11日的单日分时图，如图2-15所示。

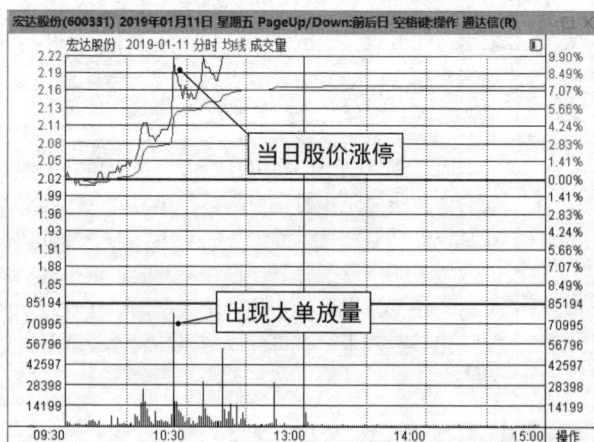

图2-15　宏达股份2019年1月11日分时图

　　由图中可知，该股当日的股价强势涨停，并且盘中为放量拉升涨停，表明当日出现大量买入量能出现，推动股价直接涨停。

　　在股价形成一个小高峰之后，便再次出现连日下跌，该阶段的成交量与股价密切配合，形成与股价一致的小山丘形态，但是此次下跌并未跌破前期低位。2019 年 1 月 31 日，形成墓碑线时，股价止跌，下一交易日股价开始企稳，如图 2-16 所示为宏达股份 2019 年 2 月 1 日分时图。

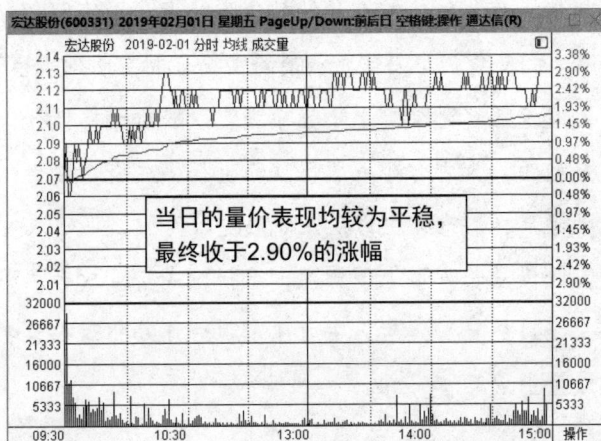

图 2-16　宏达股份 2019 年 2 月 1 日分时图

　　由图中可知，宏达股份的股价在 2019 年 2 月 1 日交易时间段内，表现出震荡上行的形态，并且当日的成交量一直较为稳定，没有明显放量，表明股价已止跌企稳。

　　并且从接下来的几个交易日内的股价走势中能明显看出资金流入，再配合着 30 日均线的上行，股价上涨行情正式启动。

2.3.3　庄家介入黑马的信号

　　如何发觉大主力庄家介入黑马股? 技术上有几种明显信号，投资者在发现这些信号时，不要迟疑。

◆　第一，股价长期下跌的末期，止跌回升，上升时成交量放大，回档时成交量萎缩，日 K 线图上呈现阳线多于阴线。阳线对应的成交量呈明显放大特征，用一条斜线把成交量峰值相连，明显呈上升状态。表明主力庄家处于收集阶段，每日成交明细表中可以见抛单数额少，买单大手笔数额多。这表明散户在抛售，而有只"无形的手"在入市吸纳，收集筹码。

◆ 第二，股价形成圆弧度，成交量越来越小。这时眼见下跌缺乏动力，主力悄悄入市收集，成交量开始逐步放大，股价因主力介入而在底部抬高。成交量仍呈斜线放大特征。每日成交明细表留下主力踪迹。

◆ 第三，股价低迷时刻，上市公布利空。股价大幅低开，引发广大中小散户抛售，大主力介入股价反而上扬，成交量放大，股价该跌时反而大幅上扬，唯有主力庄家才敢逆市而为，可确认主力介入。

◆ 第四，股价呈长方形上下震荡，上扬时成交量放大，下跌时成交量萎缩，经过数日洗筹后，主力庄家耐心洗筹吓退跟风者，然后再进一步放量上攻。

2.3.4　除权股中选黑马

除权是由于公司股本增加（转股），每股股票所代表的公司实际价值（每股净资产）有所减少，需要在发生该事实之后从股票市场价格中剔除这部分因素而形成的剔除行为，因此除权之后股价一般都会有一个较大幅度的下跌。

虽然除权之后股价会有所下跌，但是对于投资者而言，则需要从另外的角度来进行考察。

首先，存在高转送的行情，说明该股本身质地优良，净利润和资本公积金超过投资者预期并希望获得快速扩张。另外，庄家也希望推高该股实现一定的收益，越是低起点越是容易在今后获得大涨，因此高比例转送股是股市黑马产生的主要形式。

知识点拨 *除权的方式*

　　除权涉及两种情况：一种是指股票的发行公司依照一定比例分配股票给股东，作为股票股利，此时增加公司的总股数；还有一种是指股票的发行公司向股东配股。

实例

飞亚达 A（000026）下跌期间除权，后期股价上涨

　　如图 2-17 所示为飞亚达 A 在 2019 年 3 月至 8 月的 K 线图。

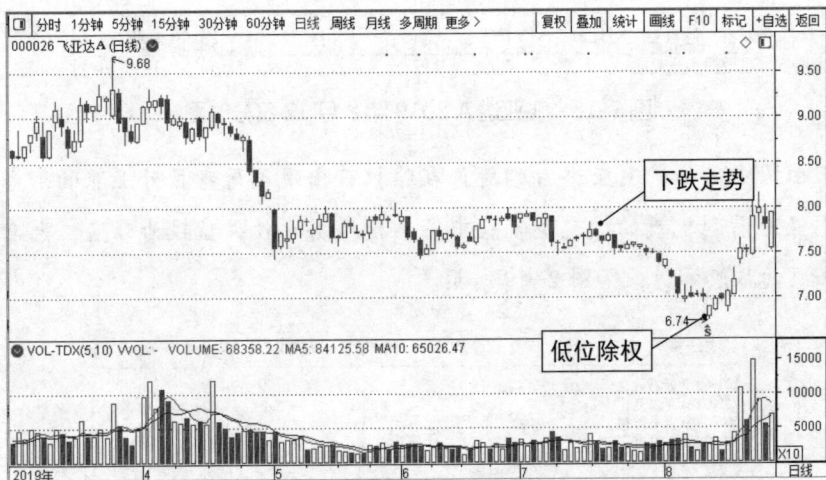

图 2-17　飞亚达 A 2019 年 3 月至 8 月的 K 线图

　　由图中可知，飞亚达 A 的股价在 2019 年 4 月至 5 月阶段处于明显的下跌走势中，进入 5 月后股价下跌走势减缓，开始震荡，同时期的成交量也保持相对稳定的状态，总体来看，3 月至 7 月的股价都处于低位。

　　2019 年 8 月 12 日飞亚达 A 进行了除权，因为股价本身处于较低价位，所以并未出现明显的下跌，来看当日的飞亚达 A 走势图，如图 2-18 所示为飞亚达 A 2019 年 8 月 12 日分时图。

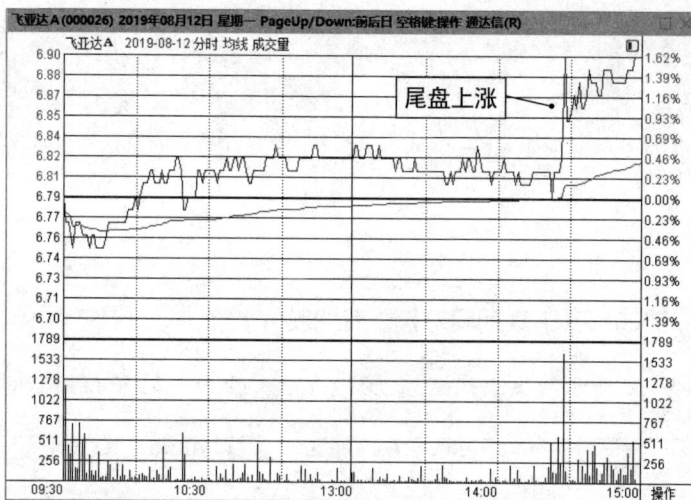

图 2-18　飞亚达 A 2019 年 8 月 12 日分时图

　　由图中可知，飞亚达 A 的股价在除权日出现了尾盘拉升上涨的形态，能明显地看到尾盘的成交量较盘中密集，表明此股买盘较为旺盛，来看一下该股的权息资料，如图 2-19 所示。

权息日	类别	送转股	分红	配股	配股价	前流通盘	后流通盘	前总股本	后总股本
20190812	除权除息		2.008						
20190130	股本变化					35671.6	35671.6	43874.5	44296.9
20180730	除权除息		2.000						
20171231	股本变化				4.7	35671.6	43874.5	43874.5	
20170622	除权除息		1.000						
20170116	股本变化					31107.0	35704.7	43874.5	43874.5
20160624	除权除息		1.000						
20160115	股本变化					31107.0	31107.0	39276.8	43874.5
20150806	除权除息		1.000						

图 2-19　飞亚达 A 权息资料

　　由图中可知，飞亚达 A 近年来每年都有分红政策，并且分红一直较为稳定，近两年分红比例还出现提升，即使此次分红时股价处于下跌的低位，投资者仍然愿意相信该股的前景，因此出现除权日当天股价尾盘拉升的形态。从后市的走势来看，飞亚达 A 的股价确实出现一波幅度不小的拉升，如图 2-20 所示。

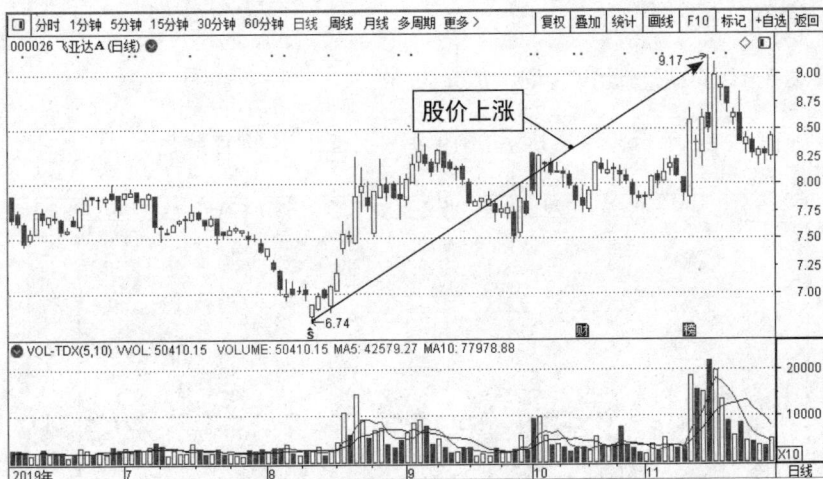

图 2-20　飞亚达 A 股票出现拉升

由图中可知，飞亚达 A 在除权之后，成交量出现放大，股价连日拉升，迎来一波新的上涨。

当然，除权之后股价并非都会上涨，投资者在选择除权股的时候，同样需要结合该股的基本面分析，如果该股的基本面形态不好，则除权之后股价继续下跌也是有可能的。

2.3.5　异动股中选黑马

异动股是指股价走势出现突然变动的股票，例如突然涨停或者突然大幅度下跌，股价出现这样的形态，表明盘内有大额资金在进行操控，即庄家操盘的可能性较大。因此，这样的股票蕴含了相当大的投资机会，极易出现黑马股，投资者需要格外注意。

异动股一般都具有如下特征。

◆　小盘股是异动黑马的主要产地，因为其控盘难度低。

◆　黑马行情启动后上涨以放量表现，下跌以缩量表现，同时还会出现持续放量，成交活跃的现象。

实例

深桑达 A（000032）低位异动，放量上涨

如图 2-21 所示为深桑达 A 2019 年 5 月至 9 月的 K 线图。

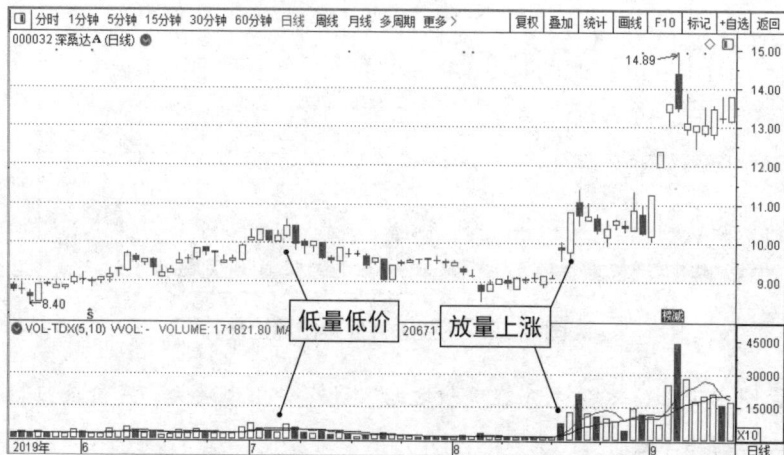

图 2-21　深桑达 A 2019 年 5 月至 9 月的 K 线图

由图中可知，深桑达 A 的股价 2019 年 5 月至 8 月中旬出于低量低价的形态，成交量极度萎缩，股价低位横盘。

2019 年 8 月 19 日，成交量出现放量，股价跳空高开，与前一交易日 K 线之间形成缺口，出现低位异动，如图 2-22 所示为当日的成交统计。

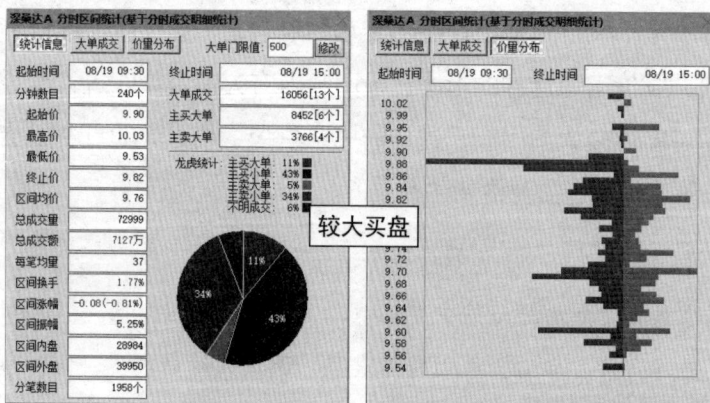

图 2-22　深桑达 A 在 2019 年 8 月 19 日的成交统计图

由图中可知，深桑达 A 在 2019 年 8 月 19 日的交易中，买盘占据主导地位，大单买入量占比 11%，主买小单占比 43%。从量价分析图中也可以看出，在 9.88 元价位的买入量在全天的交易中格外抢眼，由此可以得出结论，该股此时已经有大额资金介入，并且介入者此时已完全不加掩饰，拉升意图明显，具备了异动黑马股的潜质。

并且从 K 线图中可以发现，在接下来的交易日中，深桑达 A 的量价继续出现放量拉升的形态，则异动黑马股的判断准确，投资者可以介入。

如果股价是在较高价位出现异动形态，则投资者更需要谨慎对待，以免被庄家的异动形态欺骗而出现高位接盘的操作。

实例

深南电 A（000037）高位异动，庄家出局

如图 2-23 所示为深南电 A 2019 年 6 月至 11 月的 K 线图。

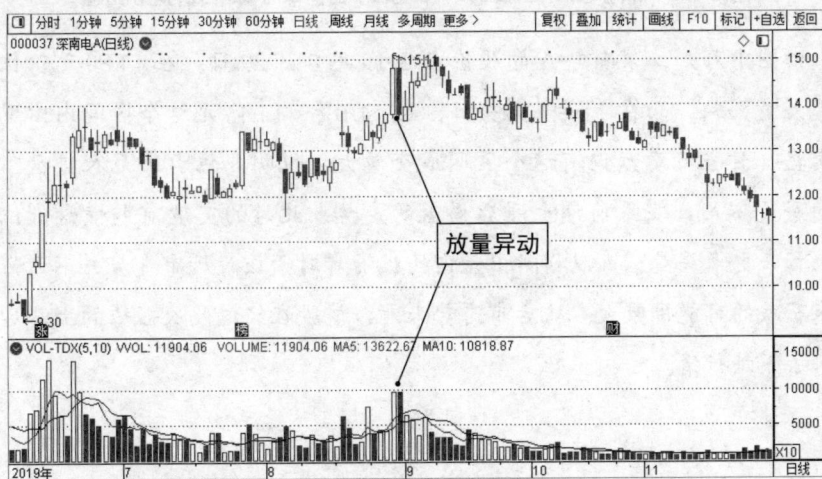

图 2-23　深南电 A 2019 年 6 月至 11 月的 K 线图

由图中可知，深南电 A 的股价 2019 年 6 月中旬有过一段幅度较大的拉升，连续的大阳线将股价直接将股价从 9.30 元拉升至 13.00 元附近，随后股价开始调整，伴随着成交量的萎缩。

在 13.00 元附近量价呈现出价平量平的形态，2019 年 8 月 29 日，成交量出现放量，股价也上涨突破前期调整，并在下一个交易日成交量维持上一日的放量，但是股价收于大阴线，两日出现高位异动的形态，来看一下这两日的价量分布，如图 2-24 所示。

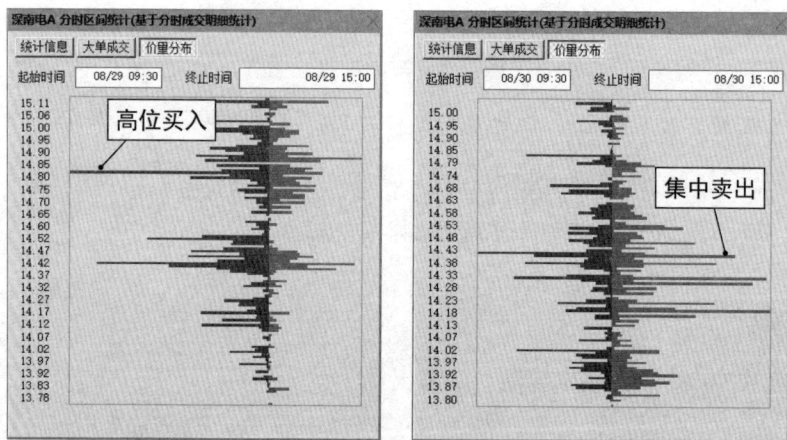

图 2-24　深南电 A 在 2019 年 8 月 29 日、8 月 30 日价量分布图

由图中可知，深南电 A 的股价在 2019 年 8 月 29 日，在 14.80 元价位处出现大量买入，而在下一个交易日，在 14.18～14.43 元这个区间内出现大量卖盘，且当日卖盘仅有这个区间成交量大，说明高位卖出无人接盘，盘内的买气不足，联系前期上涨后横盘的走势，此时的突破前期横盘价位也并未带来更多买量，可以判断出盘内的投资者对于该股后市走势并不看好，后市下跌的可能性较大。从后市走势来看，该股在经过此次短暂的上涨后，步入了下跌行情。

第3章

低位建仓,
庄家坐庄第一步

在股市实盘操作中,散户投资者经常会思考这些问题:这只股票庄家是在什么时候开始建仓的?庄家建仓结束没有?庄家建仓为什么还要抛出筹码?由此可见,不管对于庄家还是散户,建仓都是很重要的一个步骤,本章我们来详细了解一下建仓。

3.1 建仓的几种形态

建仓是庄家操盘的第一步，根据不同的股价走势，庄家会选择不同的建仓时机。有的庄家选择在下跌过程中建仓，有的庄家则选择在低位横盘时建仓，下面来具体了解一下。

3.1.1 下跌过程建仓

下跌过程建仓是指庄家建仓时，股价是呈下跌态势的，整个下跌过程就是庄家建仓的过程（实际上是跌势的中后期），股价止跌之时即是庄家建仓结束之时。

下跌过程建仓的成交量形态呈"少开头，多后头"状态，即开始入驻时吸取少量的筹码，随着股价的持续下跌，庄家进一步打压，逐步增加吸筹量，到最后庄家见筹就收，一概通吃，从而全面完成建仓任务。因此，下跌式建仓到启动股价，K线图上会呈现出"V"形反转的形态，如图3-1所示。

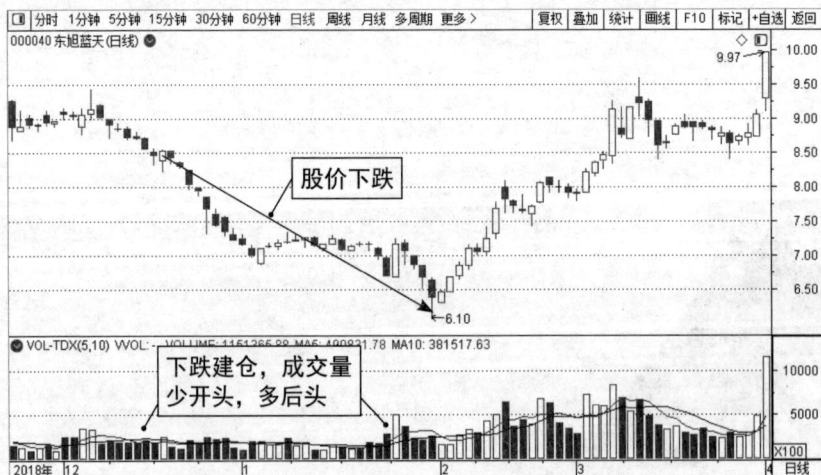

图 3-1 下跌过程建仓形态

庄家通过持续下跌的走势，一方面继续加大先前套牢者的亏损额度，另一方面把低位介入者加入套牢之中，使他们的资金出现亏损。这样场内所有散户全线被套，庄家每打压一个点位，散户就增加一分损失，最后散户因承受不了巨大的损失而被迫离场观望，筹码轻而易举地落入庄家仓中。

3.1.2　横盘过程建仓

横盘过程建仓是指股价基本运行在一个水平线上，其上涨或下跌的幅度都较小。

其价量特点是：配合低位股价的平稳运行，成交量同样保持萎缩，庄家左右开弓，既当买家又当卖家，价格稍跌下来则低吸，价格稍涨上去则高抛，在分时图上多为急跌后缓慢爬升，股价启动时成交量逐渐放大，如图 3-2 所示。

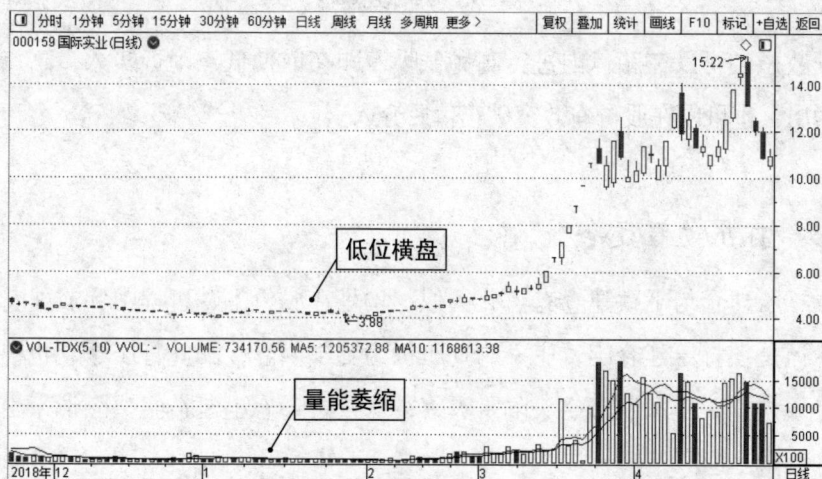

图 3-2　横盘过程建仓形态

在横盘建仓的过程中，最常见的便是小实体 K 线，对有货者，庄家时而用小阳线之类的小恩小惠诱使散户抛售，时而用高开低走的阴线迫使散户吐出筹码。

股价在低位时小幅震荡，形成箱体形态，即出现明显的上涨压力和下跌支撑，此阶段的建仓被称为箱体式建仓，量能形态与横盘式建仓形态一致，如图3-3所示。

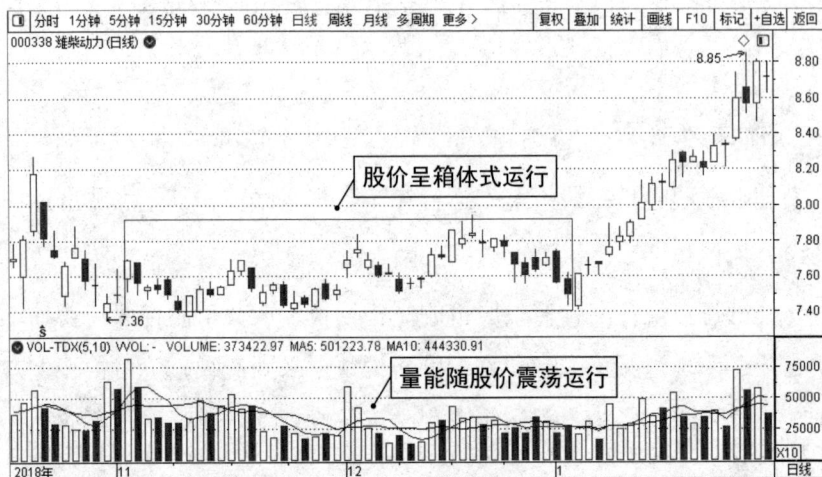

图3-3　箱体式建仓

散户们可以在箱体内进行高抛低吸，即在前期低点附近买入，高点附近卖出，也可以在股价有效突破箱体后介入。

3.1.3　打压过程建仓

打压建仓与下跌建仓有点儿类似，均是在股价下跌过程中完成建仓行为，但是在打压建仓中，庄家的打压行为更加明显，因此打压建仓也被称为挖坑建仓，庄家制造空头陷阱吸筹，从技术形态上制造空头图形来引诱散户低抛止损。

当股价回落临近某些重要的技术支撑位时，庄家用事先已吸进的部分筹码进行疯狂打压，击穿支撑位，极力制造一种恐慌气氛，使广大投资者产生恐惧的心理，唯恐股价再次下跌，迫使散户争相斩仓割肉，庄家则顺势吃进大量的廉价筹码，然后又立即将股价拉回支撑位之上。

其价量方面的主要特征如下。

◆　股价在初步获得企稳，形成小平台走势，形成底部成交密集区。

◆　庄家在吸筹完成后，刻意向下打压形成大阴线，向下破位击穿该成交密集区而再创新低，此时大量涌出的恐慌盘均落入庄家仓位之中。

◆　但庄家不敢在低位逗留时间过长，以免损失筹码，因此股价很快重回支撑位之上，并展开一波上扬行情。

如图 3-4 所示为打压式建仓的形态。

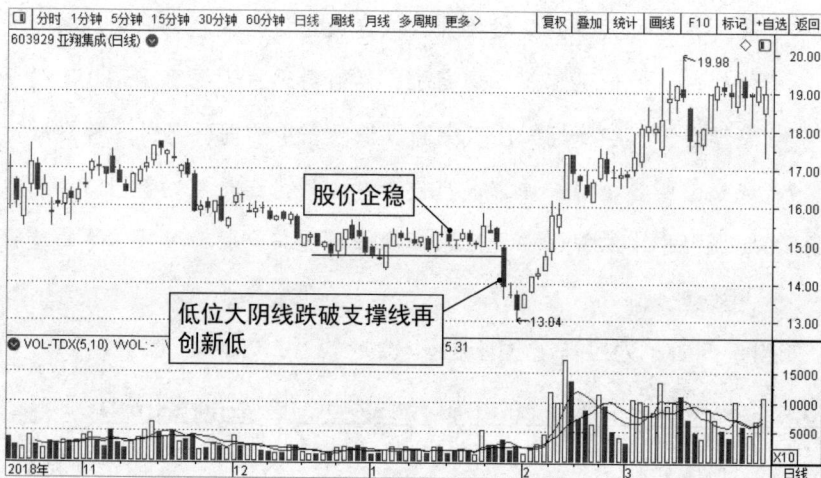

图 3-4　打压式建仓

打压式建仓是庄家运用技术手段制造虚假形态，引诱散户上当受骗，从而完成建仓任务。

此时散户投资者们千万不要盲目杀跌，要仔细观察盘口，看下跌是否有理由，目前的价位高低，庄家是否抽身逃离，跌停后是否迅速关门，成交量是大是小，换手率是高是低，然后再决定操作方向。

3.1.4　拉升过程建仓

拉升过程建仓也被称为拉高式建仓，大多出现在大盘下跌阶段末期和横盘走势中或冷门股和长期下跌的股票。

其表现形态为：庄家以迅雷不及掩耳之势将股价迅速拉高，并且在拉高过程中完成建仓的行为。

庄家采取拉高建仓的原因，很可能是该股背后蕴藏着重大题材，一旦公布将直接导致股价大幅上涨，因为时间较为仓促，来不及低位吸筹，担心其他资金在低位抢筹码，所以采取拉高建仓，哪怕会提高操盘成本。

其量价形态表现如下所示。

◆ 股价在一两天时间突然拉升，快速放量拉出几根大阳线，甚至是涨停板，将股价迅速拉高到高位，然后再通过大幅震荡形成高位平台整理态势，在此期间庄家做高抛低吸差价的同时会引发散户抛盘。

◆ 成交量明显增加，通常散户投资者会认为这是庄家要出货，所以纷纷抛出手中的筹码，而庄家却把筹码照单全收，其实这才是上涨的开始。

如图 3-5 所示为拉高建仓的形态。

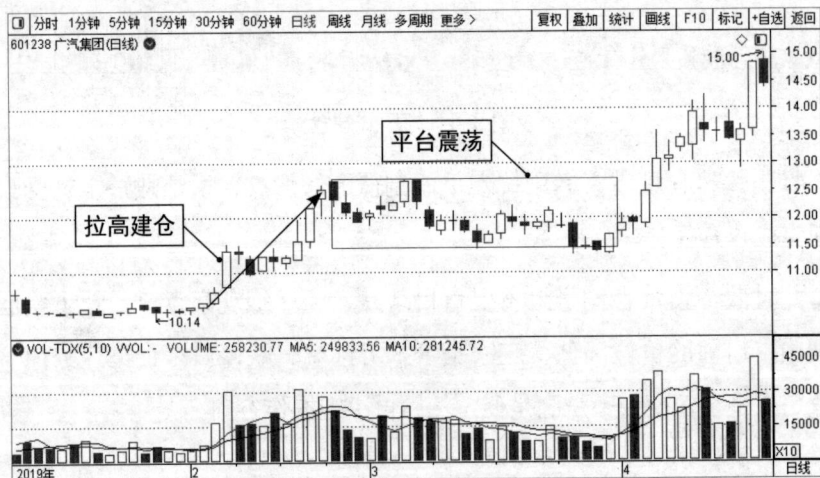

图 3-5　拉高建仓

从逻辑上来说，既然庄家肯出高价急速建仓，表明股价未来应有极大的涨幅。拉高建仓，事实上反映了庄家急于吸取筹码的迫切心态，如果将来没有极大的上升空间，庄家也不可能把大量的资金投入其中。

投资者发现庄家异动拉升时，应长期跟踪股价的变动走势，观察拉高后是否有出货行为。如果属于洗盘，当某天跳空高开拉出放量突破压力线的大阳线，说明洗盘结束，将进入新一轮升势。

3.2　下跌过程建仓盘面解析

在下跌过程中建仓是一种比较常见的建仓方式，在这个过程中，庄家的建仓成本是逐步降低的，但因为大势是下跌，所以要求庄家具有一定的支撑能力，否则难以抵挡盘内的做空势力。

3.2.1　下跌建仓的分时图

在下跌建仓的过程中，股价走势几乎不会出现有效的反弹，甚至也没有平台震荡整理的走势。

下跌的建仓方式能够使庄家用较低的成本收集较多的筹码，但是若股价太低，庄家行为被市场发现，就会极容易引起其他散户跟进吸筹，从而影响庄家的建仓工作。

下跌式建仓时，成交量总体上处于放量的状态，因此从分时图上可以明显看出，股价在下跌的阶段成交量较为密集，为放量下跌，有买也有卖，但是此时的盘面并不会出现企稳的现象，因为庄家需要继续伪装吸筹，即有较为密集的成交之后，股价大势依旧为下跌，而在建仓的后期，股价明显企稳，庄家不再掩饰，分时图上便可以看出股价底部的支撑力。

实例

中国太保（601601）股价下跌庄家建仓

如图 3-6 所示为中国太保 2018 年 10 月至 2019 年 2 月 K 线图。

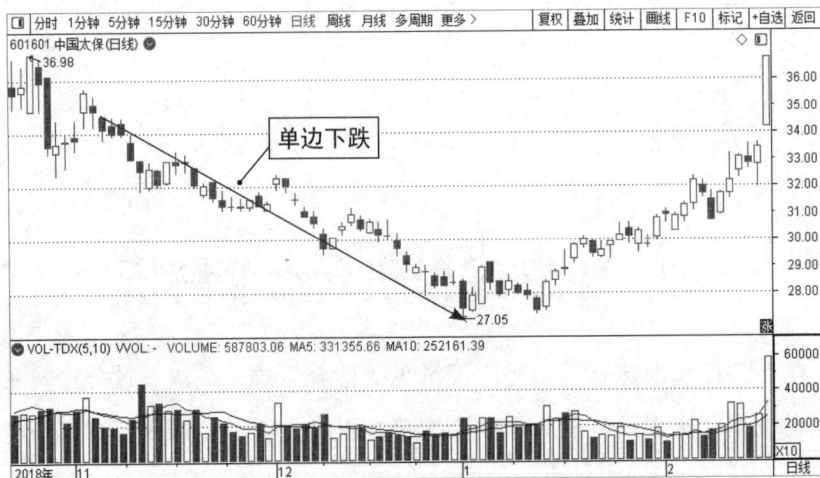

图 3-6　中国太保 2018 年 10 月至 2019 年 2 月 K 线图

由上图可知，中国太保的股价在 2018 年 10 月至 12 月底都处于下跌走势中，成交量方面，则一直都属于比较活跃的状态。来看一下下跌中期的分时图表现，如图 3-7 所示。

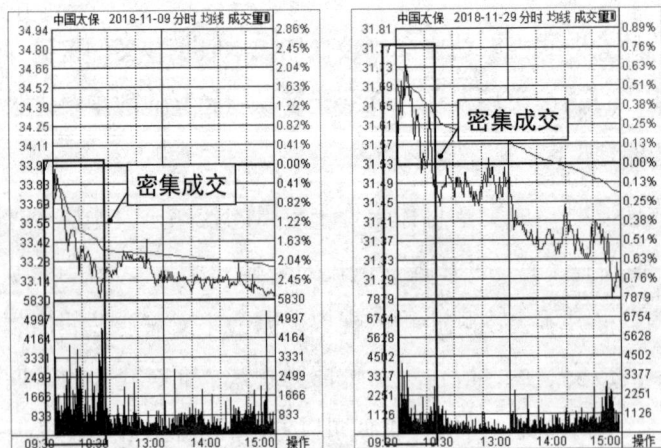

图 3-7　中国太保 2018 年 11 月 9 日、11 月 29 日分时图

由上图可以看出，在交易日内股价下跌的时间段也是成交量最为密集的阶段，我们来看一下 11 月 29 日的分时区间成交图，如图 3-8 所示。

分笔	分钟	数值			分笔	分钟	数值		
09:25	31.71	995		104	09:32	31.68	56	S	9
09:30	31.74	514	B	39	09:32	31.63	158	S	27
09:30	31.73	851	S	94	09:32	31.66	17		2
09:30	31.73	461	S	41	09:32	31.68	93	B	11
09:30	31.73	789	B	95	09:32	31.67	34	B	4
09:30	31.72	272	S	33	09:32	31.65	43	S	7
09:30	31.74	25	B	5	09:32	31.66	23	S	3
09:30	31.71	468	S	41	09:32	31.64	95	S	14
09:30	31.72	41	B	8	09:32	31.65	44	B	5
09:30	31.71	276	S	26	09:32	31.63	142	S	12
09:30	31.71	587	S	57	09:32	31.63	195	S	23
09:30	31.65	103			09:32	31.63	130	S	14
09:30	31.65	361		买卖夹杂，有卖有	09:32	31.63	63	B	10
09:30	31.62	455		买，密集成交	09:32	31.63	152	B	15
09:30	31.60	109			09:32	31.63	284	S	19
09:30	31.65	298	B	28	09:33	31.63	174	B	13
09:30	31.59	279	S	18	09:33	31.63	37	B	5
09:30	31.60	61	B	9	09:33	31.63	63	S	9
09:30	31.55	31	S	7	09:33	31.63	54	S	5
09:30	31.55	59	S	4	09:33	31.59	677	S	36
09:30	31.53	128	S	17	09:33	31.65	856	B	15
09:31	31.59	22	B	8	09:33	31.59	572	S	11
09:31	31.55	24	B	9	09:33	31.65	109	B	13

图 3-8　中国太保 2019 年 11 月 29 日分时区间成交图

由上图可以发现，成交如此密集，但是股价大势依旧是下跌，则表明盘内的做空势力依旧未清，但是盘内已经有主力的买入建仓迹象，因此才能够促成如此密集的成交。那么如何判断该建仓行为是否完成呢？来观察一下下跌末期的分时图走势，如图 3-9 所示。

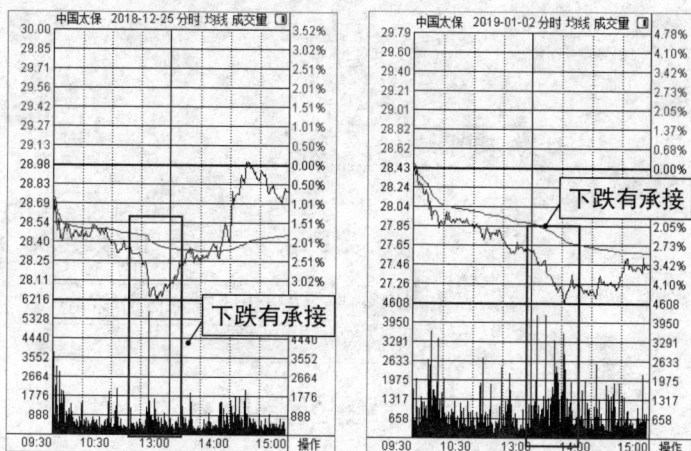

图 3-9　中国太保 2018 年 12 月 25 日、2019 年 1 月 2 日分时图

由上图可知，虽然中国太保在2018年年底的股价走势依旧以下跌为主，但是从单日的分时图中可以明显看出，股价企稳迹象明显，每次出现下跌时，成交量明显放大，显示下方的支撑力量。

与2018年11月9日和2018年11月29日不同的是，此时成交量承接放大之后，股价企稳甚至反转上涨，说明盘内的建仓力量已经不再躲躲闪闪，而是开始在盘面上发出较为明显的信号，即该股有主力介入，走势企稳，股价上涨即将启动。

因此在2019年年初，股价开始上涨，而同期的成交量没有出现明显放大，说明庄家在下跌期间已经吸取了足够多的筹码，投资者可以待股价上涨走势明显后再行介入。

3.2.2 下跌式建仓的均线形态

配合股价的下跌，同阶段的均线走势必定也以下跌为主。此时观察均线，主要是帮助投资者找到一个比较安全的介入时机，如图3-10所示。

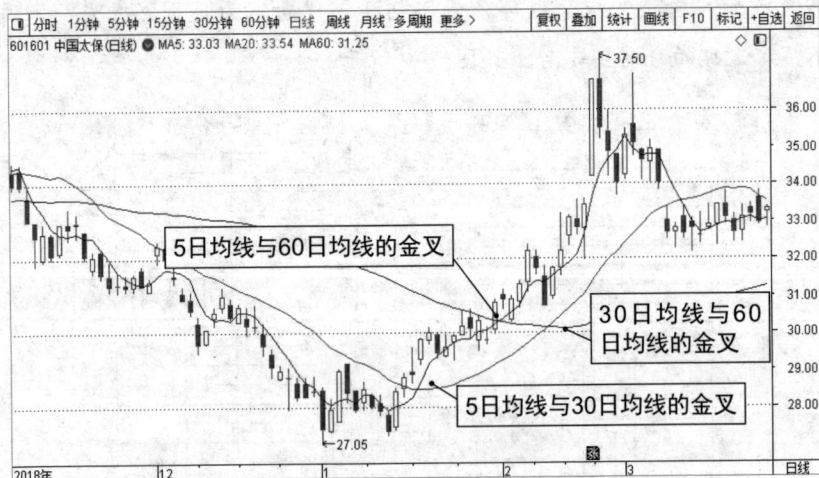

图3-10 下跌建仓的均线走势

由上图可知，当周期较短的均线自下而上穿过周期较长的均线时，形成的交叉被称为金叉，金叉通常是股价上涨的信号，并且在运行过程中不断形成金叉，则说明上涨信号明显。并且从图中可见，5 日均线上穿 30 日均线和 30 日均线上穿 60 日均线形成的金叉间隔时间较短，表明股价已经正式企稳，投资者可以放心介入。

3.3　横盘过程建仓盘面解析

庄家选择横盘过程建仓，则建仓过程必定十分隐蔽，盘面表现平静如水，投资者难以从盘面走势中发现庄家的建仓行为，但是这几个方面的现象难以掩饰，下面来了解一下。

3.3.1　横盘建仓成交量表现

横盘建仓也称为低位恒量建仓，一般而言，主力建仓会推动成交量的放大，但有时主力建仓的动作很小，致使成交量无明显的变化，在理解庄家建仓图谱时要掌握以下两点。

◆　低位恒量建仓出现在股价下跌之后的低位区域或是股价上涨初期的相对低位区域。

◆　低位建仓是一种隐蔽的建仓手段，主力采用这样的建仓手法悄悄地完成大幅拉升前的准备。

从成交量的表现来看，前期建仓吸筹时，成交量会出现小幅的增长，但是并不明显。到了后期股价即将启动，即庄家吸筹完毕，准备大举上攻时，成交量出现放量，甚至会出现与前期量能相比的天量，此时即为投资者的最佳介入时期。

实例

中信重工（601608）横盘建仓形态

如图 3-11 所示为中信重工 2018 年 11 月至 2019 年 2 月 K 线图。

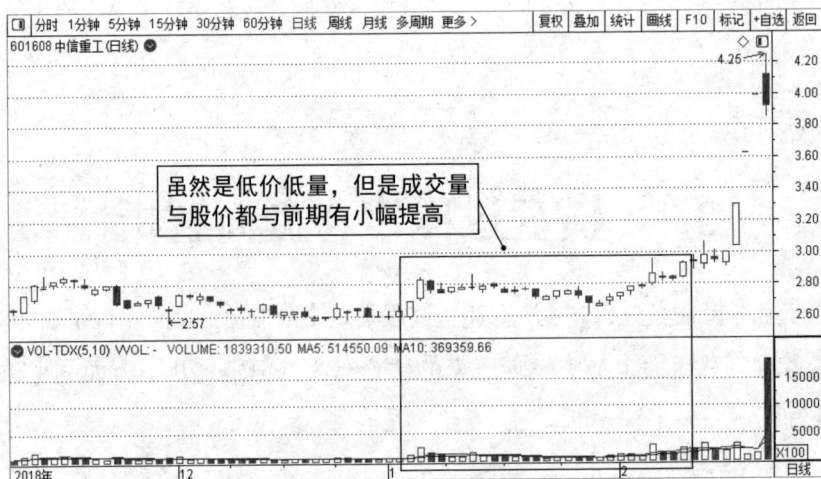

图 3-11　中信重工 2018 年 11 月至 2019 年 2 月 K 线图

由图中可知，中信重工的股价在 2018 年 11 月至 2019 年 2 月中旬一直处于低位横盘阶段，股价在 2.80 元价位线附近小幅震荡，同期的成交量也同样保持地量平稳形态。

但是在这个阶段也可以看到，进入 2019 年之后，成交量相对于前期而言，有小幅放大，同期股价也有小幅度升高，但是从盘面来看，量能与股价的涨幅并不明显。我们来观察一下 2019 年 1 月前与 1 月开始后的盘内分时区间统计图，如图 3-12 所示。

由图可知，中信重工在 2018 年 12 月 27 日的分时成交统计中，大单成交占比合计已经达到日总成交量的 25%，盘面虽然平静无波，但是实际已经波涛汹涌。

这种情况发展到 2019 年 1 月 14 日，盘内的大单成交占比合计已经达到 56%，由此可见，庄家为了保持盘面的平静，在暗地里通过互相买卖操作达到目的。

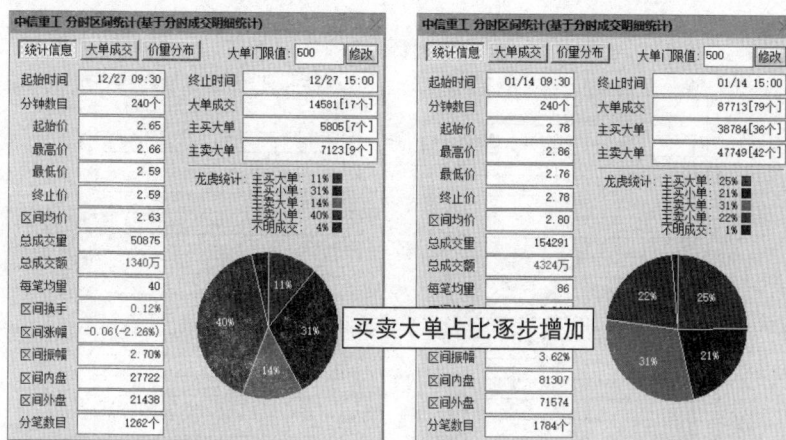

图 3-12　中信重工 2018 年 12 月 27 日和 2019 年 1 月 14 日分时区间统计

来看一下这两个交易日的盘内价量分布，如图 3-13 所示。

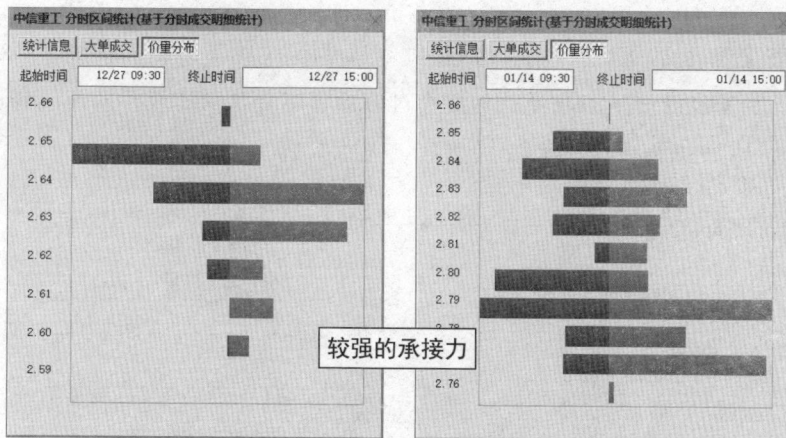

图 3-13　中信重工 2018 年 12 月 27 日和 2019 年 1 月 14 日盘内价量分布

从中信重工在 2018 年 12 月 27 日和 2019 年 1 月 14 日盘内的价量分布来看，这阶段内的低位承接量较强，并且能够明显看到盘内的承接价位，例如 2018 年 12 月 27 日的 2.65 元和 2019 年 1 月 14 日的 2.79 元。

由此可以看到，经历前阶段时间较漫长的吸筹过程后，庄家在 2019 年

2月中旬直接连续拉出涨停板，并且都是涨停后便封死盘口的强势状态，如图 3-14 所示。

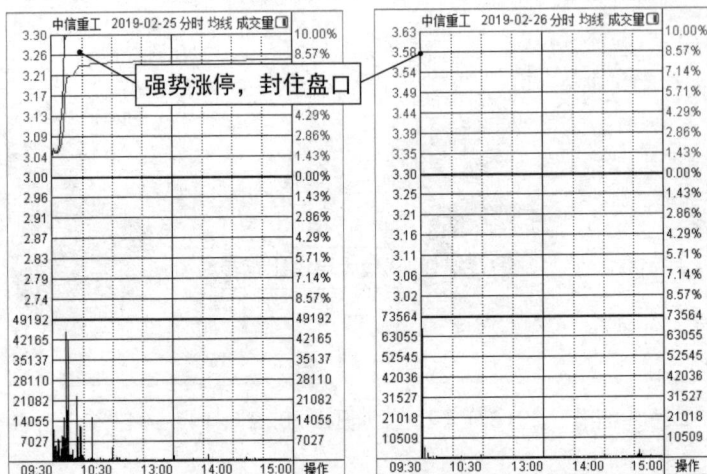

图 3-14　中信重工 2019 年 2 月 25 日和 2 月 26 日分时图

对于投资者而言，如果在低位时未能介入，则可在正式启动上涨之后介入。庄家在经历了如此漫长的建仓过程后，不会仅仅止步于两个涨停板，如图 3-15 所示为中信重工 2019 年 1 月至 3 月的 K 线图。

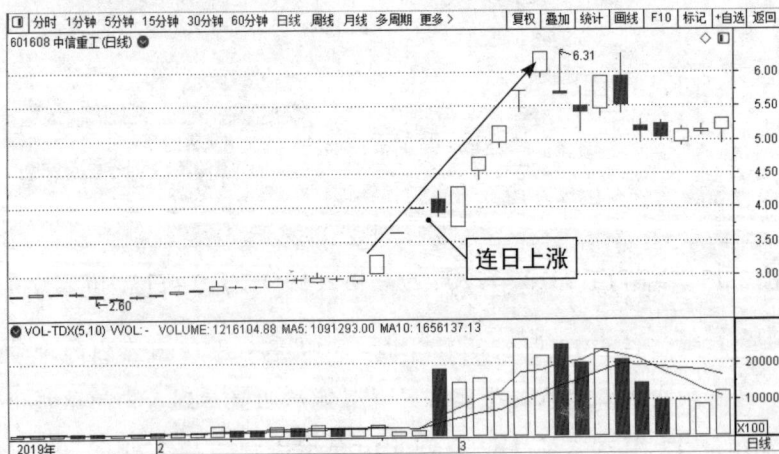

图 3-15　中信重工 2019 年 1 月至 3 月 K 线图

由图中可知，这波拉升直接将股价从 3 元拉升至 6 元，涨幅为 100%，投资者若能把握，则会获利颇丰。

3.3.2　横盘建仓的均线形态

横盘建仓时，K 线均表现为小实体形态，多为小阳线和小阴线，股价变动幅度较低，而均线表现为不同周期的均线相互交叉的形态，如图 3-16 所示。

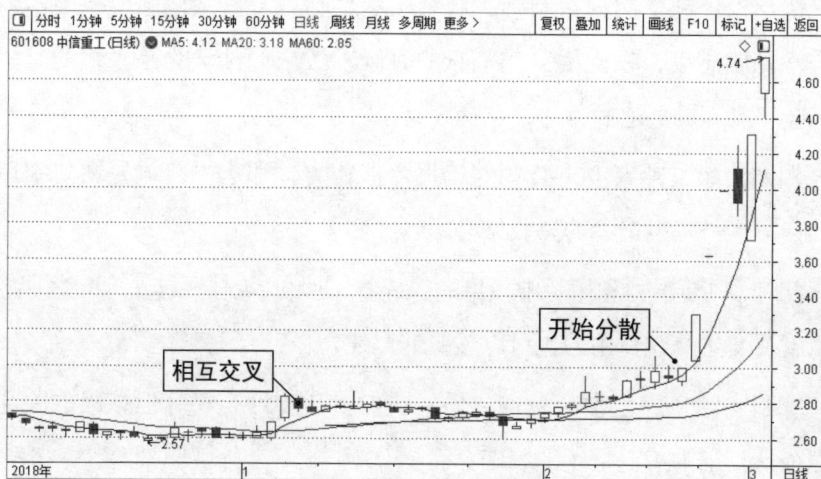

图 3-16　横盘建仓时均线表现

当不同周期均线开始逐步上穿形成连续金叉，且各自分散向上形成多头排列时，则股价开始启动，也是投资者的入市时机。

> **知识点拨**　*均线的多头排列*
>
> 多头排列是指不同周期均线均向上发展发散，这是市场趋势强势上升的信号，并且此时的 K 线均站于均线之上，即均线成为股价的支撑线，并且股价上涨的势头越强劲，则均线的发散程度越高。

3.4 打压式建仓盘面解析

打压建仓与下跌建仓从 K 线图表现形态来看比较相似，但是在打压建仓中，庄家会利用利空消息或者其他方面对个股价格进行一定程度的打压，因此股价会出现低位再下跌的形态，下面来了解一下。

3.4.1 散户的利空消息，庄家的建仓时机

俗话说：利空出尽是利多，利多出尽是利空。这从侧面反映了主力对利空消息的态度，在出现利空消息的时候，散户们都认为是抛售的时机，而某些庄家却反其道而行之，选择在这个时机建仓。

例如，如果某家上市公司的年报数据较差，那么当公司发布年报后，必然会影响一些投资者的持股信心。

此时，只要主力利用手中少量的筹码打压股价，就会引起散户大量抛售，股价就会发生暴跌，主力也可以趁机低位建仓。

等利空消息完全被市场消化后，股价就会逐渐企稳，但该股的关注度依然很低，主力可以继续从容建仓。

建仓完毕后，由于利空已经出尽，接下来随便出现一些利多消息，股价便会随之上扬，这样主力就能很轻松地获利。

实例

博信股份（600083）打压建仓形态

如图 3-17 所示为博信股份 2019 年 4 月至 8 月 K 线图。由图可知，博信股份的股价因 2018 年年报被出具保留意见的审计报告后便一直处于平稳下跌的状态，从 K 线图中可以看出，前期下跌幅度较小，因此多以小实体 K 线的形态展现出来。

但是到了后期，即进入 6 月之后，股价下跌的幅度开始逐日加大，盘内 K 线实体逐渐增长，到了 6 月底前后，甚至出现了连续阴线的下跌形态。

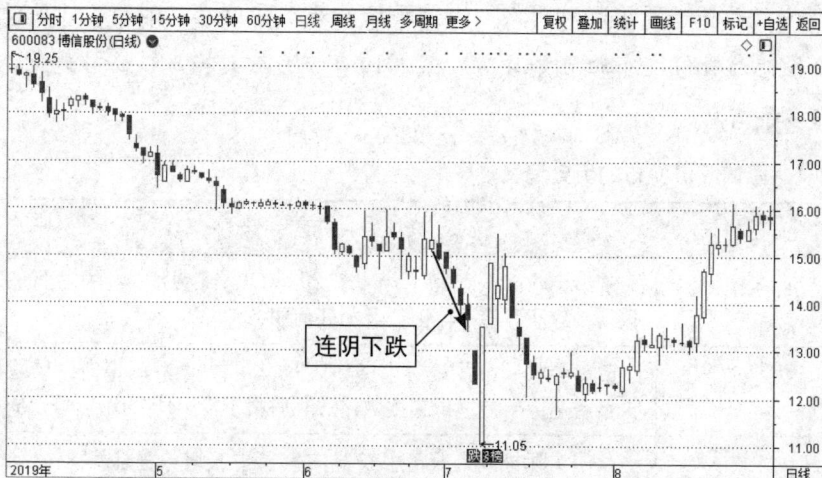

图 3-17　博信股份 2019 年 4 月至 8 月 K 线图

首先来看一下连阴下跌期间，是否受到市场的影响，来看一下同阶段的上证指数 K 线图，如图 3-18 所示。

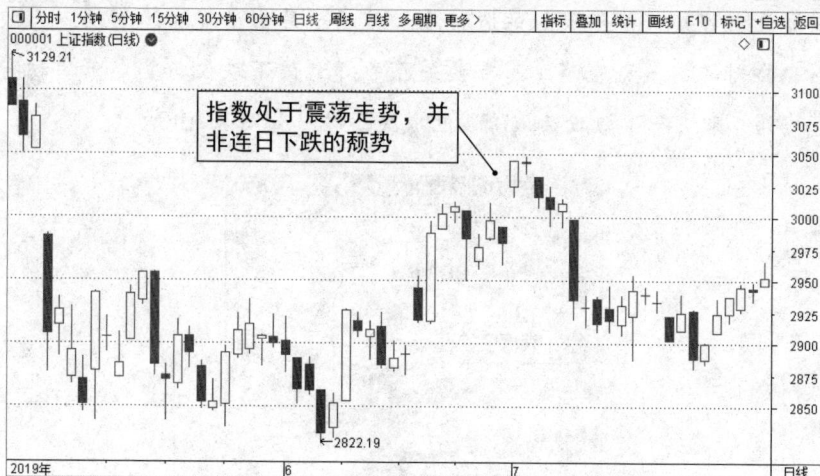

图 3-18　上证指数 2019 年 5 月至 7 月 K 线图

由上图可知，上证指数在 2019 年 6 月底处于震荡向上形态，并非如博信股份一般的连日下跌走势，因此博信股份在 6 月底出现连日下跌形态受市场的影响不大。

我们来看一下该段时间内，博信股份的基本面消息。如表 3-1 所示为该阶段博信股份发布的历史消息，在 2019 年 7 月 5 日当日，公司更是连续发布多条消息。

表 3-1　博信股份发布的历史消息

时间	内容
2019 年 7 月 1 日	董事会收到公司职工代表董事、董事会秘书陈 × 的书面辞职报告，辞职后将不再担任公司任何职务
2019 年 7 月 3 日	董事会收到公司证券事务代表张 × 的书面辞职报告，辞职报告自送达董事会之日起生效，辞职后将不再担任公司任何职务
2019 年 7 月 5 日	公司实际控制人兼董事长罗 ×，董事兼财务总监姜 × 分别于 2019 年 6 月 20 日、2019 年 6 月 25 日被上海市公安局杨浦分局刑事拘留，相关事项尚待公安机关进一步调查
2019 年 7 月 5 日	公司控股股东苏州晟隽营销管理有限公司所持有本公司的股份被司法冻结及轮候冻结

由表中可知，博信股份的股价在 6 月底 7 月初出现连续下跌，与该阶段围绕公司的诸多利空消息有重要关系。那么该下跌仅与其发布的利空消息有关吗？来看一下该股在该阶段的成交情况，如图 3-19 所示。

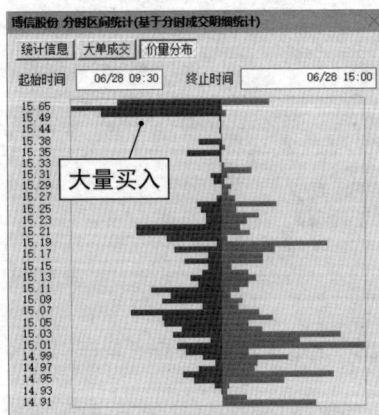

图 3-19　博信股份 2019 年 6 月 28 日盘内价量分布

由上图可知，在 2019 年 6 月 28 日，盘内的成交量出现比较特殊的情形，即高位出现较多买入成交，并且这些买入成交都在开盘时完成，如图 3-20 所示。

起始时间	06/28 09:30	终止时间		06/28 15:00
方向	成交价	成交量	日期	时间
● 主卖	14.90	621	06/28	14:44
● 主买	15.65	689	06/28	09:31
● 主买	15.54	998	06/28	09:31
● 主买	15.49	802	06/28	09:31
● 主买	15.21	509	06/28	09:31
● 主卖	15.18	505	06/28	09:30

图 3-20　博信股份 2019 年 6 月 28 日大单成交统计

从大单成交统计中可以看出，当日的大单成交基本发生在开盘时，出现连续的大单成交，则表明盘内有资本势力，再来观察一下该股接下来两个连续下跌的交易日内的大单成交情况，如图 3-21 所示。

博信股份 分时区间统计(基于分时成交明细统计)						博信股份 分时区间统计(基于分时成交明细统计)				
统计信息	大单成交	价量分布	大单门限值: 500	修改		统计信息	大单成交	价量分布	大单门限值: 500	修改
起始时间	07/02 09:30	终止时间		07/02 15:00		起始时间	07/03 09:30	终止时间		07/03 15:00
方向	成交价	成交量	日期	时间		方向	成交价	成交量	日期	时间
● 主卖	14.43	502	07/02	14:08		● 中性	13.97	1213	07/03	15:00
● 主买	14.80	500	07/02	10:59		● 主买	14.30	800	07/03	14:51
● 主买	14.80	1000	07/02	10:59		● 主买	14.20	695	07/03	14:51
● 主买	14.73	1953	07/02	10:58		● 主买	14.10	714	07/03	14:51
● 主买	14.63	855	07/02	10:57		● 主买	13.99	2000	07/03	14:50
● 主买	14.61	500	07/02	10:37		● 主买	13.91	500	07/03	14:50
● 主卖	14.50	1202	07/02	10:31		● 主买	13.91	508	07/03	14:49
● 主卖	14.51	1282	07/02	10:31		● 主卖	13.70	1019	07/03	14:49
● 主买	14.63	530	07/02	09:36		● 主卖	13.78	864	07/03	14:49
						● 主卖	13.78	855	07/03	14:48
		大单买入成交较多				● 主卖	13.70	1176	07/03	14:48
						● 主卖	13.73	542	07/03	14:01
						● 主卖	13.72	536	07/03	13:59
						● 主买	13.88	528	07/03	13:26
						● 主买	13.96	500	07/03	11:16
						● 主买	14.00	518	07/03	10:50
在大单成交列表中点右键可以导出						在大单成交列表中点右键可以导出				

图 3-21　博信股份 2019 年 7 月 2 日和 7 月 3 日盘内大单成交情况

7 月 2 日和 7 月 3 日 K 线收阴，两日跌幅分别为 2.17% 和 3.05% 的交易日中，大单成交依旧以买入为主，表明盘内确有做多资本，且做多意图明显，因此此次的连续下跌，投资者们可以与庄家利用利空消息打压股价，来达到建仓和低价买入的目的。

接下来继续观察连续下跌的末期，即 2019 年 7 月 5 日与 7 月 8 日的分时图，如图 3-22 所示。

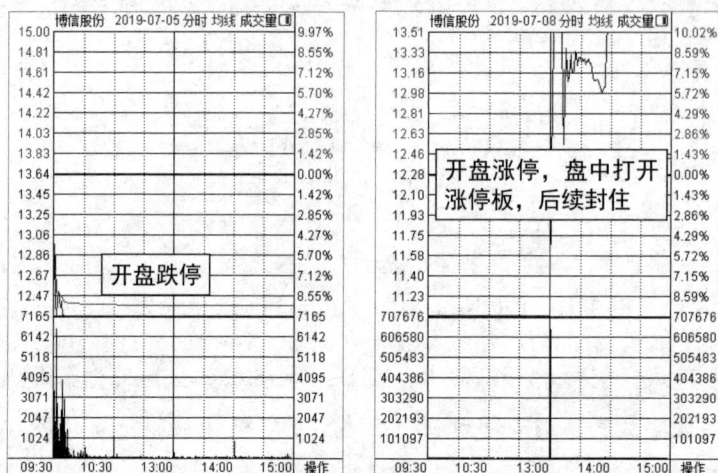

图 3-22　博信股份 2019 年 7 月 5 日与 7 月 8 日分时图

由图中可知，博信股份在连续的下跌之后，盘内的做空气氛积聚，在 2019 年 7 月 5 日直接开盘即跌停。

而在下一个交易日，即 2019 年 7 月 8 日，股价出现反转，开盘涨停，午盘开始后，涨停板被打开，在多空对抗了一个多小时后，在接近 14:00 时封住涨停板。

连续两个交易日的股价出现异动表现，如果说前期的股价阴跌仅仅是因为发布了利空消息，那么此时的跌停复涨停走势便无法解释，在 7 月 8 日的封住涨停板时，有资金砸出了累计超过 1 万的成交量，如图 3-23 所示。

图 3-23　博信股份 2019 年 7 月 8 日盘内部分大单成交统计

由此可见，博信股份的盘内有庄家在操作，并且庄家利用这段时间该公司发布的一系列利空消息，来营造空头陷阱，引诱散户们抛售，自己则疯狂吸取筹码，并且在两个交易日内利用跌停复涨停的走势来启动股价，这也显示出庄家的资金实力着实雄厚，后期该股的上涨幅度会较高，如图 3-24 所示为后期该股的 K 线走势图。

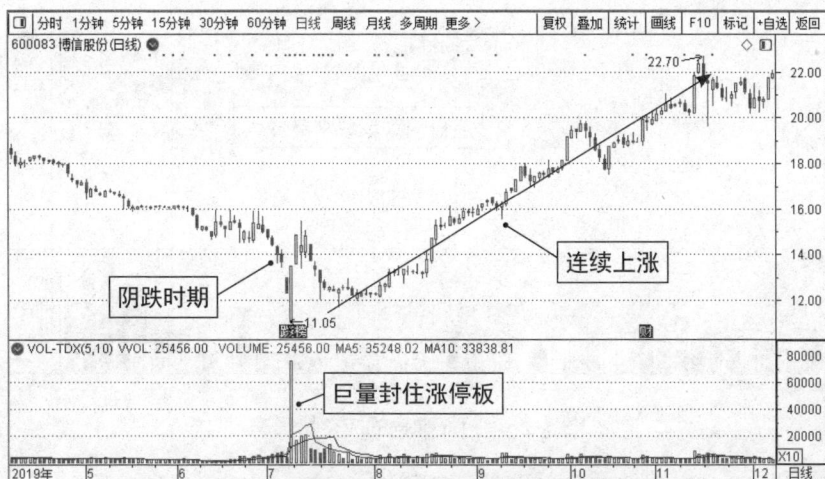

图 3-24　博信股份 2019 年 4 月至 12 月 K 线图

对于投资者而言，如果遇到类似的低位异动个股，不要急着抛售，要先将该股下跌的原因分析清楚，看清基本面信息，是否受市场影响，综合考虑该阶段出现此现象的原因，如果无法用市场逻辑解释，则要考虑是否有庄家操作，如果发现明显的吸筹行为，要勇敢介入。

3.4.2　打压式建仓的成交量形态

从上个案例便可看出，庄家采用打压式建仓，其资金实力必定是比较强大的，因为庄家需要不断进行买入、卖出操作，还要保持手中持筹不断增长，所以没有一定的资金实力，庄家是无法成功建仓并启动股价的。

打压建仓都会在成交量上留下迹象，因为庄家既要操纵股价，又要不断吸筹，成交量必定不会保持平稳低量，它会根据股价的涨跌而出现变动。尤其是在利空消息出现时，庄家加重打压的阶段内，成交量会进一步放大。下面仍以博信股份为例，来看一下当时的成交量形态，如图3-25所示。

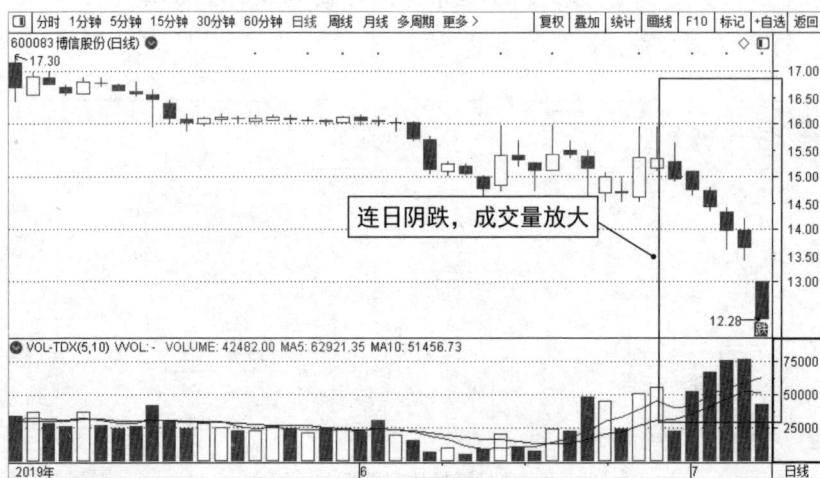

图 3-25 打压建仓的成交量形态

当投资者发现股价在低位加大幅度连续下跌，同时成交量放大，出现大单密集成交时，则要观察是否是庄家在打压股价，进行吸筹。

如果庄家采用打压股价的方式进行建仓，那么股价的启动也会比较迅速，兵贵神速一词用来形容庄家的此波操作比较形象。

3.5 拉升式建仓盘面解析

拉升式建仓也称为拉高建仓，是指庄家在拉高股价的过程中建仓，说明庄家对于建仓的急迫性。拉升式建仓多见于题材性股票或即将出现重大利好的个股，因此庄家才会选择以不计成本的方式来紧急建仓。

3.5.1　拉高建仓的条件

拉高建仓是一种利用散户惯性思维逆向操作的一种建仓方式，投资者大多会认为主力为了降低成本采取打压股价进行建仓或主力建仓往往在低位。此时庄家正是利用这种习惯性思维而采取的逆反手段，把股价推升至相对高位建仓。

采用拉高建仓，个股必须满足以下几个条件。

- ◆ 股票价位不高。
- ◆ 大盘处于牛市初期或中期。
- ◆ 公司后市有重大利好或大题材做后盾。
- ◆ 有大比例分配方案。
- ◆ 有足够的资金控盘，具备中长线运作思路。

这种建仓方法的好处是能够加快吸取筹码的速度，缩短建仓时间，争取拉升时机。

这种建仓方式对于庄家而言，风险也比较大，首先便是建仓成本相比其他建仓方式而言较高，其次便是对大盘有一定的依赖度。

如果市场行情不好，处于熊市，那么这种建仓方式对于庄家而言，很大可能性会使资本在股市打水漂。因为庄家在操作的时候，投资者们看见该股逆市上涨，不会有足够的勇气跟风买入持续推高股价。所以在前面介绍的几个条件中，大盘处于牛市成为必不可少的条件。

对于投资者们而言，他们往往容易把庄家推高建仓的行为误解为庄家拔高股价，将推高后的建仓行为理解为庄家派发，这样庄家就很容易买进大量筹码。

虽然建仓成本相对较高，但由于大盘处于大牛市的初、中期阶段，个股背后有重大题材和利好，在推高建仓后，个股会迎来更大的上涨。

3.5.2 拉高建仓的K线形态

当股价在低位启动出现连续的两到三个大阳线之后，继续以上涨的形式开盘，并且持股者可能因为短期内的利润而抛出股票，使当日K线为小阴线，同时成交量达到历史天量，当日换手率达20%以上。这是一个典型的庄家拉高吸筹的K线形态，一旦发现这种形态，投资者可大胆参与。

这种方法的要点如下所示。

◆ 在低位大幅上涨之后出现这种形态，或是在历史成交密集区附近出现这种高位小阴线，也就是说当天抛盘十分沉重。

◆ 要放出历史天量，当日换手率超过20%，越大越好。

◆ 最好带较长下影线，显示在抛盘汹涌之际，买盘承接依然十分有力。

◆ 最好是涨停板开盘，收盘价尽管没能收在涨停板，但仍比昨日收盘价高得多，显示多方仍占压倒性优势。

如果以上四个条件都具备，就是真正的大行情，投资者可以重仓杀入，中线持有，必有丰厚回报。

知识点拨 *小心庄家出货*

对拉高建仓而言，最好是较冷门的股票从底部启动出现这种形态；如果是热门股票出现这种巨量阴线，很可能是庄家在出货。另外，发现这种形态后不要立即买进，应观察其随后几天的股价走势。如果后来几日股价继续强势上行，则可追进；如果随后几天股价大幅走弱，同时成交量明显萎缩，高位追进者全线套牢，则该股后市不容乐观，不值得参与。

3.6 散户如何寻找正在建仓的个股

对于众多散户而言，如果能够在庄家建仓时便及时介入，则会省去很

多选股的精力，也会降低投资风险，那么如何在庄家建仓初期便精准寻找
到该股呢，下面介绍几种方法。

3.6.1　通过成交量发现庄家建仓

庄家建仓吸筹，势必会引起成交量的变动，因此通过观察量能的变化，
可以帮助投资者发现庄家建仓的个股。

庄家建仓一般都在低位，股价如果下跌时间较长，盘内的筹码往往就
会比较分散，表现在行情上，便是成交清淡，无人问津。

庄家在进场之前，首先得考虑资金的安全性，介入的价位是否合适等。
因此，在建仓之前，一般会有一个试盘动作，在确认盘子很轻、场内没有
其他庄家，股价跌无可跌、成交极其清淡的情况下，方才开始缓缓建仓。
表现在 K 线图上，一般是阴阳相间，成交量温和放大，股价重心不断上移，
但涨幅有限，这便是"从缩量到放量"的过程，如图 3-26 所示。

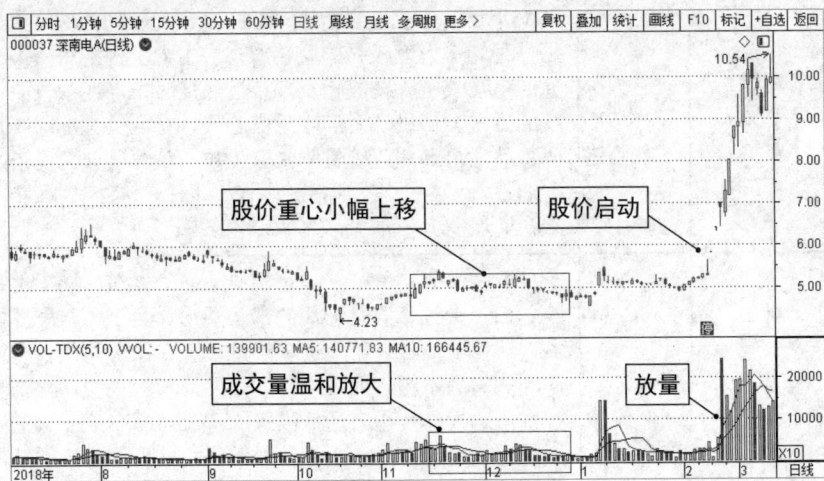

图 3-26　个股盘从缩量到放量的过程

庄家建仓吸筹一般会经历一个较长的时间段，在这一阶段，股价有小
幅上涨，并且量能也在逐渐积累，但是始终没有明显的涨幅，表明股价上

涨尚未启动，庄家仍处在吸筹过程，投资者需要继续持股等待。

3.6.2　通过 K 线形态识别庄家建仓

在建仓阶段，经常出现的 K 线形态有圆形底、V 形底、双重底、头肩底等，这些都是明显的底部形态，具体形态及内容如表 3-2 所示。

表 3-2　庄家底部建仓出现的 K 线形态

形态	名称	形态特征
	圆形底	圆形底又称为碟形底或碗形底，常常在一个长期跌市后出现，低位通常记录新低及回跌，形态可分为三部分：下降、最低及上升。第一个是下降部分：即带领圆形到低位，下降的倾斜度不会太大；第二个是圆形底的最低位，与尖底很相似，但不会太尖。这部分通常出现时间较长或升幅可达一个月，此阶段通常为庄家试盘，试探该股是否仍有下跌空间；最后是上升部分，也就是庄家的吸筹阶段，此时的 K 线微微上扬，但幅度较小
	V 形底	V 形底又称尖底，是指股价连续长阴下跌到重要支撑位，以 V 形反转方式连续上攻，形成 V 形反转的底部样式，是一种转势力度极强的反转形态。主力机构利用熊市淡薄的市场人气，在股指下跌接近底部时，以连续长阴下跌的方式，使投资者产生恐慌心理，在低位抛出手中筹码；然后再利用连续长阳快速上攻，使深度被套尚未平仓的投资者在上涨初期减亏平仓，以便在下跌后期和上涨初期加快建仓进程
	双重底	双重底也称"W 底"，是指股票的价格在连续二次下跌的低点大致相同时形成的走势图形，两个跌至最低点的连线叫支撑线。第一次下跌是市场在探底消化获利筹码的压力后下探，而后再度发力展开新的行情，既属于技术上的操作，也有逢低吸筹的意思，即在第一次上涨中获得的筹码有限，为了获得低位的廉价筹码，所以再度下探，反映出两重含义：一是做多的资金实力有限并且参与的时间仓促，所以通过反复的方式获得低位筹码同时消化市场压力，否则市场的底部就会是 V 形的；二是市场的空方压力较大，市场上涨过程中遇到了较大的抛盘压力，并没有形成一致看多的共识，不得不再次下探

续上表

形态	名称	形态特征
	头肩底	图形以左肩、底、右肩及颈线形成，左肩与右肩分别代表空方强势和多方强势，两次反弹形成的高点连接被称为颈线，前期股价受到空方打压，出现下跌，虽然有小幅反弹，但仍被压制，当再次反弹时，便是多方的强攻了，当两次反弹的颈线被打破后，显示多方已完全把空方击倒，买方代替卖方控制整个市场，一般来说，在底部的头肩底形态幅度会比较小，通常在最低位反弹的时候也就是庄家建仓的时候

3.7　如何判断建仓是否完成

　　股价的大幅拉升一般都是从庄家建仓完毕开始的，所以散户投资者紧跟庄家炒股，要想能够尽快获得收益，就要准确判断主力建仓的行为是否基本完成。

3.7.1　个股与大盘的关系

　　对于建仓基本完成的个股而言，股价启动上涨已经是势在必行，因此其 K 线走势与大盘走势相比会表现得相对我行我素，不理会大盘而走出独立行情。如有的股票大盘涨它不涨，大盘跌它不跌。

　　这种情况通常表明大部分筹码已落入庄家手中，当大势向下，有浮筹砸盘，庄家便把筹码托住，封死下跌空间，以防廉价筹码被人抢去；大势向上或企稳，有游资抢盘，但庄家由于种种原因此时仍不想发动行情，于是便有凶狠地砸盘出现，封住股价的上涨空间，不让短线炒乱计划。股票的 K 线形态就横向盘整，或沿均线小幅震荡盘升。

3.7.2 小量涨停

庄家基本建仓完成，启动股价的时候，会出现放很小的量就能拉出长阳或封死涨停的形态。

庄家经过一段时间的筹码收集，如果用很少的资金就能轻松地拉出涨停，那就说明庄家筹码收集工作已近尾声，具备了控盘能力，可以随心所欲地控制盘面。

实例

方盛制药（603998）吸筹末期小量涨停

如图 3-27 所示为方盛制药 2019 年 1 月至 4 月的 K 线图。

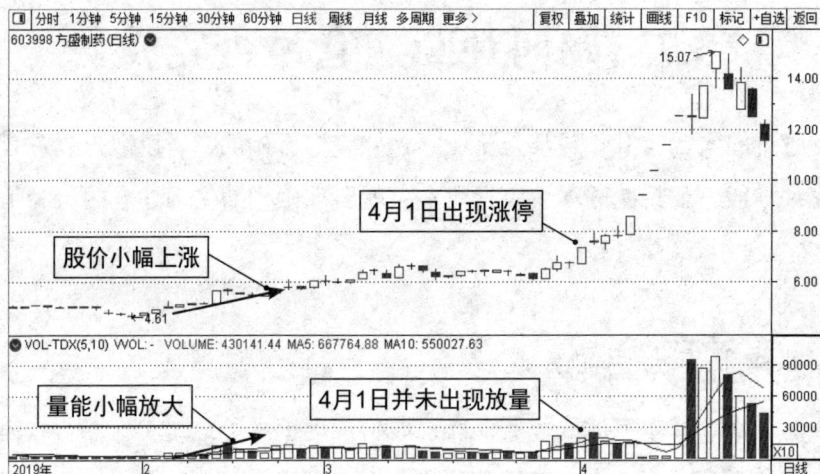

图 3-27　方盛制药 2019 年 1 月至 4 月 K 线图

由图中可知，方盛制药的股价在 2019 年 1 月处于低位横盘状态，成交量也表现低迷。

在进入 2 月之后，我们发现，成交量相对前期而言，有小幅放大，同期的股价也出现小幅的上涨。来看一下这一期间任意交易日的分时成交统计情况，判断此时是否有庄家吸筹行为，如图 3-28 所示。

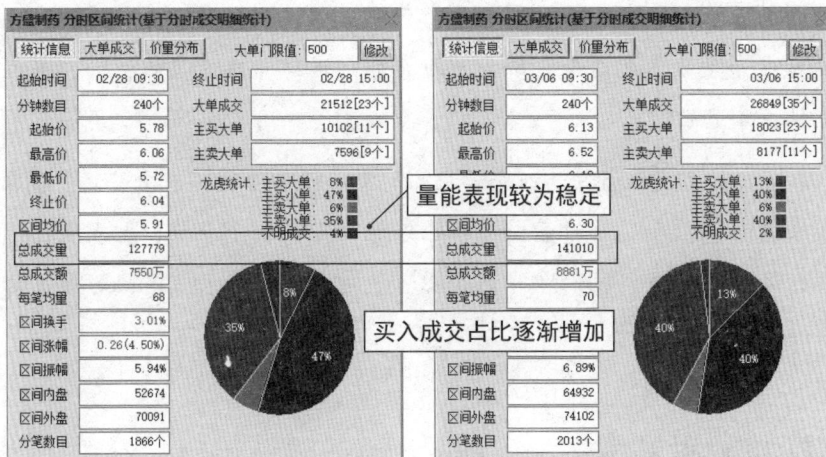

图 3-28 方盛制药 2019 年 2 月 28 日、3 月 6 日分时成交明细统计

由上图可知，在此阶段，方盛制药的盘内大单买入成交明显放大，并且盘内的总成交量表现较为稳定，从 K 线图中也可以看出，量能并未出现放量增长的情况，可以初步判断此时盘内有庄家在吸筹。

这种形态维持了近两个月之后，在进入 4 月时，股价出现明显波动，在 4 月 1 日，股价出现涨停，当日成交量仍未放量，如图 3-29 所示。

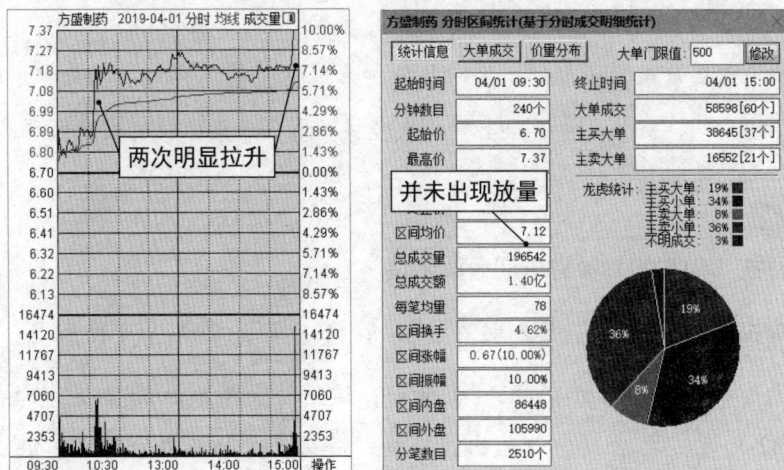

图 3-29 方盛制药 2019 年 4 月 1 日的分时走势图和分时成交统计

由上图可知，在交易日内股价出现两次比较明显的上涨拉升现象，分别发生在开盘后不久与尾盘阶段，拉升非常迅速，属于直线拉升，并且尾盘直接拉升至涨停。

在当日的成交统计中，成交量相比前期的吸筹阶段并未出现放量现象，属于小量涨停，表明此时盘内庄家已经暂时控制住了局势，也表明庄家的吸筹行为接近尾声，股价即将启动上涨。对于投资者而言，此时是最好的入市时机。

3.7.3　分时图震荡

庄家到了筹码收集末期，为了洗掉短线获利盘，消磨散户的持股信心，便用少量筹码做图，使得盘内局势震荡。

◆ 从日K线上看，股价起伏不定，一会儿涨到了浪尖，一会儿跌到了谷底，但股价总是冲不破箱顶也跌不破箱底，而当日分时走势图上更是大幅震荡。

◆ 委买、委卖之间价格差距也非常大，有时相差几分，有时相差几角，给人一种莫名其妙，飘忽不定的感觉。

◆ 成交量也极不规则，有时几分钟才成交一笔，有时十几分钟才成交一笔。分时走势图画出横线或竖线，形成矩形，成交量也极度萎缩。

实例

麦迪科技（603990）吸筹末期盘面震荡

如图3-30所示为麦迪科技在2018年11月至2019年3月K线图。

由图中可知，在2018年11月开始，该股股价开始由30.00元的低位上涨至32.00元，之后股价开始出现震荡，成交量呈极不规则形状。在2018年11月中旬至12月底，成交量中有低量夹杂高量的形态，进入2019年之后，成交量萎缩，始终保持低量。

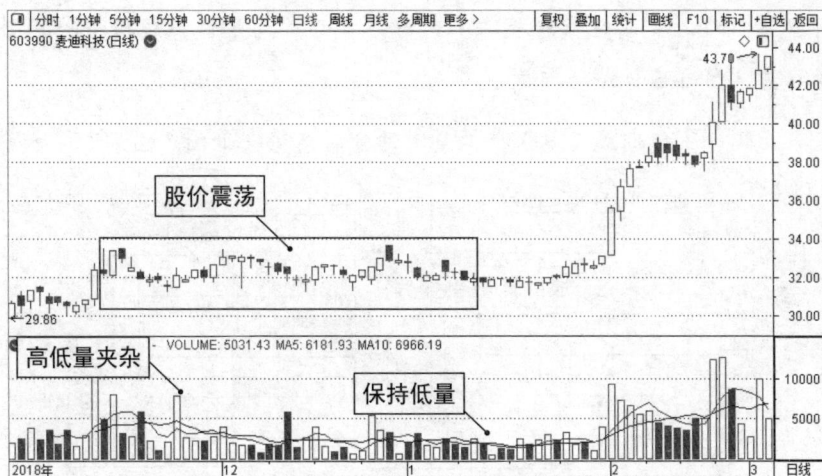

图 3-30 麦迪科技 2018 年 11 月至 2019 年 3 月 K 线图

该股在前期量能有过阶段性放大，到后期量能萎缩，初步猜测为前期大量吸筹，后期固盘。为印证该猜想，来看一下前后期的分时图情况，如图 3-31 所示为前期的分时走势图。

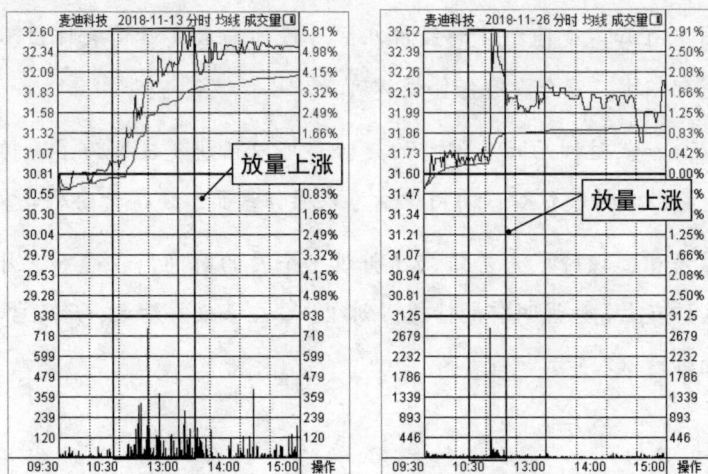

图 3-31 麦迪科技 2018 年 11 月 13 日和 11 月 26 日分时图

由图中可知，麦迪科技在前期属于放量上涨的形态，每次股价的上涨都伴随着成交量的放大；每次放量上涨后，股价都在当日高位保持平台运动，不再继续上攻。说明庄家在吸取一部分筹码后，为了保证股价平稳不引起市场注意，在当日暂停动作。

来比较一下后期成交量保持低量时的分时走势，如图3-32所示。

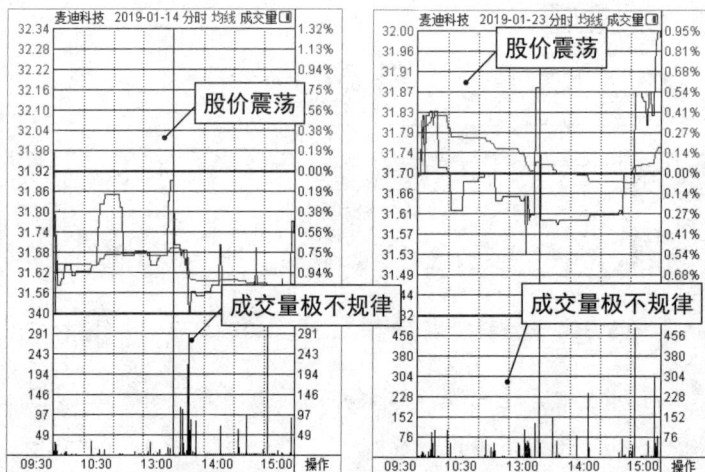

图3-32　麦迪科技2019年1月14日和1月23日分时图

由图中可知，麦迪科技的股价在该阶段内与成交量均表现出不规律形态，与前期相比，完全没有任何规律可循。

在吸筹一段时间后出现这样的走势，可以猜想是庄家为了洗掉短线获利盘，消磨散户持股信心，使用少量筹码操作盘面，使得盘内局势震荡。

可以看出，该阶段走势维持了将近1个月的时间，在进入2月之后，股价便扶摇直上，也说明前期猜想得到印证，庄家吸筹结束，开始启动股价，投资者此时可以入市。

第4章

洗盘整理，
跟庄买入的第二次机会

庄家在吸取足够的筹码之后，为了使盘内的筹码更为稳固，会采用一系列洗盘的手段，清理掉场内浮筹，达到固盘的目的。这个阶段也是投资者买入的一个好时机。

4.1　庄家洗盘的常用方式

庄家洗盘的目的是清理市场多余的浮动筹码，让意志不坚的散户抛出股票，以减轻上档压力，利于其坐庄，常见的洗盘方式有以下几种。

4.1.1　打压式洗盘

打压式洗盘是指庄家通过打压股价的方式来达到洗盘的目的，具体过程为：主力利用急跌手段营造出恐慌情绪迫使散户投资者抛出筹码，随后主力就会顺势收足筹码。

打压式洗盘一般适用于流通盘较小的绩差类个股，由于购买小盘绩差类个股的散户投资者和小资金持有者，绝大多数是抱着投机的心理入市。鉴于投资者不稳定的心态，庄家控盘打压股价，促进和激化股价快速下跌，强化散户投资者和小资金持有者的悲观情绪，放大其持有筹码的不稳定性，同时也激发持筹者在实际操作过程中的卖出冲动，无法抑制自己正常的投资心理，使这种悲观情绪达到白热化的状态。

例如，当股价的跌幅超过 5% 时，散户通常无法忍受继续亏损而纷纷选择抛售，于是跟着主力一起建仓的散户又一次被主力成功清洗出局。

打压洗盘方法的好处在于"快"和"狠"，洗盘时间较短，而洗盘的效果较好。具有以下 4 个特点。

- ◆ 打压式洗盘通常在混入散户投资者较多的区域内较为常见。
- ◆ 打压式洗盘是主力通过制造足够的盘面恐慌气氛去驱赶散户筹码。
- ◆ 打压式洗盘的目的是迫使散户交出筹码。
- ◆ 打压式洗盘将以极度缩量的形式结束。

主力建完仓，进行打压式洗盘后，观察量能变化，如果出现极度缩量的情况，就是投资者买进的好时机。

实例

东风汽车（600006）庄家打压洗盘

如图4-1所示为东风汽车2018年9月至2019年3月的K线图。

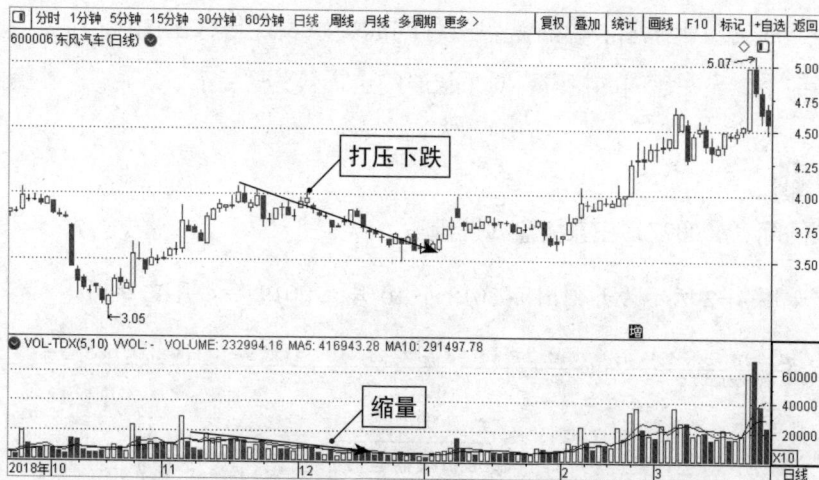

图4-1　东风汽车2018年9月至2019年3月K线图

由上图可知，东风汽车的股价在2018年10月下旬至11月中旬经历了一波拉升后，便转入了下跌趋势，在该趋势中，成交量逐步缩小，表明盘内少量筹码抛售，大部分筹码稳定持有，为庄家的打压洗盘手法。

可以发现，在2018年年底成交量缩小至最低值之后，股价开始止跌上涨，表明此时庄家认为盘内的浮筹已经出局，可以再次启动股价。

4.1.2　横盘式洗盘

对于一些价值被市场看好的个股，庄家往往采用横盘整理的方法洗盘。因为对这种个股，如果庄家对其股价进行打压，筹码就会被散户或其他机构低价买入。所以庄家会刻意制造出长期盘整的形态，即个股分时图中的分时线波动会比较小，即在洗盘这段时间内，主力不会让股价大幅波动。

当意志不坚定的投资者看到股价迟迟没有上涨，必定会产生急于出场的心理，甚至会害怕主力已经开始出货，股价在后市会大幅下跌，因此就会有很大一部分投资者提前离场，而主力也就达到了清除散户的目的。

从成交量上来看，这种洗盘过程的成交量表现与打压洗盘类似，也是逐步缩小，表明盘内的持筹者对于该股的选择较为坚定。

实例

开创国际（600097）庄家横盘式洗盘

如图 4-2 所示为开创国际 2018 年 10 月至 2019 年 4 月 K 线图。

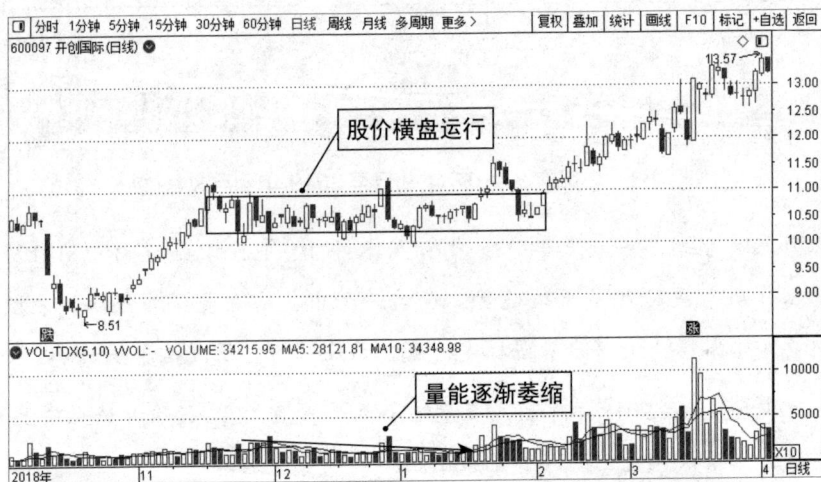

图 4-2　开创国际 2018 年 10 月至 2019 年 4 月 K 线图

由上图可知，开创国际的股价在经历了 2018 年 10 月下旬至 11 月中旬的上涨之后，便进入横盘走势中，股价反复收出阴线和阳线。在 2018 年 12 月中旬至 2019 年 1 月下旬并没有出现明显的涨跌，同时成交量也表现为逐渐萎缩。

前期有上涨，表明盘内有庄家在操作，在步入阶段性高位后，开始横盘运行，表示庄家开始对盘内的筹码进行清洗。

横盘走势持续时间超过两个月，庄家稳住股价的涨跌，但并不给市场该股后市是涨是跌的信号。此时成交量也逐步萎缩，表示盘内的浮筹已经开始出局，剩余的持筹者均比较坚定。因此可以看到，在成交量保持了一段时间的萎靡低量之后，开始逐步放大，股价也伴随着上涨，庄家正式拉升股价。

4.1.3　震荡式洗盘

利用打压的方式洗盘，庄家容易丢失手中的廉价筹码，采取横盘洗盘的方式，又要花费很长的时间。震荡式洗盘则把拉升、横盘、打压糅合到一起，像打太极拳一样把它们组合起来，取长补短，应用到庄家洗盘的过程中。

在实际操作中，散户投资者们都是看到股价上涨的时候才追涨买入，很少有散户投资者是提前埋伏在个股中，卖出股票的理由也很简单，便是股价跌了，继续持股会导致更大的损失。

庄家利用散户投资者的这一投资心理，通过控盘使得股价出现小幅震荡，并在一段时间内持续保持这样的走势，经过庄家的这一波心理诱导战术，大部分散户投资者会克制不住自己的恐慌情绪，在震荡低位选择割肉出局。

随着大量恐慌筹码的出局，庄家已经初步达到洗盘的预期目的，然后庄家就会展开向上拉升行情。这时割肉出局的散户看到股票刚一卖出，股价就上涨了，心里懊悔不已，从而产生新一轮的买入冲动。

当股价再次运行到前期高点或次高点附近时，上次在相对高点买入的套牢盘好不容易熬到了解套的机会，也极容易产生卖出解套的冲动。

庄家采用这种反复震荡洗盘的方法，不断诱导散户投资者追涨杀跌，踏高撤低，逐步提高他们的持股成本。

震荡式洗盘的优点和横盘整理洗盘比较起来主要是节约了时间，和打压式洗盘比较起来又避免了丧失廉价筹码的风险，是一种左右兼顾的洗盘方式。

实例

波导股份（600130）庄家震荡式洗盘

如图4-3所示为波导股份2018年10月至2019年2月K线图。

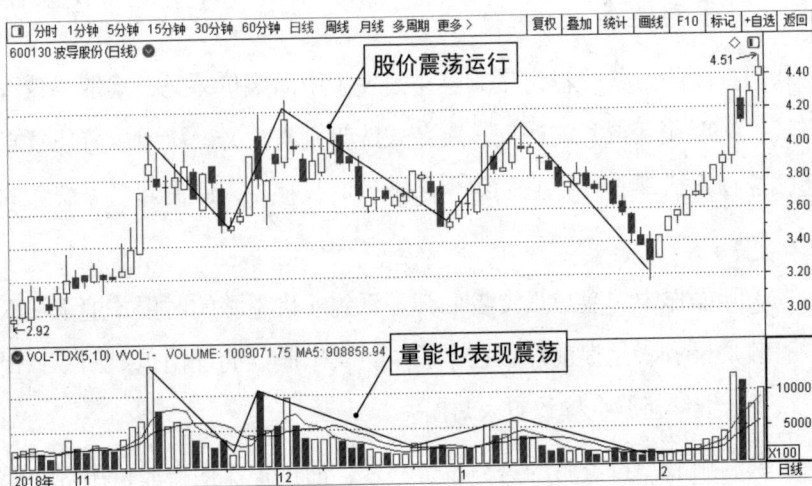

图4-3　波导股份2018年10月至2019年2月K线图

由上图可知，波导股份的股价在2018年10月下旬至11月中旬经历了一波上涨之后，便在阶段高位出现了震荡走势，可以看见11月13日股价冲高回落收出一根长上影线的小实体阳线，之后便出现较大幅度的震荡，走势相对疲软，同时成交量也出现了震荡的形态。

观察发现，该阶段的股价走势到后期也仍然保持较大的震荡幅度，而同阶段的成交量变动幅度则逐渐缩小，到2019年1月股价震荡下跌的时候，成交量已经处于比较萎靡的状态。

成交量表现萎靡说明盘内的持股较为稳定，并没有较多的筹码被交换，由此，庄家确认了洗盘的成果，结束了洗盘过程，股价也进入了大幅上涨的阶段。

4.1.4　拉升式洗盘

拉升式洗盘也被称为边拉边洗式洗盘，是庄家在股价上涨过程中吸筹的同时进行洗盘所采用的一种方式。股价在拉升过程中伴随着回档，庄家先是连续大幅拉高股价，然后突然停止做多。由于短线升幅过大，担心股价大幅回调，故抛盘即刻涌现，造成股价回落，将短线炒作者及信心不坚定的浮筹震出，达到洗盘的目的。

这种情形之下，盘中的股价呈现出上涨→下跌→上涨→下跌如此往复的走势格局，虽然整个上涨下跌的振幅不大，但是重心逐渐抬高，成交量也非常不规则，在盘面的走势图上股价往往会直线的下跌或上涨，让人难以琢磨，如图 4-4 所示。

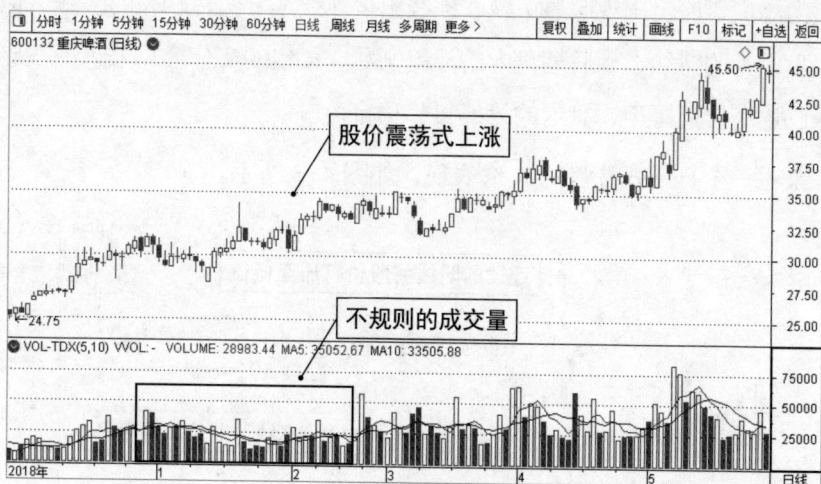

图 4-4　庄家拉升式洗盘

此种洗盘方式可以节约时间，能够把胆小投资者洗出场外，但每日收市价上移可以坚定多头的信心，便于加快炒作周期。

经过如此洗盘之后的股价上升变得更加轻灵，只需少量买盘即可将股价快速推高，很快便能收复失地，在日K线上有时候也找不到庄家明显洗盘的痕迹。

4.2 打压式洗盘的盘面解读

前面已经介绍过打压式洗盘的基本形态，接下来继续详细了解该洗盘方式的盘面表现。

4.2.1 打压洗盘时的K线表现

庄家采用打压的方式进行洗盘时，在洗盘开始时庄家采用一些方式造成盘内恐慌，股价出现明显下跌，K线出现连续或者实体较长的阴线。但随着洗盘行为的持续，到后期盘内的浮筹渐尽，K线的实体会越来越短，显示打压已逐渐接近尾声，盘内的筹码日趋稳定。

来看一个打压式洗盘的K线表现，如图4-5所示。

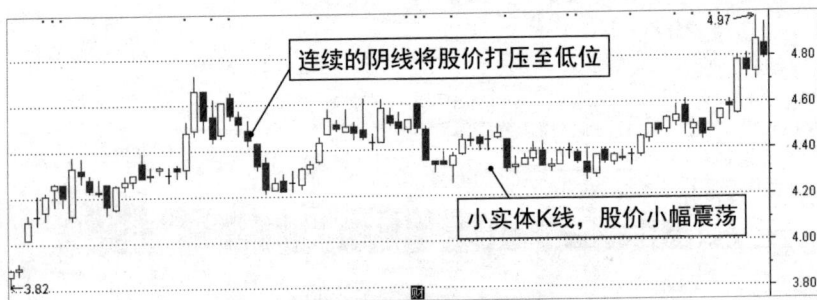

图4-5 打压洗盘的K线走势

从上图中可以明显看出，在股价经历了一波上涨之后，出现几根连续的阴线对股价进行连日打压，这一波打压直接将股价从 4.70 元拉低至 4.20 元附近，之后股价企稳，回升后在 4.40 元价位线附近运行，可以看见该阶段内，K 线多以小实体出现。

从该阶段内前后期的单日振幅也可明显看出差异，如图 4-6 所示为分别从前期和后期任选 3 个连续交易日的盘内振幅。

开盘价	4.49		开盘价	4.66		开盘价	4.55
最高价	4.73		最高价	4.66		最高价	4.62
最低价	4.46		最低价	4.48		最低价	4.43
收盘价	4.66		收盘价	4.53		收盘价	4.45
成交量	419591		成交量	237186		成交量	211284
成交额	1.94亿		成交额	1.08亿		成交额	9513万
涨跌	0.18		涨跌	-0.13		涨跌	-0.08
涨幅	4.02%		涨幅	-2.79%		涨幅	-1.77%
振幅	6.03%		振幅	3.86%		振幅	4.19%

开盘价	4.32		开盘价	4.33		开盘价	4.36
最高价	4.37		最高价	4.38		最高价	4.43
最低价	4.29		最低价	4.33		最低价	4.34
收盘价	4.33		收盘价	4.36		收盘价	4.39
成交量	48645		成交量	46328		成交量	70796
成交额	2104万		成交额	2017万		成交额	3115万
涨跌	0.02		涨跌	0.03		涨跌	0.03
涨幅	0.46%		涨幅	0.69%		涨幅	0.69%
振幅	1.86%		振幅	1.15%		振幅	2.06%

图 4-6　前后期的振幅图示

前 3 图为打压洗盘前期的单日盘内振幅，均在 4% 附近，后 3 图为打压洗盘后期的单日盘内振幅，均在 2% 附近。从振幅变化，也可看出盘内局势的逐渐稳定。

4.2.2　打压式洗盘的分时图走势

庄家进行打压式洗盘时，前期会有比较明显的股价下滑现象，后期便小幅震荡。从单日分时图难以看出端倪，但是如果联系多日的分时图同时比对，则比较容易发现庄家洗盘的踪迹。

如图 4-7 所示为打压式洗盘阶段的近 20 日分时图走势。

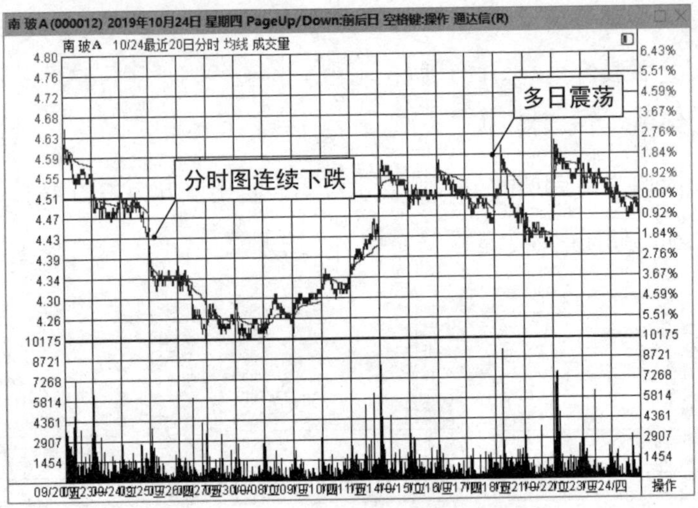

图 4-7 打压式洗盘的分时图表现

从图中可以看出，在打压式洗盘阶段，连续的多日分时图内出现明显的前期下跌后期震荡的走势，显示盘内做空力量的变化。

如果出现下跌企稳后的小幅震荡走势，尤其是在股价处于低位上涨之后出现的这种形态，则投资者需要观察，很可能是庄家在吸筹拉升后的打压式洗盘操作，可继续持股等待。

4.2.3 打压式洗盘的成交量表现

与前面介绍的 K 线和分时图走势类似，打压式洗盘阶段的成交量表现也是前期旺盛后期冷清的形态。

前期庄家有明显的做空操作，盘内持筹者恐慌情绪较强，浮筹蜂拥而出，因而成交旺盛；待浮筹出局，庄家暂歇，盘内散户大部分选择持筹观望，成交自然冷清。

如图 4-8 所示为打压式洗盘阶段的量价表现。

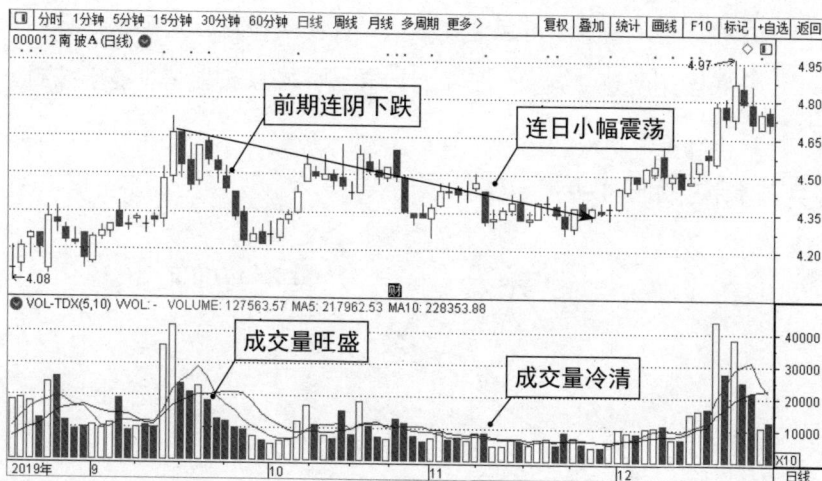

图 4-8 打压式洗盘阶段的量价表现

对于投资者而言，如何区分上涨过程中打压式洗盘与下跌途中的短期反弹后下跌呢？因为二者均出现在一段时间的上涨走势之后，且在下跌初期成交量都会出现阶段性放大。

其实二者区分起来比较容易，打压式洗盘一般会有一个明显的庄家蛰伏吸筹期，这段时间内的成交量相对于前期，会出现不太明显的放大，从成交统计上也能看出资金进入的迹象。

而下跌过程中的反弹走势则不然，该阶段的成交量很可能会减少，因为股价走势相对于前期而言出现止跌，所以盘内的持筹者在发现股价止跌迹象后不再抛售，反而选择观望，成交量不旺反衰。

4.2.4 对称三角形整理形态

对称三角形整理形态便是明显的打压式洗盘形态，其形态要点如下。

◆ 每次反弹的最高价都低于前一个高点，回落的低点都高于前一个低点，即振幅越来越小。

◆ 对称三角形成交量因愈来愈小幅度的价格变动而递减。

◆ 对称三角形的最少升幅量度方法是往上突破时，从形态的第一个上
升高点开始划一条和底部平行的直线，可以预期至少会上升到这条
线才会遇上阻力。

其基本形态如图 4-9 所示。

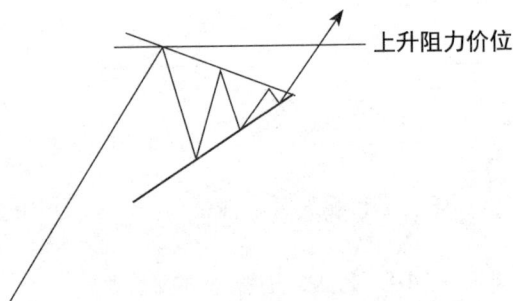

图 4-9　对称三角形整理形态

实例

广东甘化（000576）上升趋势中出现对称三角形形态

如图 4-10 所示为广东甘化 2018 年 12 月至 2019 年 4 月 K 线图。

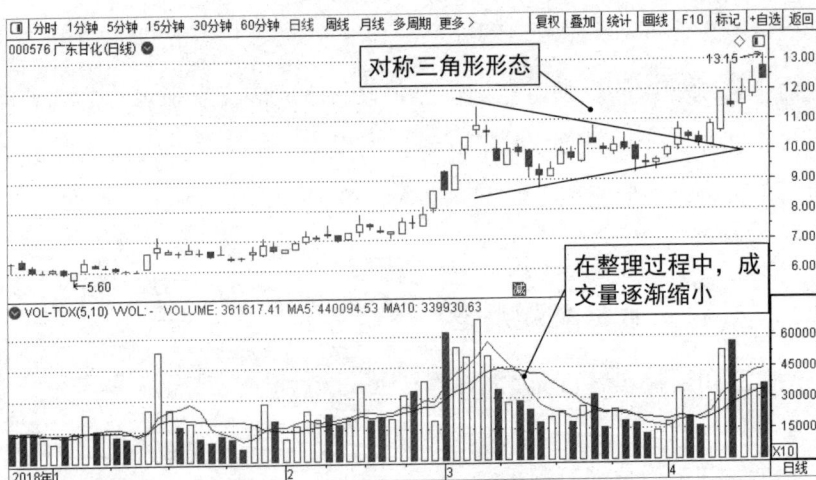

图 4-10　广东甘化 2018 年 12 月至 2019 年 4 月 K 线图

　　由图中可知，广东甘化在 2018 年 12 月至 2019 年 2 月初，股价处于低位平稳运行的状态，进入 2 月后，股价出现明显的上涨走势。

　　进入 3 月，股价出现大幅上涨，短短几个交易日便从 8.00 元上涨至 11.00 元附近，之后股价便滞涨，开始震荡运行。

　　将 K 线图中股价震荡阶段的高点和低点连接起来，可以看出这是一个明显的对称三角形形状，观察同期的成交量形态，发现呈递减的态势。

　　来看一下该形态前后的分时统计成交情况，如图 4-11 所示为形态前期 2019 年 3 月 7 日的成交统计情况。

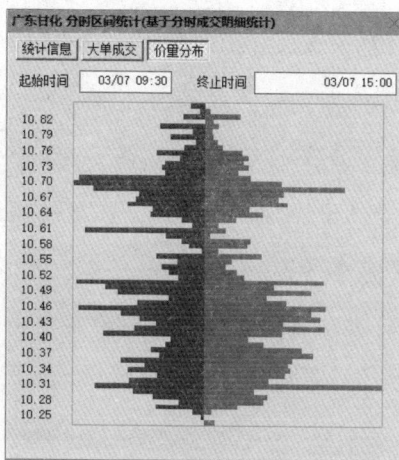

图 4-11　广东甘化 2019 年 3 月 7 日成交统计

　　由图中可知，在形态前期盘内的成交量基本买卖方呈持平的状态，大单买入即伴随着大单卖出，买卖双方表现热烈，并未出现一方独大的情况。

　　再比较一下该三角形形态中期的单日成交统计情况，如图 4-12 所示为形态中后期 2019 年 3 月 22 日盘内成交统计情况。

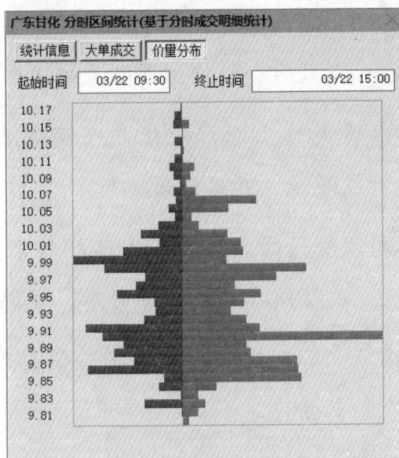

图 4-12　广东甘化 2019 年 3 月 22 日成交统计

由图中可知，在处于形态中后期的 3 月 22 日，广东甘化的盘内成交情况逐步清冷，且主要集中在较低位，高价位成交较少。也从另一层面说明，此时在低位已有持筹者低价抛售，而这部分低价筹码被全部承接，这样的形态也有调整接近尾声的含义。

股价继续运行，到 2019 年 4 月 2 日，股价跳空高开，突破前期对称三角形形态的上边线，来看一下该日的分时走势图，如图 4-13 所示。

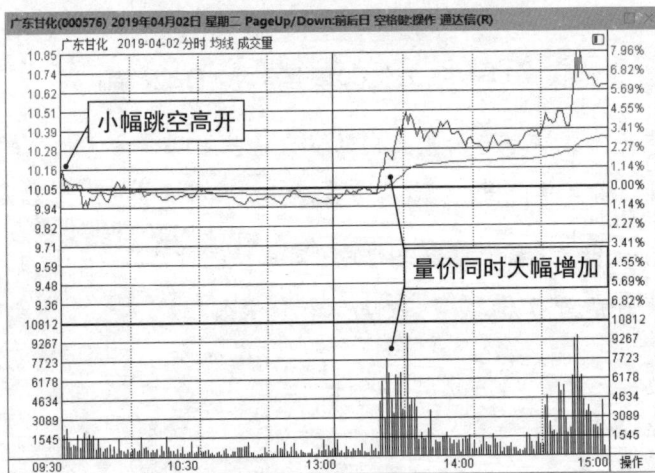

图 4-13　广东甘化 2019 年 4 月 2 日分时图

由图中可知，广东甘化的股价在 2019 年 4 月 2 日跳空高开后，一整个上午都处于平稳运行的状态，并未出现明显涨跌。而下午开盘后不久，便量价齐升，最终收于 5.97% 的涨幅，至此调整形态结束，庄家洗盘完成，继续下一波拉升。

4.2.5　旗形整理形态

旗形形态也是一种比较明显的打压式洗盘形态，它与对称三角形形态的区别在于：股价受到打压后形成的形态为由左向右下倾斜的形态，且调整后期没有比较明显的幅度收缩，整个形状犹如一片向右下方倾斜的旗帜，因此得名，如图 4-14 所示。

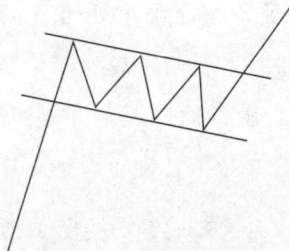

图 4-14　旗形整理形态

与对称三角形形态一样，旗形形态在形成过程中，成交量也是由热烈到冷清的状态。到了旗形形态的末端，股价突然急剧上升，成交量跟着增加，而且突破轨道的上边界线上升，仅会在先前高价附近短暂停留，整理筹码后，就将展开另一段上升行情。

实例

兴蓉环境（000598）上升趋势中出现旗形形态

如图 4-15 所示为兴蓉环境 2018 年 12 月至 2019 年 4 月 K 线图。

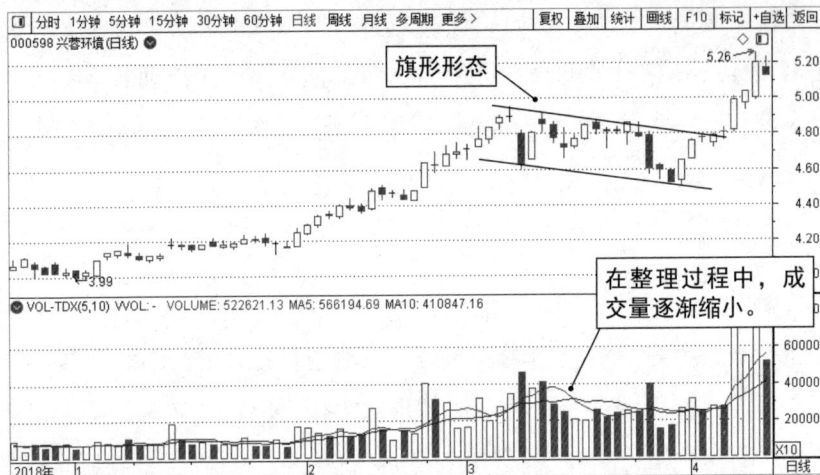

图 4-15　兴蓉环境 2018 年 12 月至 2019 年 4 月 K 线图

由上图可知，兴蓉环境的股价在 2018 年 12 月从底部开始上涨后，涨势一直持续了近 3 个月。进入 3 月后，股价涨势渐缓，2019 年 3 月 7 日，K 线收出十字线，下一交易日股价低开低走，与前一交易日 K 线之间形成向下跳空的缺口形态，至此，开始了股价的调整走势。

来看一下 3 月 7 日和 3 月 8 日的分时走势图，如图 4-16 所示。

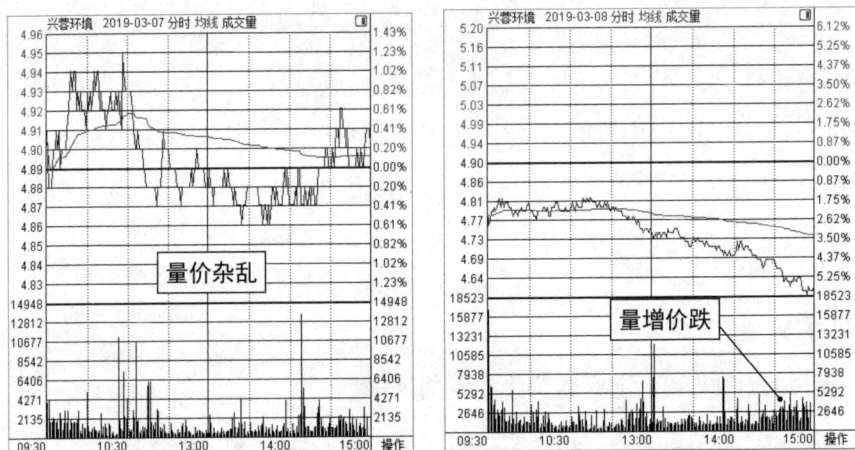

图 4-16　兴蓉环境 2019 年 3 月 7 日和 3 月 8 日分时图

由上图可知，兴蓉环境的股价在 2019 年 3 月 7 日内表现并无明显规律，成交量表现也杂乱无章，当日收出十字星K线。下一交易日，即3月8日，盘内的量价关系则表现明显，下午开盘后，随着成交量的不断密集，股价节节败退、稳步下滑，最终收出5.71%的跌幅，表明盘内此时的局势相对前期的涨势而言，已经出现逆转，那么如何分辨该逆转是来自庄家还是真的到了下跌行情呢？

继续来看K线图，可以看到3月8日低开低走后，下一交易日股价跳空高开，收于阳线，接下来的股价走势也延续小实体的K线走势，涨跌交杂，并无明显的涨跌走势，且成交量逐步缩减，表明盘内的量能并未开始释放，因此可以判断此时的走势为庄家的调整引起。

连接调整阶段的连续高位与连续低位，发现有明显的运行规律，其连线呈向右下方倾斜的两条平行线，结合不断缩减的成交量，判断出此时的股价运行形态为旗形整理形态。

调整走势持续近1个月，进入4月后，股价连续上冲，突破了旗形形态的上边线，并继续上行，至此，调整形态结束，股价继续上涨。

4.3 横盘式洗盘盘面解读

横盘式洗盘是在某一区域内形成长时间的横盘格局，针对投资者缺乏耐心的弱点，用时间去消磨跟庄者的意志和信心。

4.3.1 分时图形态

横盘式洗盘方式侧重于用时间去消磨，以时间换空间，表现在K线图上也多是股价连续交易日的稳定不动状态，K线实体较短，多日的分时图表现越到后期越平静无波。

实例

长春高新（000661）上升后出现长期横盘走势

如图 4-17 为长春高新 2018 年 8 月至 2020 年 2 月 K 线图。

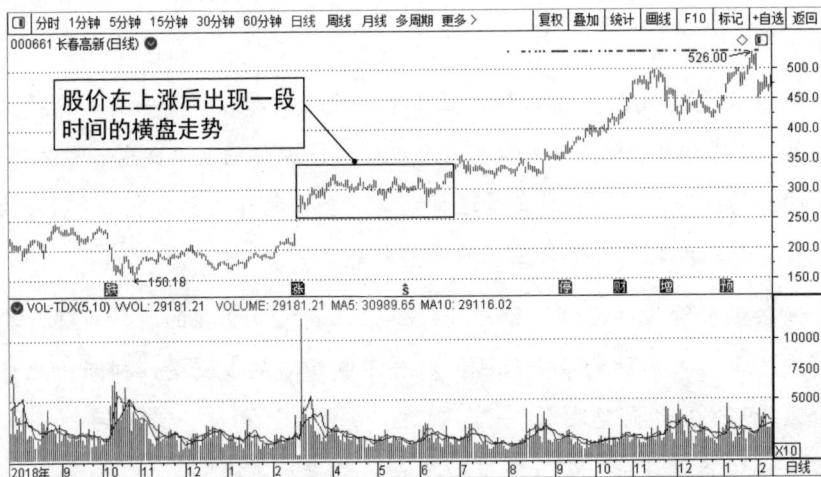

图 4-17　长春高新 2018 年 8 月至 2020 年 2 月 K 线图

由图中可知，长春高新的股价在 2018 年 10 月至 2019 年 2 月跌到阶段最低，该阶段的成交量也表现较为平静。

进入 3 月之后，成交量突然暴涨，股价连续出现涨停，可以预想在低位阶段庄家在持续吸筹，吸筹完成后，便开始了连续的拉升。

进入 4 月后，股价便处于滞涨的形态，长期在 300.00 元价位线附近横盘，且持续近 3 个月时间，观察该阶段的成交量，发现并未出现暴跌或者暴涨的形态，表现较为平和。

来看一下该阶段内某个交易日的分时走势图，如图 4-18 所示为长春高新 2019 年 4 月 8 日的分时图。

由图中可知，长春高新的股价在交易日内震荡幅度较大，但是在临近收盘时仍然以接近开盘时的价格收尾。

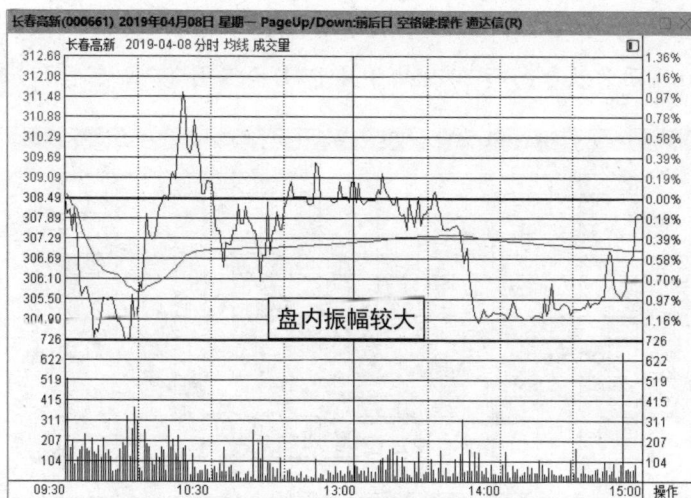

图 4-18　长春高新 2019 年 4 月 8 日的分时图

来看下当日的成交统计情况，因该股单价较高，所以将大单门限值调整为 50，如图 4-19 所示为长春高新 2019 年 4 月 8 日的盘内成交统计图。

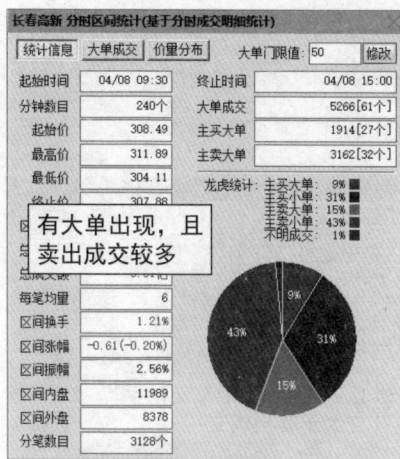

图 4-19　长春高新 2019 年 4 月 8 日盘内成交统计图

由上图可知，在交易日内有大单出没，且从总体来看买入量少于卖出量。但是分时图上可以看到，在收盘时，股价仍稳定在开盘价附近，说明此时庄家在操作，且控盘水准较高。

因横盘走势持续的时间较长，再来看一下该阶段内的连续分时图走势，如图 4-20 所示为长春高新 2019 年 4 月 17 日至 5 月 17 日的连日分时图。

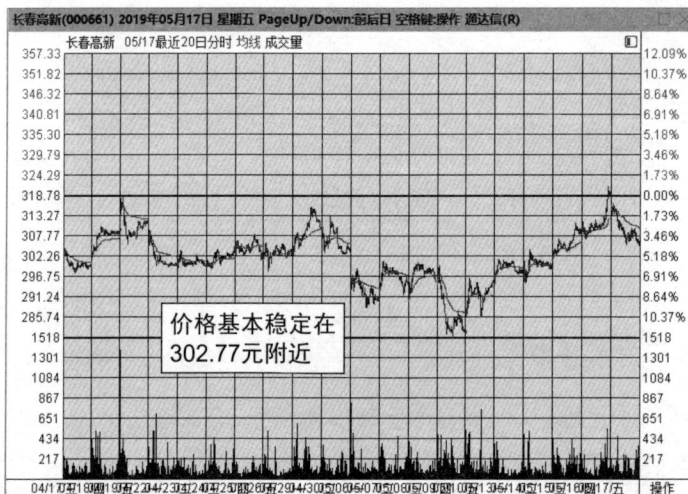

图 4-20　长春高新 2019 年 4 月 17 日至 5 月 17 日多日分时图

由上图可知，长春高新的股价在 2019 年 4 月 17 日至 5 月 17 日的多日分时图中，价格基本保持在 302.77 元附近震荡，来看一下该阶段内的成交量情况，如图 4-21 所示。

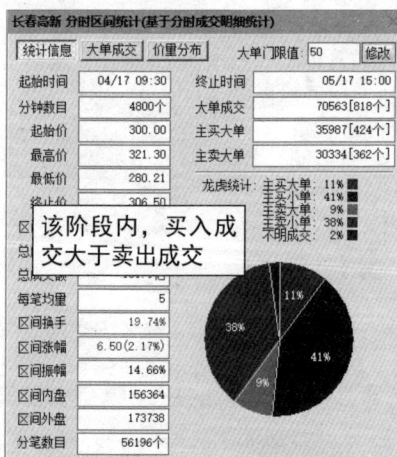

图 4-21　长春高新 2019 年 4 月 17 日至 5 月 17 日成交区间统计

由图中可知，长春高新在 2019 年 4 月 17 日至 5 月 17 日这段时间内，股价变动幅度不大，但是从成交量上看，买入成交是要大于卖出成交的，表示虽然此时股价处于横盘后市不明的阶段，但是盘内依旧看好者较多。

结合该股单价高这一特点，在股价后市不明的情境下，股价依旧能维持长达 3 个月的横盘时间，且价格变动幅度不大，说明盘内庄家控盘能力不凡。此次的横盘运行也洗净了盘内的浮筹，只待庄家一鼓作气，股价便能继续上涨。

从前期 K 线图的走势来看，长春高新的股价从 8 月开始便结束了横盘，继续上涨走势，前期在横盘中稳住的投资者们，则获利颇丰。

横盘式洗盘中，庄家的操作策略是：始终将股价维持在一个较高的价位上来运行，让散户将所持的筹码在这个平台内充分完成自由换手，形成长期的沉闷走势。庄家将股价控制在一个很窄的范围内，消磨散户的持股信心，同时又让一些眼光长远的投资者进入，这样就能完成筹码换手。

4.3.2 均线图形态

如果股价处于横盘状态，相对应的均线图则表现为：短期均线与股价贴合横盘走势，长期均线的上行势头会变缓，如果横盘时间较长，则不同周期的均线会逐步汇合。如图 4-22 所示为长春高新横盘阶段均线图形态。

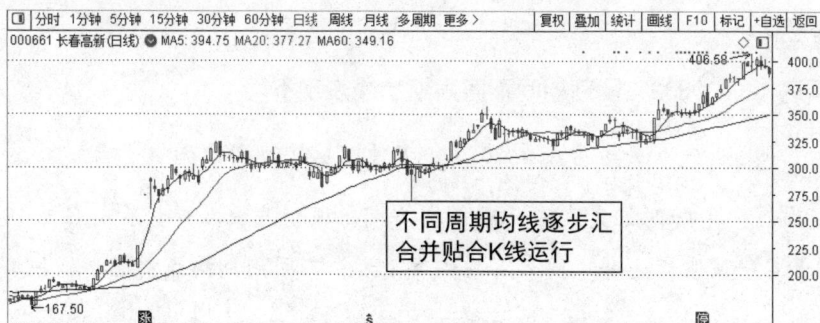

图 4-22 长春高新横盘阶段的均线图形态

长期均线上行速度变缓，短期均线自下而上穿过周期较长的均线，形成的交叉被称为金叉，为利多信号。对于投资者而言，即使周期较短的均线涨势变缓，但运行途中并未明显转势，且不断上穿形成金叉形态，则投资者无须担忧，此现象只是暂时的调整形态，待调整结束后，股价将会延续前段时间的上涨走势。

4.4　震荡式洗盘盘面解读

震荡洗盘是指庄家在建仓完毕后，股价拉升突破建仓区域，均线系统向上发散，拉升后不久，突然下跌，打破上升趋势，并在一定价格幅度内上下震荡的洗盘方式。

4.4.1　均线图形态

当股价处于震荡阶段时，周期越短的均线跟随股价走势，震荡的幅度也越高；而周期较长的均线，则会减缓前期上行的速度，走势逐渐变得平稳，与其他短期均线比较，对持筹者而言更像是一枚定海神针。

实例

深桑达 A（000032）震荡期间不同周期均线表现不同

如图 4-23 为深桑达 A 在 2019 年 1 月至 9 月的 K 线图。

由图中可知，深桑达 A 的股价在前期出现一波上涨走势后，在 2019 年 4 月开启一波震荡走势，因为震荡幅度较大，不同周期均线表现也各异。

周期最短的 5 日均线走势几乎完全跟随 K 线运行，表现出的振幅最大，中期的 40 日均线表现相对稳定，但仍有较明显的波动。

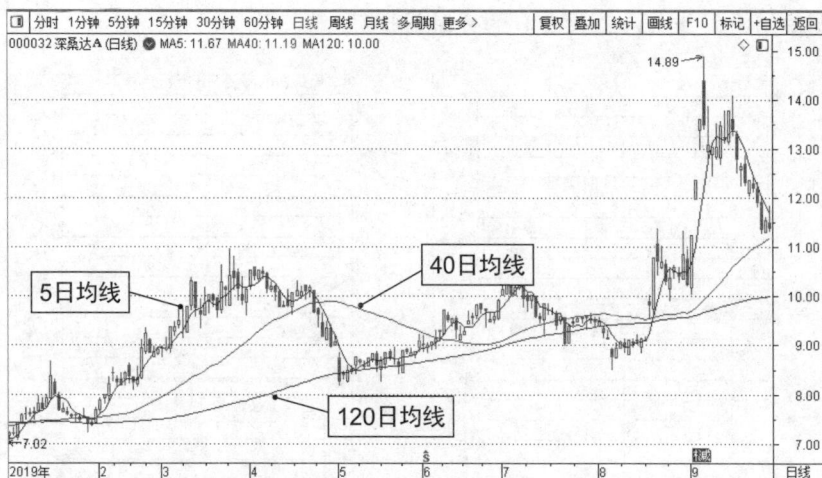

图4-23　深桑达A在2019年1月至9月的K线图

而120日的长期均线则表现平稳，当股价开始上涨，3条均线自动发散向上，120日均线一直处于5日均线和40日均线之下。当股价开始震荡走势，5日均线和40日均线均表现出不同程度的震感，120日均线仍稳如磐石，延续了缓慢上行的走势，对持筹者而言，如同定心丸一般。

4.4.2　分时图形态

股价上涨后出现较大幅度的震荡走势，很容易影响持筹者的判断，动摇持筹者的决心，从而放弃筹码。那么如何判断此时的震荡是庄家洗盘操作还是股价转势呢？可以从分时图方面来分析。

震荡洗盘阶段的股价，从分时图上看，无论是上涨还是下跌，都伴随着成交量的放大，可明显看出资金操作的痕迹。

实例

深桑达A（000032）上升后出现时间较长的震荡走势

沿用上例个股的K线走势图，如图4-24为深桑达A在2019年4月股价震荡期间，任意两个交易日的分时图情况。

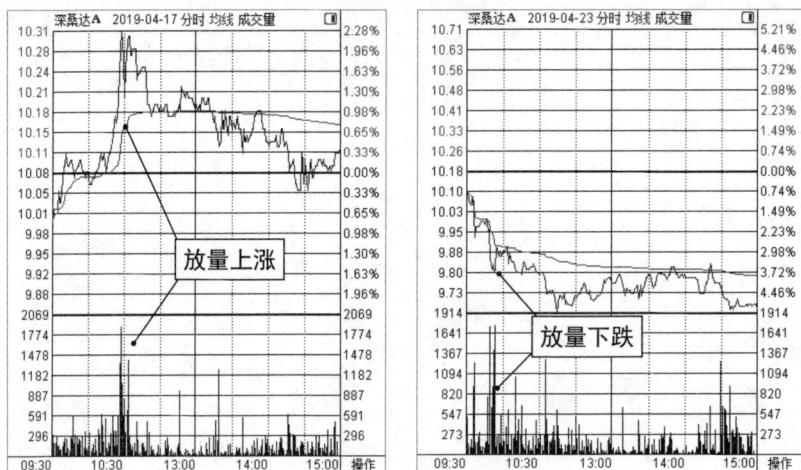

图4-24　深桑达A在2019年4月17日和4月23日分时图

从分时图中可以看出，股价在震荡期间分时图上也有明显的涨跌走势，如4月17日的盘内大幅拉升与4月23日的开盘打压下跌，这两日虽然走势相悖，但两者存在一个共同点，即股价出现大幅变动的时候均有成交量的支撑。

在4月17日10:30附近，股价出现大幅拉升，伴随着成交量的放大，并且该阶段的放量为当日内最高成交量，4月23日的开盘下跌，也出现了当日的最密集成交量形态。

而密集成交量多为庄家操作而成，散户们除了在极度利好（利空）消息出现之时外，还不足以形成阶段内的密集成交，因此推测，此时的盘内涨跌为庄家所为。

4.4.3　成交量形态

上涨后股价出现震荡，并且震荡幅度不小，那么如何判断此时的走势是庄家出货的烟雾弹还是洗盘呢？此时就需要观察成交量的表现。

因为庄家手中持有大量筹码，为了使获取的收益最大化，最好的选择便是此时将筹码全部抛出。因此，如果在震荡期间，成交量大幅放大，则庄家出货概率极大，如果此时成交量不增反减，则为洗盘。

实例

深桑达 A（000032）上升后出现时间较长的震荡走势

沿用上例个股走势，如图 4-25 为深桑达 A 在 2019 年 1 月至 9 月的 K 线图。

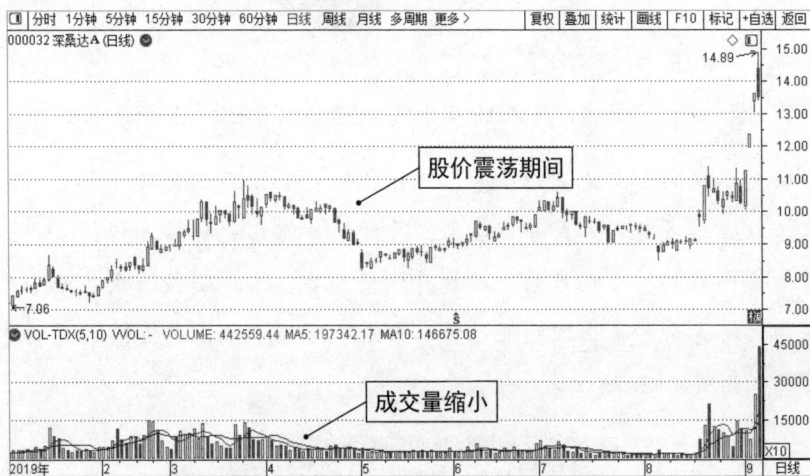

图 4-25　深桑达 A 在 2019 年 1 月至 9 月的 K 线图

由上图可知，深桑达 A 的股价在 2019 年 4 月至 8 月中旬一直处于震荡走势，并且振幅较大，第一次下跌直接从 10.50 元附近下跌至 8.50 元附近，跌幅接近 20%，并且该下跌时间持续长达一个月，盘内持筹者的恐慌情绪可想而知。

来看一下该阶段内的成交情况，如图 4-26 所示为深桑达 A 在 2019 年 4 月 3 日至 5 月 6 日的成交统计情况。

由图中可知，深桑达 A 在该阶段内盘内的大单成交量极小，大单的买入、卖出分别占比 2% 和 5%，占比极小，主要成交量均为小单成交，并且小单的卖出占比达到 49%，接近半数，可见此时盘内的恐慌情绪已经接近爆炸。

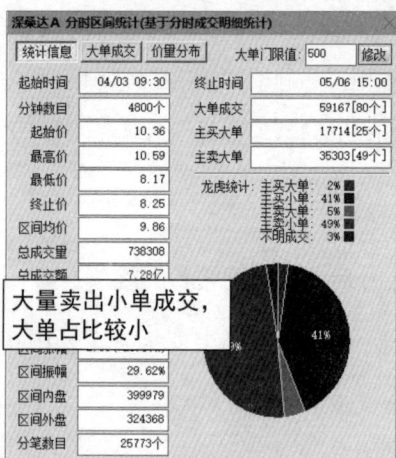

图4-26　深桑达A在2019年4月3日至5月6日的成交统计情况

从大小单的成交比例看，基本可以排除庄家出货的嫌疑，因为庄家出货选择以小单成交的方式并不多见，并且结合前期的K线走势图来看，该阶段的成交量相对于前期的上涨拉升阶段而言，出现明显缩减，可见此时盘内的大持筹者并未出现明显动作。来看一下接下来上升阶段的成交量统计情况，如图4-27所示。

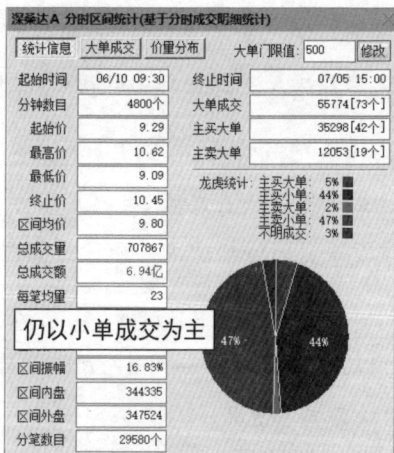

图4-27　深桑达A在6月10日至7月5日的成交统计情况

由图中可知，深桑达 A 在 2019 年 6 月 10 日至 7 月 5 日的成交统计中，仍以小单成交为主，但因为股价处于上涨状态，且涨幅近 20%（8.50 元附近上涨至 10.50 元），所以大单买入成交占比有所提升，为 5%。

因大单未明显介入等原因，从整体来看，深桑达 A 在震荡期间的成交量一直处于缩减的平稳状态，该状态持续的时间长达 4 个月。在此期间，股价保持幅度较大的震荡，盘内持筹者滋生极度恐慌的情绪，大多仓皇逃出，因此成交统计中小单大量出手，庄家便陆续收入囊中。

待洗盘结束，盘内筹码持有者更为坚定，庄家一举发动，股价大幅上涨，来看下庄家启动股价与前一交易日的分时图对比，如图 4-28 所示为深桑达 A 在 2019 年 8 月 16 日与 8 月 19 日分时走势图。

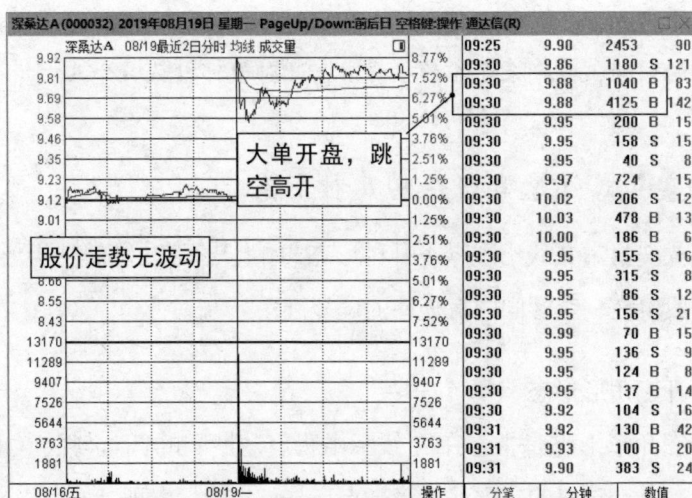

图 4-28　深桑达 A 在 2019 年 8 月 16 日与 8 月 19 日分时走势图

由图中可知，深桑达 A 的股价在启动前一交易日仍表现得平静无波，当日无任何即将启动的信号，而在 8 月 19 日的集合竞价时，便出现了 9.90 元的报价，开盘后出现大单买入，股价与前一交易日走势完全不同，来看当日的成交统计情况，如图 4-29 所示。

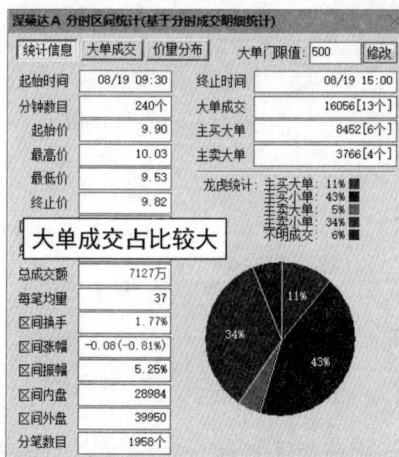

图 4-29　深桑达 A 在 2019 年 8 月 19 日成交统计情况

由图中可知，在 8 月 19 日，大单买入占比达到 11%，即为庄家洗盘结束、启动股价的信号，前期未介入的投资者，此时便可以放心介入。

4.4.4　震荡式洗盘常出现的几种形态

震荡式洗盘常 K 线出现以下几种形态，如上升三角形整理、矩形整理等，均表现为股价在一定区间内有规律的反复震荡。

1. 上升三角形形态

上升三角形形态是指：在 K 线图中将震荡期间的低点与低点相连，出现由左至右上方倾斜的支撑线，将高点与高点相连，发现基本呈水平位置，整个图形呈现出逐渐向右上方收口的三角形。

单纯从图形看，感觉多方占优，空方较弱，多方的强大买盘逐步将价格的底部抬高，而空方能量不足，只能在一水平颈线位做抵抗的形式。

如图 4-30 所示为上升三角形的基本形态。

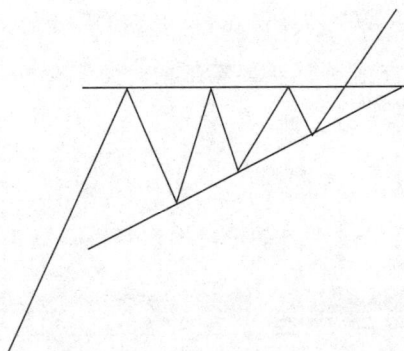

图 4-30　上升三角形的基本形态

上升三角形形态属于强势整理，价格的震荡底部在逐步抬高，多头买盘踊跃。上升三角形突破成功的话，突破位为最佳买点，后市则会有一波不俗的涨幅。

实例

*ST 安凯（000868）上升后出现上升三角形形态

如图 4-31 所示为 *ST 安凯 2019 年 8 月至 2020 年 1 月 K 线图。

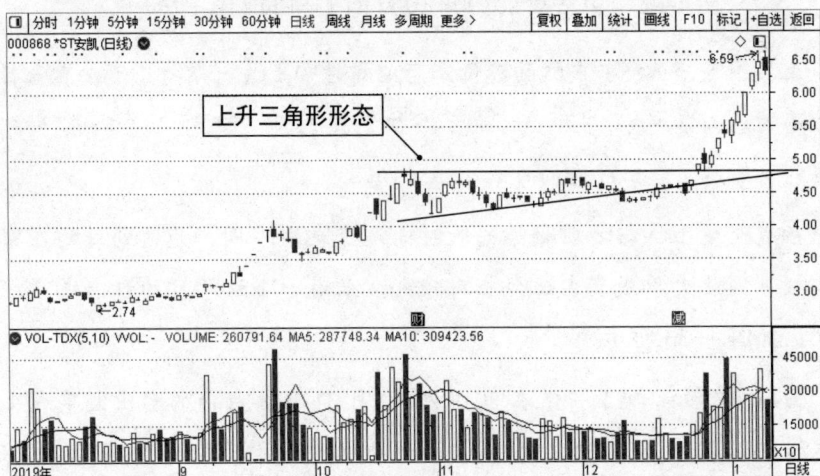

图 4-31　*ST 安凯 2019 年 8 月至 2020 年 1 月 K 线图

由图中可知，*ST 安凯的股价在 2019 年 9 月开始上涨走势，进入 11 月后，股价开始出现反复震荡，连接震荡期间的高位和低位，发现两条线呈向右上方倾斜的三角形形状，此时的成交量也呈现出逐渐缩小的状态，即 K 线走势形成上升三角形形态。

来看一下调整阶段任意两日的分时图走势，如图 4-32 所示。

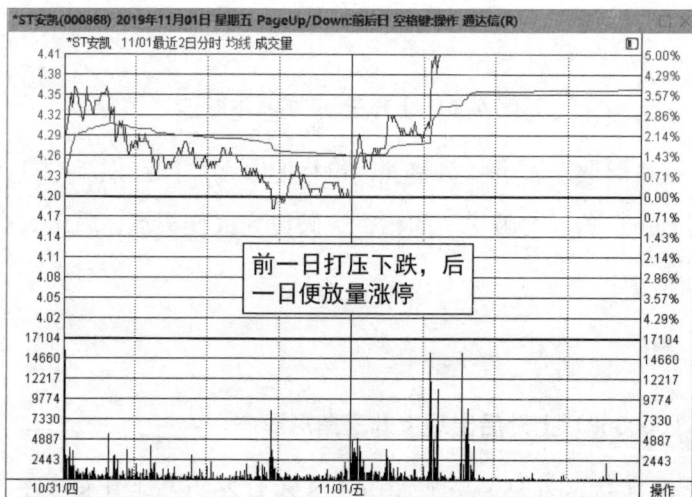

图 4-32 *ST 安凯 2019 年 10 月 31 日与 11 月 1 日分时图

由上图可知，*ST 安凯的股价震荡期间时常上演前期打压下跌后一日放量上涨的过山车走势，表明庄家为了尽快完成洗盘，在反复对筹码进行操作，以达到最短时间震出浮筹的目的。

在成交量上，与之前介绍的长时间洗盘表现不同，为达到目的庄家表现积极，因此大单成交占比会相对较大。来看一下这两日的盘内成交统计情况，如图 4-33 所示。

由图中可知，*ST 安凯在 2019 年 10 月 31 日，盘内的卖出大单成交占比达到 26%，联系当日股价持续下跌的走势，形成放量下跌形态；而 11 月 1 日，盘内的大单买入成交与卖出成交占比均较大，均为 26%，可以想见当日盘内持筹者看到连续大单时的心情。

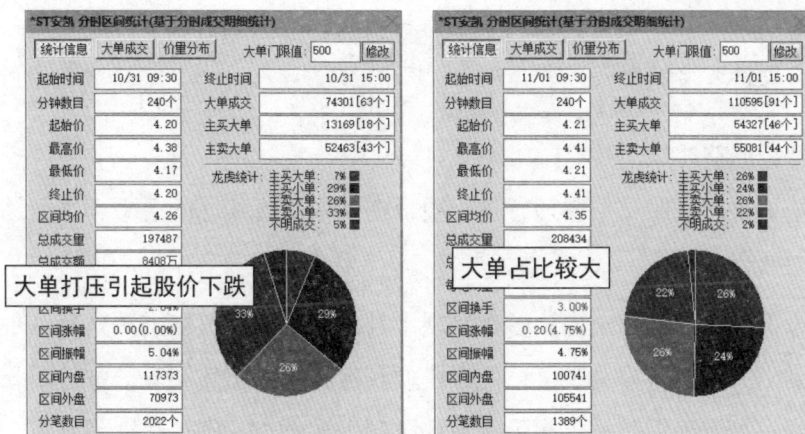

图 4-33　*ST 安凯 2019 年 10 月 31 日与 11 月 1 日成交统计情况

因为盘内在震荡阶段的走势难以辨别，所以较短时间内不断有浮筹出局。股价开始震荡走势的时间是 2019 年 10 月 28 日，从此时开始，来看一下之后 20 日的成交统计情况，如图 4-34 所示。

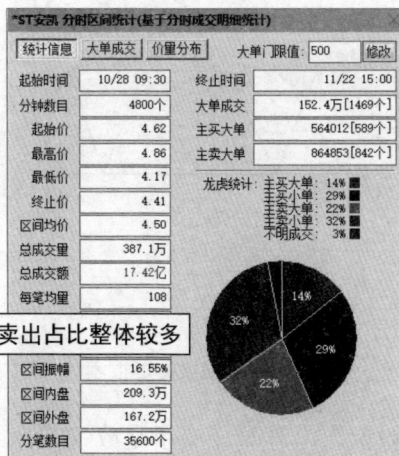

图 4-34　*ST 安凯 2019 年 10 月 28 日与 11 月 22 日成交统计情况

由图中可知，作为震荡前期成交量相对活跃的 20 个交易日，*ST 安凯的盘内成交量统计中，卖出占比整体达到 54%，其中小单卖出占比为 32%，可见盘内小单的出逃量比较大，庄家也达到了洗盘的目的。洗盘到后期，股价变动幅度逐渐缩小，成交量也保持缩减，待洗盘结束后，庄家便一举启动，股价继续拉升。

2. 矩形整理

矩形整理又叫箱形整理，是指股价在两条平行线之间上下来回震荡而形成的形态。

股价在这一范围之内，多次呈现上升和回落，当价格上升到某水平位时遇到阻力，随即掉头下落，但很快便获得支持而重新回升，可是回升到上次同一高点附近时，再次受阻，挫落到上次低点，则再次得到支撑，将这些短期高点和低点分别以两条直线连接起来，便可以绘出一条通道，这通道既非上倾，亦非下降，而是平行发展，这就是矩形整理形态，如图4-35所示。

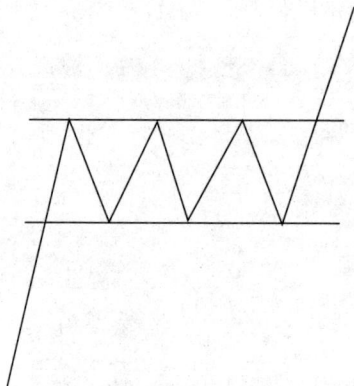

图4-35　矩形整理形态

矩形整理形态中股价在上升时成交量是放大的，下降时成交量则减少的。股价在向上突破整理形态的上边线时，必然伴随着成交量的放大。

实例

中信特钢（000708）上涨后出现矩形整理形态

如图4-36所示为中信特钢2019年8月至11月K线图。

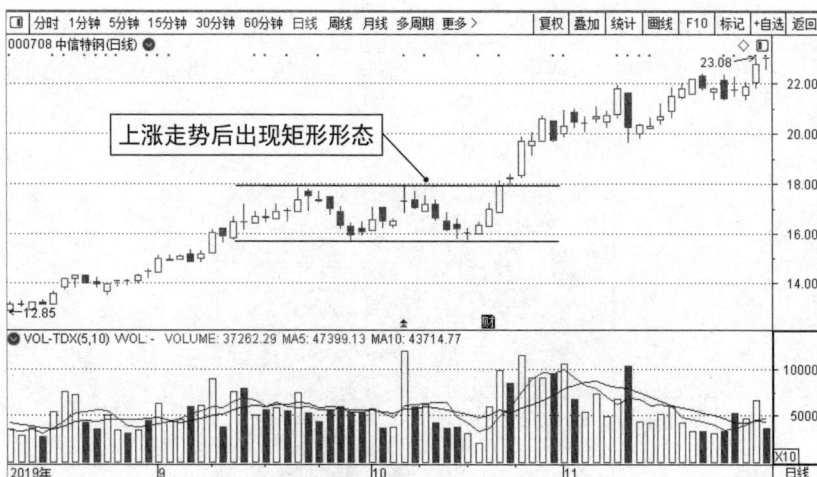

图 4-36　中信特钢 2019 年 8 月至 11 月 K 线图

由上图可知，中信特钢的股价在 2019 年 8 月至 9 月中旬一直处于上涨走势，9 月下旬，股价开始出现震荡形态，连接震荡阶段的高位和低位，发现连线为两条互相平行的水平线，即形成了矩形形态。

来看一下这段时间的 20 日连续分时图，如图 4-37 所示。

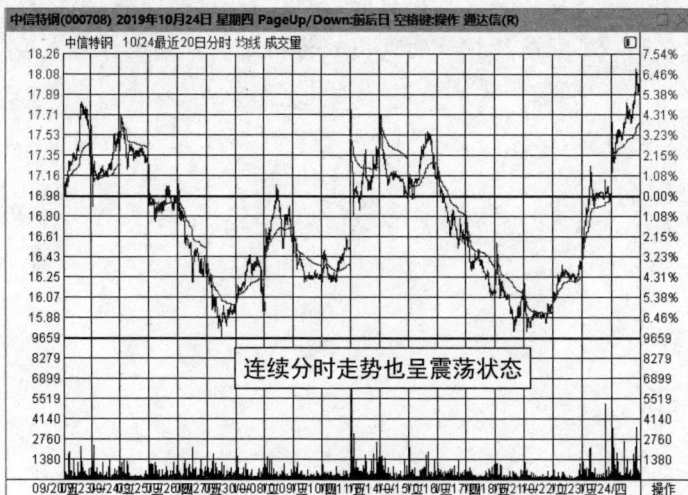

图 4-37　中信特钢 2019 年 9 月 20 日至 10 月 24 日分时图

由上图可知，中信特钢的股价在这段时间内的走势也呈现出大幅震荡的形态，说明盘内庄家的操作也比较积极，当股价下跌，便出手承接，股价上涨，则抛筹打压，洗盘力度较大，来看一下这段时间的成交统计情况，如图 4-38 所示。

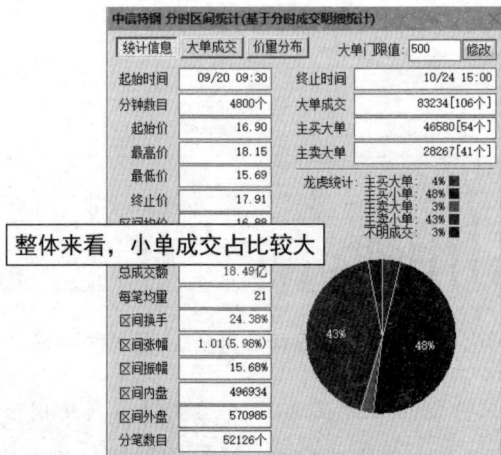

图 4-38　中信特钢 2019 年 9 月 20 日至 10 月 24 日成交统计情况

由图中可知，中信特钢在震荡阶段的成交占比中，小单占比较大，且从整体来看，买入占比相对卖出占比更大，表明此时盘内承接力度较大。因此可以看见，庄家继续拉升的意图较为明显，因此洗盘结束后，股价便继续拉升。

第5章

拉升阶段，

如何抓住庄股主升期

在洗盘阶段，庄家清理出了盘内的浮筹，确定了目前盘内大部分为坚定的持筹者。因此洗盘结束后，便会迎来一波幅度较大的拉升，这段拉升也被称为主升期，下面来详细了解一下这方面的知识。

5.1 庄家拉升的常见时机

庄家在建仓、洗盘等阶段投入了大量的资金，如果不拉升股价完成出货任务，其成本将会大大增加。而且，随着庄家运作时间的延长，庄家意图被泄露的可能性也越来越大，因此在洗盘结束后，庄家会选择一定的时机进行一波大幅拉升。对于拉升时机的把握，庄家也有自己的考量，主要体现在以下几个方面。

5.1.1 大势看好

大盘走势稳健，人气旺盛，资金不断进场，大盘节节上扬。此时哪一只股票拉得越快，就越能吸引场外资金的追捧。这时，庄家只需少量的资金，就可以轻松地把股价拉高。

实例

东风汽车（600006）在指数走势看好的情况下，持续拉升

如图 5-1 所示为上证指数在 2018 年 12 月至 2019 年 4 月的 K 线图。

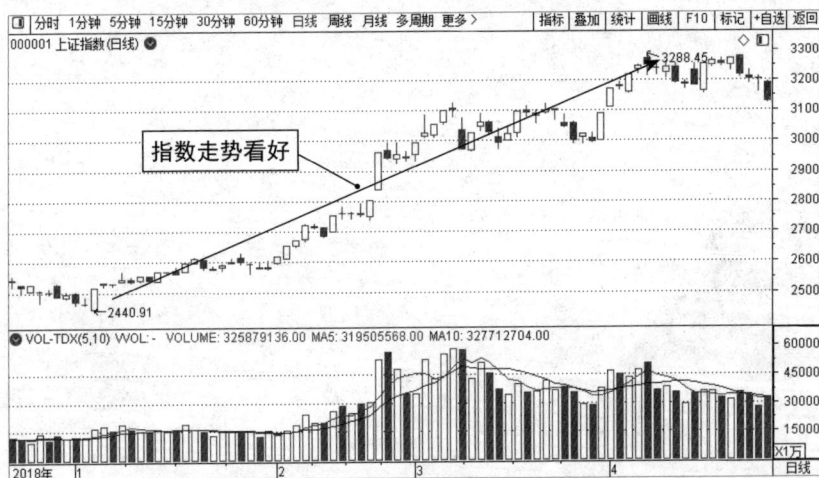

图 5-1 上证指数 2018 年 12 月至 2019 年 4 月的 K 线图

由图中可知，上证指数在 2019 年第一季度走势看好，一路上扬，从阶段性低位的 2440.91 点一路向上，连续突破了几个整百点，在 3000 点位附近的时候整理了将近一个月，之后以几根连续的阳线站稳 3000 点，此时股市一片看好，如图 5-2 所示为指数突破 3000 点时各大股评信息平台的通稿。

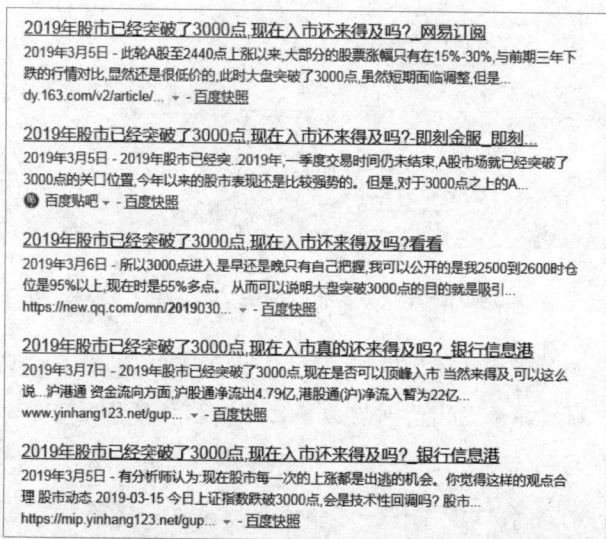

图 5-2　指数突破 3000 点阶段时各大股评信息平台的通稿

因为 3000 点作为一个整千点，所以广大股评和投资者均将 3000 点作为一个关键点位，当指数在 3 月上旬突破了 3000 点后，众多股评与投资者均认为牛市已来。从以上股评通稿中也可看出从指数开始上涨开始，广大评审及投资者都认为牛市开始，市场一致看好。

来看一下东风汽车在这阶段前后的股价走势，如图 5-3 所示为东风汽车 2018 年 6 月至 2019 年 2 月 K 线图。

从 K 线图中可以看出，东风汽车的股价在 2018 年 6 月至 9 月下旬经历了下跌后横盘的走势，本以为股价至此止跌，却没想到进入 10 月后，股价受到连日的打击，走出了连续阴线的形态。

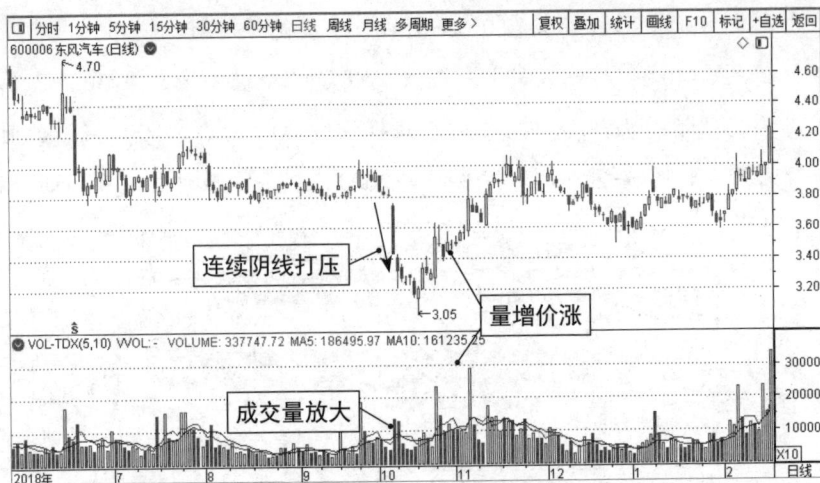

图 5-3　东风汽车 2018 年 6 月至 2019 年 2 月 K 线图

　　股价在明显止跌之后却出现了连日打压下跌的走势，一般而言，股价在低位止跌，则意味着盘内的做空力量已基本消耗殆尽。前面章节介绍过，一些庄家在低位吸筹时，会采取打压式的吸筹方式，为了能够持有更廉价的筹码，此时的现象与其具有一定相似度，来看一下连续下跌这几日的分时图，如图 5-4 所示。

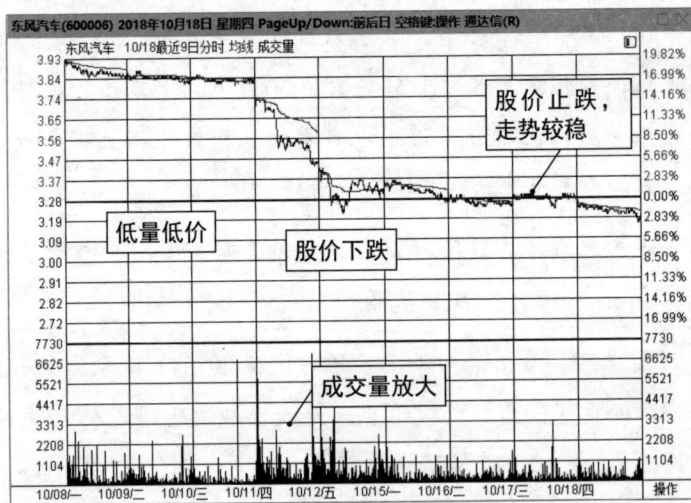

图 5-4　东风汽车 2018 年 10 月 8 日至 10 月 18 日分时图

由图中可知，在前 3 个交易日，东风汽车呈现出低量低价的量价形态，在接下来的 2 个交易日内，股价一反之前的平稳走势，开盘便剧烈下跌。

观察成交量，发现同时期的成交量开始密集出现，在这两日幅度较大的下跌之后，股价下跌幅度开始缩小。

观察 K 线图，发现在止跌之后，伴随着成交量放大，至此，股价下跌的大势结束，东风汽车的股价开始大幅上涨，并且出现连日拉升的形态，进入 11 月中旬后，走势渐缓，开始调整走势，即庄家开始洗盘。

因吸筹时间并不长，推测庄家的一部分筹码是在拉升途中取得，所以此次洗盘时间较长，持续将近 3 个月，何时调整结束呢？来看一下该阶段的 K 线图，如图 5-5 所示。

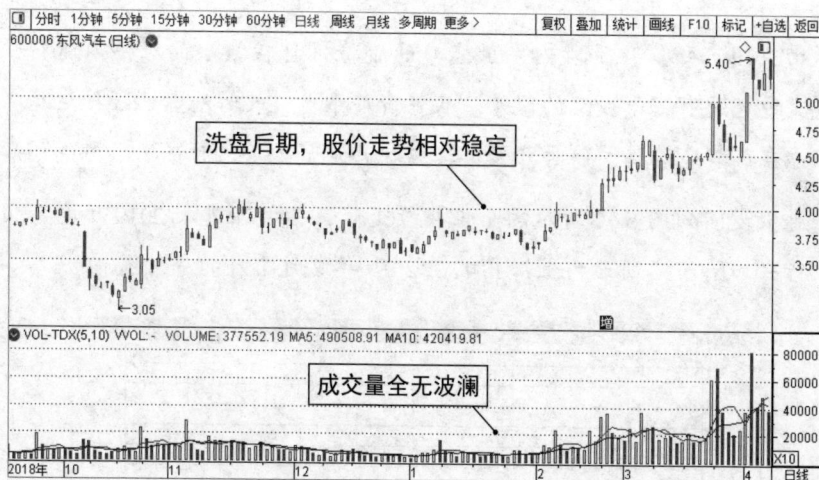

图 5-5　东风汽车 2018 年 9 月至 2019 年 4 月 K 线图

由上图可知，在洗盘进入到后期时，股价走势已经完全平稳，同期的成交量表现也全无波澜，说明此时盘内浮筹已基本出局，来看一下这阶段中任意 4 个交易日的分时走势图，如图 5-6 所示为东风汽车 2019 年 1 月 22 日至 1 月 25 日分时图。

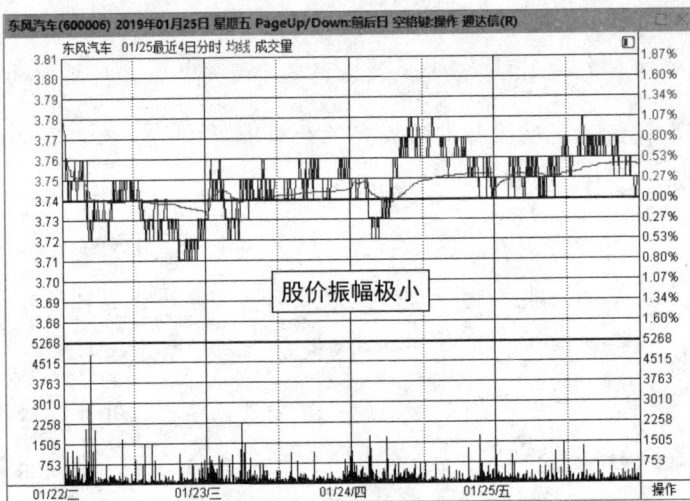

图 5-6　东风汽车 2019 年 1 月 22 日至 1 月 25 日分时图

由上图可知，此阶段内东风汽车的股价每日在极小的振幅内运行，同期成交量也没有密集成交的现象。从量价关系看，此时洗盘已经接近尾声，庄家也在静静地等待，何时开始第二波拉升走势，是此时庄家思考的问题。

再次返回到图 5-1 所示的上证指数走势，指数在进入 2019 年之后便企稳上行，如图 5-7 所示为上证指数在 2019 年 2 月 1 日的分时图。

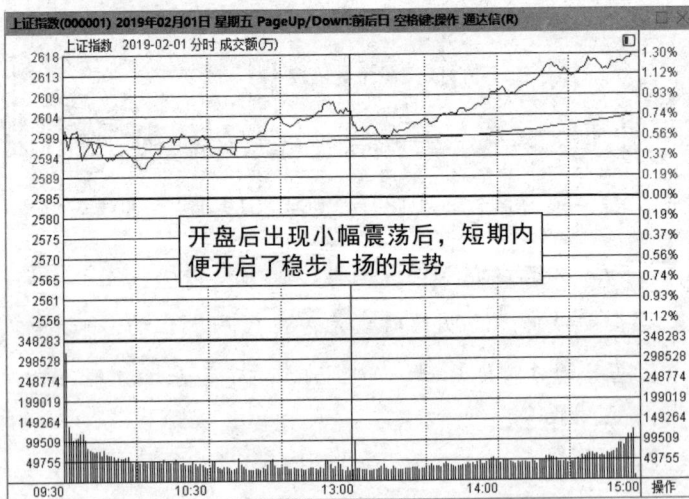

图 5-7　上证指数 2019 年 2 月 1 日分时图

由图中可知，上证指数从开盘后出现小幅震荡后，短期内便开启了稳步上扬的走势，来看一下东风汽车 2019 年 2 月 1 日的分时图，如图 5-8 所示。

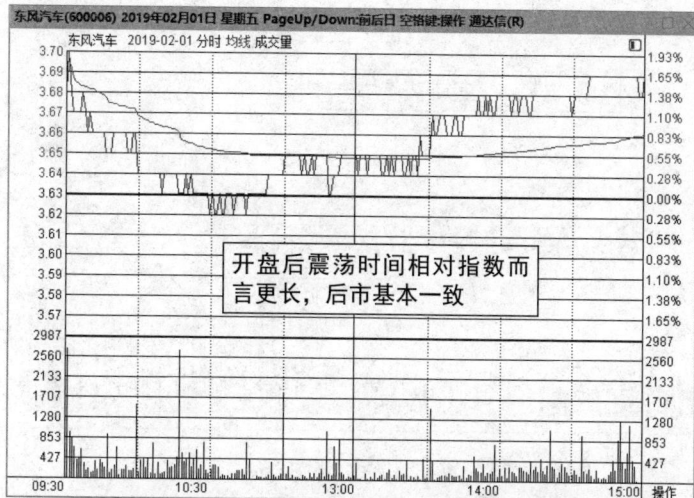

图 5-8 东风汽车 2019 年 2 月 1 日分时图

由上图可知，东风汽车 2019 年 2 月 1 日的股价走势，除了开盘后的震荡时间比指数震荡时间长一些之外，后市的上扬基本与指数走势一致，从这一点上，也可看出，庄家在密切关注着大盘的走势，寻找第二次拉升的合理时机。

之后大盘走势接连向上突破，从 K 线图中也可看出，东风汽车的股价也一路上扬开启了第二波持续的拉升。

从以上案例中，我们虽然无法测算出两次庄家拉升分别的投入成本，但是第一波拉升时，大盘走势处于低位震荡走势，东风汽车的上涨属于逆市行为，且第一次拉升后的洗盘调整时间较长可以看出，庄家在这一波拉升中投入成本是比较大的。

而第二次拉升，庄家借助了指数走势的一路向上，股市内投资者对股市的看好，有借东风的巧力，因此拉升相对轻松。

来看一下这段时间内其他个股与大盘的走势对比图，便知晓看多走势的大盘，对个股对庄家而言，是一个多么好的时机，如图5-9所示。

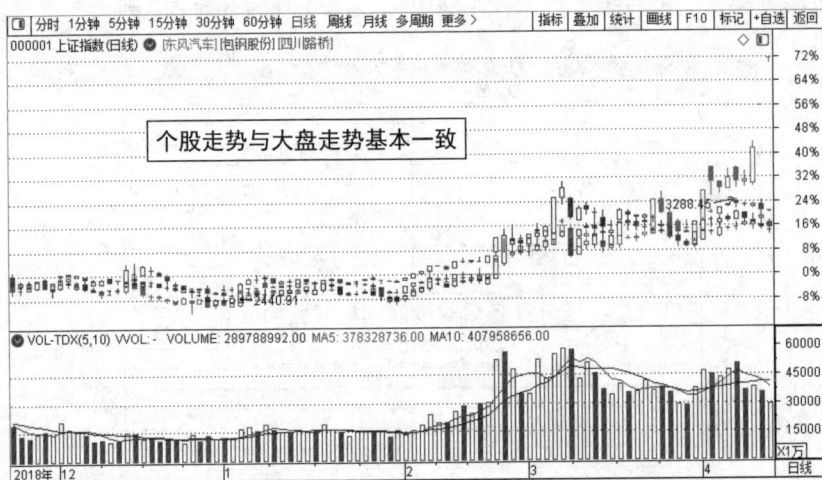

图 5-9　大盘与个股叠加 K 线图

大部分投资者都有追涨的心理，且都擅长观望，只会选择在安全的时机介入，因此对于庄家而言，如果市场表现良好，则自己的拉升行为便如虎添翼，成本能得到相对控制不说，拉升行为也更容易成功。因此可以看到，很多个股都是跟随市场的上涨而上涨，颇有一股"好风凭借力，送我上青云"的意味。

5.1.2　利好消息

资讯是投资者们非常关注的一个方面。很多时候，投资者之间都在相互打听有什么新的消息，以便为自己的操作提供依据。无论是对消息的获取渠道，还是对消息的分析判断，庄家都占有绝对的优势，因此，庄家在市场中会经常利用各种消息影响散户的操作。

利用重大利好消息出台的时机拉升股价，是庄家惯用的一种手法。通常，当重大利好通过公开媒体发布，或通过其他渠道让大部分散户知道时，就是庄家拉升的好时机。

重大利好涉及市场面和公司基本面两个部分，具体包括个股业绩大幅度预增、分红、重组、经营方针转换、国内外相关事件以及国家有关政策等。利用这些利好，即使市场行情不好，庄家仍然可以成功拉高。

一般情况下，在重大利好信息发布前，庄家往往已经将股价拉高。等信息一发布，庄家就会加速拉高股价，形成短期内的暴富效应，吸引跟风盘入场。

实例

三一重工（600031）出现利好消息时拉升股价

如图 5-10 所示为三一重工 2019 年 7 月至 2020 年 1 月 K 线图。

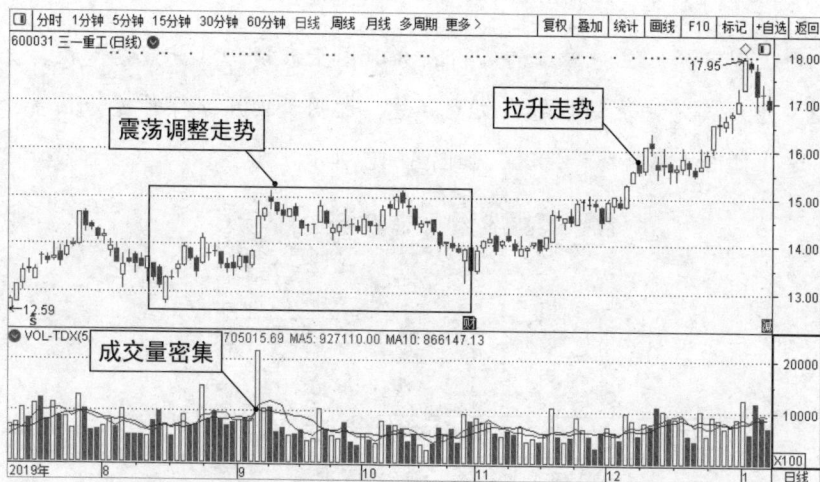

图 5-10　三一重工 2019 年 7 月至 2020 年 1 月 K 线图

由上图可知，三一重工的股价在 2019 年 8 月至 11 月处于震荡走势，股价在 13.00 元至 15.00 元之间反复震荡，难有突破，但是从成交量方面可以看到，这一阶段的成交量是较为密集的，并没有因为震荡走势而出现缩减。来看一下场内任意 3 个连续交易日的分时走势图，如图 5-11 所示为三一重工 2019 年 9 月 25 日至 9 月 27 日分时图。

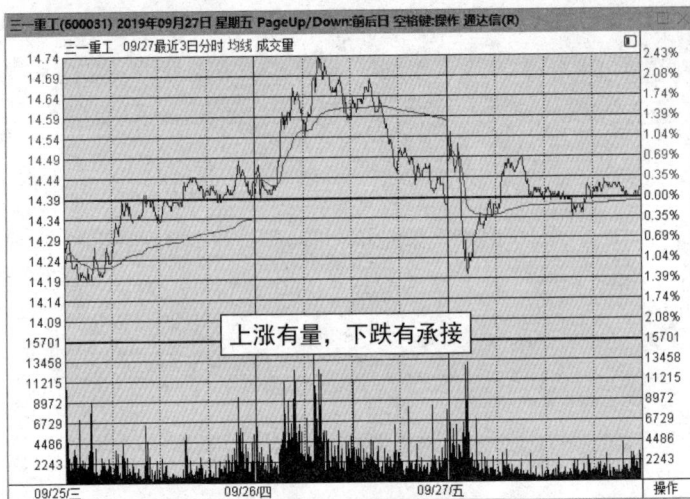

图 5-11　三一重工 2019 年 9 月 25 日至 9 月 27 日分时图

由上图可知，三一重工的股价在分时图上表现仍然是震荡起伏，并不平稳，并且成交量表现也是涨跌皆有量，表明盘内庄家操作较为频繁，来看下这 3 日内的成交统计情况，如图 5-12 所示。

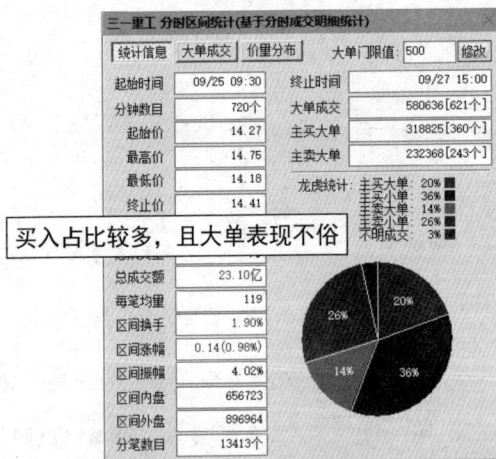

图 5-12　三一重工 2019 年 9 月 25 日至 9 月 27 日成交统计情况

由上图可知，三一重工这 3 日成交量，买入占比高达 56%，其中大单占比达到 20%，说明即使在震荡上行阶段，资金方面仍在不断买入筹码，出现这样的情境，表明该股的后市被看好，在股市内热度也较高。

当吸筹达到一定比例时，庄家会寻找合适的时机来拉升股价，并且该股热度较高，那么拉升股价也要尽快完成。首先来看一下这段时间大盘的表现，如图 5-13 所示为上证指数在 2019 年 7 月至 2020 年 1 月的 K 线图。

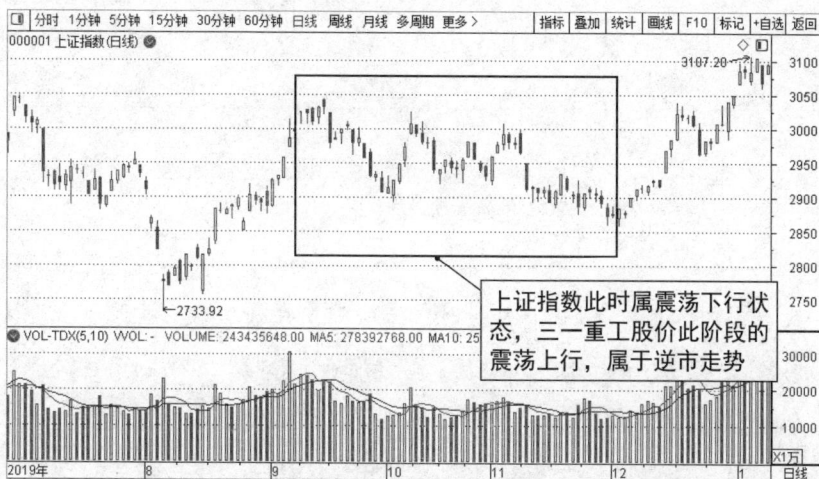

图 5-13 上证指数 2019 年 7 月至 2020 年 1 月 K 线图

由上图可知，上证指数在 2019 年 9 月至 11 月末这段时间为震荡下行走势，而三一重工此阶段的股价却是震荡上行，属逆市走势，并且 2019 年 11 月三一重工的走势与指数走势对比更为明显，上证指数 11 月的走势完全下行，而三一重工的股价在 11 月是平稳一路向上的走势。

在逆市的情境下，维持股价上涨实属不易，这也表明该股确实盘内庄家资金实力雄厚，且被大多投资者看好，来看下 2019 年 10 月三一重工发布的历史信息，如表 5-1 所示。

表 5-1 三一重工 2019 年 10 月发布的主要历史消息

时间	消息内容	涉及基本面
10 月 16 日	浙商证券认为，9 月挖机销量持续超预期，工程机械行业需求稳健 9 月挖机销量 15799 台，同比涨幅 17.8%，挖机作为行业前瞻指标持续超预期，有望持续向好	行业前景看好

续上表

时间	消息内容	涉及基本面
10月21日	三一重工总裁向×接受证券时报记者采访，谈及公司品牌以及实力受到广泛认可。目前，三一的挖掘机械在国内市场已连续九年蝉联销量冠军，10月16日，《财富》杂志发布"2019年最受赞赏的中国公司"榜单，三一重工控股股东三一集团第九次上榜，位列第二，仅次于华为	社会地位看好
10月30日	发布业绩信息：公司今年前三季度实现营业收入586.91亿元，同比增长42.88%，主要系工程机械销售增加，公司产品竞争力显著提升；实现净利91.59亿元，同比增长87.56%	公司经营看好

由表中内容可知，在10月份时，三一重工分别从行业前景、社会地位与公司经营情况这3个方面，发布了利好消息，在接连利好消息的公布中，股价从11月开始，便一改前期的震荡走势，开始稳步上行，可以说，也正是这些利好消息，使得投资者对该股的好感度持续上涨，选择介入，庄家也借机进行拉升，因此才能有11月的逆市上涨走势。

利用利好消息的发布完成对股价的拉升，也是股东对投资者投资心理的把握，股市中一家好股千家求，业绩并不好的股票因为目前的涨势都能被追涨，更别提业绩优良的个股，且业绩优良的个股对于投资者而言，追涨风险更小，因此这也属于散户、庄家与上市公司三赢的局面。

5.1.3　除权或除息

除权是指股权登记日过后，将进行股利的分配，为保证公司总市值在分配前后保持一致，就需要对公司股票价格进行除权或除息操作。

一般而言，个股在除权除息后股价都会变低，给人一种突然间很便宜的感觉。因为低价，所以吸引许多投资者纷纷买入，这也是庄家借机拉升的一种手段。

实例

中直股份（600038）除权后股价继续上涨

如图 5-14 所示为中直股份 2019 年 1 月至 9 月 K 线图。

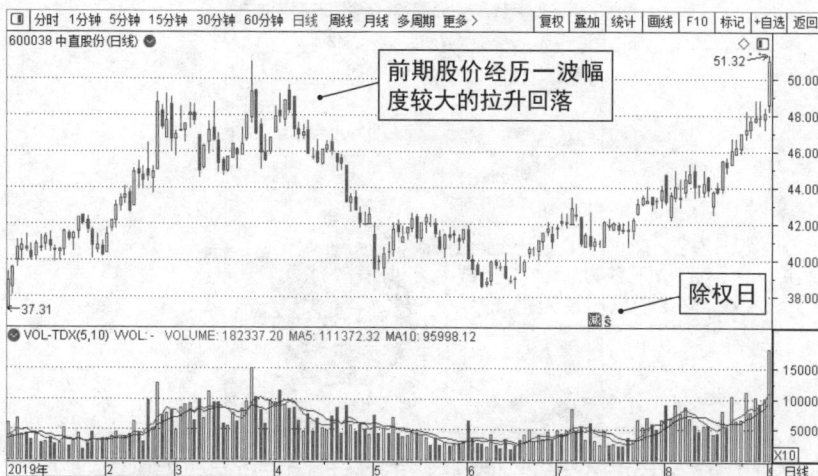

图 5-14　中直股份 2019 年 1 月至 9 月 K 线图

由上图可知，中直股份的股价在 2019 年 1 月至 7 月经历了一波幅度较大的上涨后转入下跌走势，并且在 3 月至 4 月期间，股价在 49.00 元附近横盘时，出现成交量放大，此时是否是庄家出货呢？来看一下这阶段的成交统计情况，如图 5-15 所示。

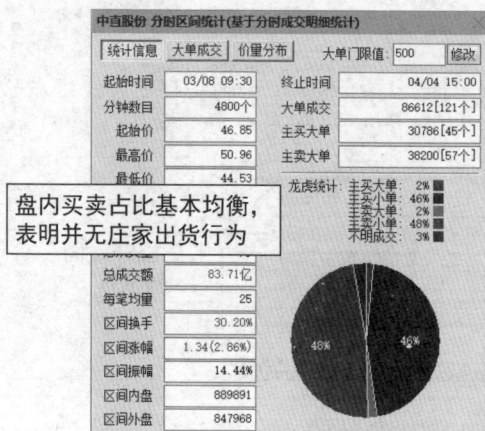

图 5-15　中直股份 2019 年 3 月 8 日至 4 月 4 日成交统计情况

由图中可知，在高位阶段中直股份盘内的买卖成交占比基本均衡，并无明显的买方优势或卖方优势，排除庄家出货嫌疑，为阶段性的调整走势。

再来看调整之后，股价下跌阶段的成交量统计情况，如图 5-16 所示。

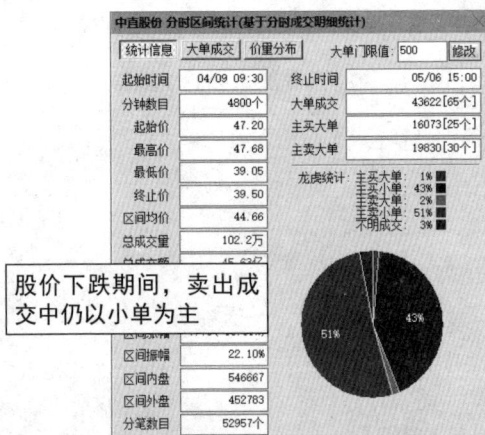

图 5-16　中直股份 2019 年 4 月 9 日至 5 月 6 日成交统计

由图中可知，中直股份在股价下跌期间的卖出成交也主要以小单为主，大单卖出仅占 2%，表示盘内的大资金持筹者仍在控盘，且较为坚定。

股价运行到 7 月 16 日，该股除权，当日股价并未下跌，并且收出小阴线，来看下当日的盘内走势，如图 5-17 所示。

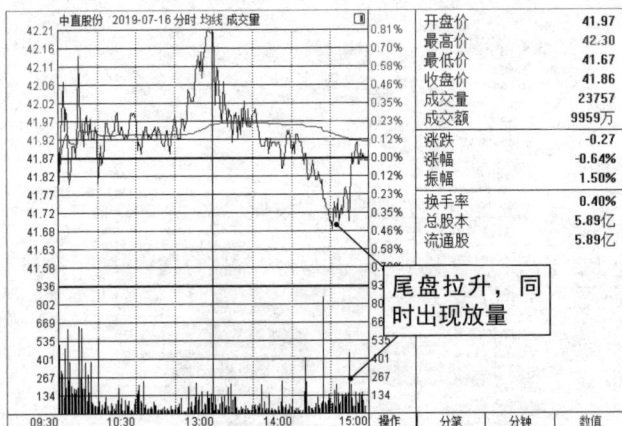

图 5-17　中直股份 2019 年 7 月 16 日分时图

由图中可知，中直股份的股价在 2019 年 7 月 16 日的盘内走出了振幅较大的走势，股价在上午盘即将收盘时突然拉升，下午盘开始后，急速回落，并在回落一定幅度后再次出现放量拉升，尾盘时将股价收于开盘价附近。

结合当日为除权日，中直股份此次的除权政策是：每 10 股派息 2.60 元，来看下近几年来中直股份的派息政策，如图 5-18 所示。

中直股份 (600038) 权息资料								
权息日	类别	送转股	分红	配股	配股价	前流通盘	后流通盘	前总股本	后总股本
20190716	除权除息		2.600						
20180711	除权除息		2.330						
20170626	除权除息		2.300						
20161104	股本变化					39265.0	58947.7	58947.7	58947.7
20160720	除权除息		2.500						
20150709	除权除息		1.400						

图 5-18　中直股份近几年的派息政策

由上图可知，2019 年 7 月 16 日的派息政能是近几年来最丰厚的，对于投资者而言，这无疑是一剂强心针。这也是庄家继续开始拉升走势的良机，从 K 线图中可以看到，从除权之后，该股稍做停留，便开始奋力向上，股价持续上涨，创出新高。

5.1.4　热点板块的形成

股市历来有板块联动的规律，特别是趋势向上时，表现得格外明显，如果庄家准备拉升的股票刚好处于市场中的热点板块，这个时候庄家的拉升就具有很好的隐蔽性。

对于 2020 年来说，因为新型冠状病毒，年初最大的热点非医药板块莫属，来看一个这阶段医药板块的案例。

实例

北大医药（000788）热门板块的联动效应

如图 5-19 所示为北大医药 2019 年 8 月至 2020 年 2 月 K 线图。

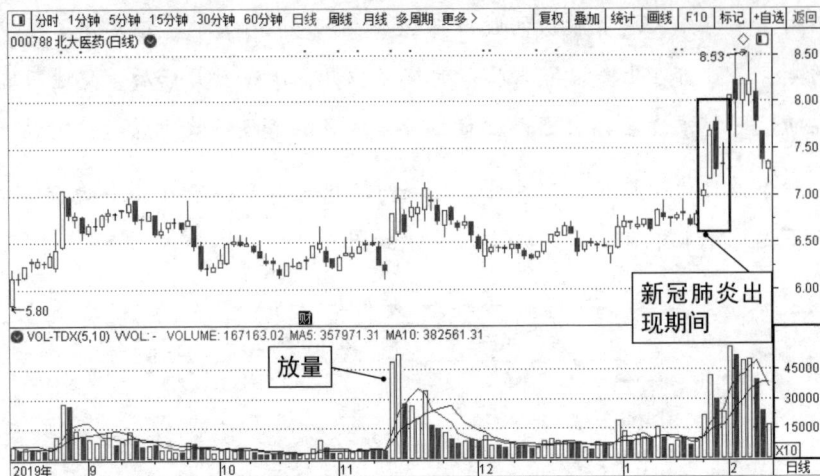

图 5-19　北大医药 2019 年 8 月至 2020 年 2 月 K 线图

由上图可知，北大医药的股价在 2019 年 8 月处于上涨走势，进入 9 月之后，股价开始了将近 5 个月的横盘调整走势，成交量方面，除了在 11 月中旬时出现过放量，其余时间皆表现平稳，来看一下成交量放大时的分时走势情况，如图 5-20 所示。

图 5-20　北大医药 2019 年 11 月 13 日至 11 月 20 日分时走势图

由上图可知，北大医药的股价在 2019 年 11 月 13 日至 20 日期间，走势振幅较大，常出现突然的拉升或下跌，来看一下这阶段的成交统计情况，如图 5-21 所示。

图 5-21　北大医药 2019 年 11 月 13 日至 11 月 20 日成交统计情况

由上图可知，在该阶段内，成交量中大单占比较大，买入与卖出大单成交分别占到了 15% 和 18%，合理推测为换庄，来看下这几日的换手率，如图 5-22 所示。

涨跌	0.62	涨跌	0.17	涨跌	-0.38
涨幅	10.02%	涨幅	2.50%	涨幅	-5.44%
振幅	5.01%	振幅	8.66%	振幅	3.87%
换手率	8.22%	换手率	8.87%	换手率	4.64%
总股本	5.96亿	总股本	5.96亿	总股本	5.96亿
流通股	5.96亿	流通股	5.96亿	流通股	5.96亿
涨跌	0.28	涨跌	-0.01	涨跌	0.21
涨幅	4.24%	涨幅	-0.15%	涨幅	3.06%
振幅	3.48%	振幅	4.22%	振幅	6.26%
换手率	4.46%	换手率	3.38%	换手率	5.70%
总股本	5.96亿	总股本	5.96亿	总股本	5.96亿
流通股	5.96亿	流通股	5.96亿	流通股	5.96亿

图 5-22　北大医药 2019 年 11 月 13 日至 11 月 20 日的每日换手率

由图中可知，北大医药在 11 月 13 日至 20 日的换手率分别为：8.22%、8.87%、4.64%、4.46%、3.38%、5.70%，换手率数值均不低，表明盘内交易活跃，结合买卖大单成交占比，庄家已换的推测成立。

新庄家在持有之前庄家的筹码后，并没有立即拉升，而是选择继续让股价蛰伏，等待时机。

2019年12月以后，国内爆发新冠肺炎疫情，为了严控疫情扩散，各地政府加紧成立医疗小组对民众进行检查和隔离，一时间口罩、酒精、消毒液等医用物资匮乏，各地紧急调度物资与医护人员，医疗板块成为当前最热门板块。

因此可以看到，在2020年1月下旬，几乎所有的医药技术股都有一波拉升，为热门板块的效应。

回到北大医药的K线图，可以看见在2020年1月下旬，该股的股价出现大幅度上涨，这既是医药热门板块的效应，同时也是庄家借机拉升的结果。

5.1.5　图形及技术指标

现在使用技术分析方法来交易股票的投资者越来越多，股价走出某个经典的形态也成为一个较为重要的分析方法，于是庄家便千方百计地利用操作修复技术指标，走出经典的技术图形，例如底部的圆弧底、V形底、双重底和头肩底形态等。在调整洗盘阶段也有经典的三角形调整、矩形调整和旗形调整等形态，以此来诱惑技术派投资者入场，以减少拉升的阻力。

5.2　散户应对庄家拉升的策略

在股市中，庄家是大型投资者，其雄厚的资金实力能够对股价起到一定的影响作用，而散户投资者只能依靠自身的选股技巧来判断股价的走势。因此，一定程度上来说，庄家比散户更有主动权，但是散户可以通过提高自身的技巧来应对庄家的操作。

5.2.1　庄家急速式拉升，散户坐享其成

当庄家洗盘完毕，采用连续拉大阳或涨停板的方法迅速推高股价，在 K 线组合上形成"拔大葱"的形态，这样的拉升方式便是急速式拉升。

急速式拉升的方式，可以节省资金、缩短拉升时间，又可以快速打开上升空间。特别是当个股有重大题材即将公布之时，庄家往往会迫不及待地用此法拉高股价。

采用这种方式拉升的庄家，一般资金实力非常雄厚，且在低位收集了大量筹码，达到了高度控盘，操作手法极其凶狠。在拉升的过程中根本不会去考虑回头整理或中途洗盘震仓，而是让股价一飞冲天。

这种方式多出现在小盘股或部分中盘股中，通常以具备投资价值或有诱人的利好题材作为支持，市场基础良好，因为这些个股对庄家来讲比较容易控制筹码。

另外，在散户追涨意愿非常强烈的市场环境下，对那些具备价值投资的个股，或者是具备利好题材的个股，庄家也经常会采用这种方式对股价进行拉升。

面对这样的拉升形态，散户投资者们可以如此应对。

◆ 急速式拉升的股票在启动前会有一个低迷期，成交量呈现萎缩，此时应该密切关注股价的走势。一旦股价出现放量向上突破或以很小的成交量就能把股价封死在涨停板上，可立即跟进，此为最佳进场时机。

◆ 若未赶上第一波拉升行情，则可当股价回落整理到 5 日均线和 10 日均线之间时，再进场操作，或者当股价在上升途中维持平台整理走势且放量突破此平台时再买入。

实例

中钢天源（002057）庄家急速拉升股价

如图 5-23 所示为中钢天源 2019 年 2 月至 5 月 K 线图。

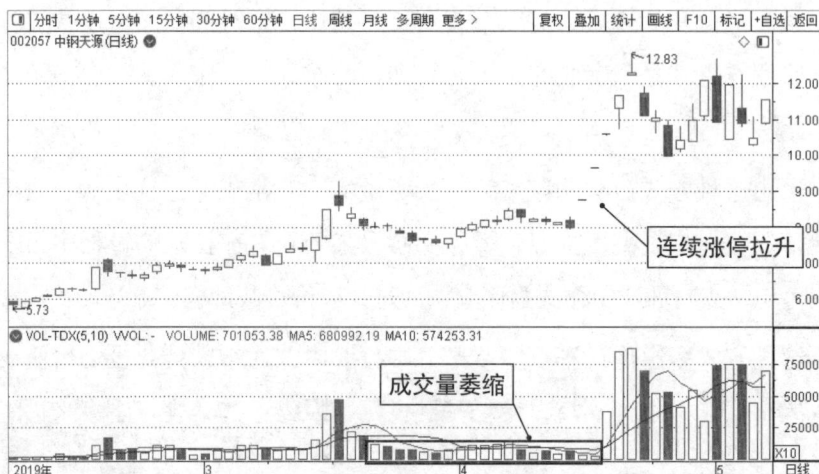

图 5-23　中钢天源 2019 年 2 月至 5 月 K 线图

由上图可知，中钢天源的股价在 2019 年 2 月至 3 月中旬处于上涨走势，之后股价进入调整阶段，同时成交量极度萎缩。

到 4 月 16 日，股票出现放量涨停的走势，并且接连走出 4 个涨停板，拉升急速又凶猛，直接将股价从 8.00 元附近拉升至 12.00 元附近，涨幅达到50%。

来看一下这段时间中钢天源是否发布了利好消息，如图 5-24 所示。

★中钢天源(002057):拟与关联方投资 "氢燃料电池石墨双极板材料"项目
2019-04-15 证券时报

　　中钢天源(002057)4月15日晚公告，公司全资子公司南京研究院与中钢新型签订《"氢燃料电池石墨双极板材料"项目合作协议》，约定就"氢燃料电池石墨双极板材料"产品技术的开发、工业化产品的设计、工业化应用示范工程的建立、相关市场的调研和开拓以及组建产业化经营实体进行相关产品的研发、生产、销售和技术服务开展合作。

图 5-24　2019 年 4 月中钢天源发布资讯

由上图可知，在 2019 年 4 月，中钢天源仅在 4 月 15 日晚间发布一则公告，为公司拟与关联方投资"氢燃料电池石墨双极板材料"产品技术开发设计的项目，据了解，该项目的研发对象：氢燃料电池石墨双极板在目前市场需求量大，但其空隙问题、成本问题以及加工时长问题仍有待完善。

对公司经营而言，中钢天源与其关联方投资该项目，属利好消息，因此，庄家利用这一消息，在下一交易日便大幅拉升股价。

对于投资者而言，在 4 月 16 日介入是最好的选择，但是因为连续的涨停，投资者介入的成功率并不高，并且在连续涨停之后，股价势必会经历一波回调，以便庄家休养。所以这第一波连续涨停的走势也不建议投资者立即介入。来看一下该阶段的均线走势，如图 5-25 所示。

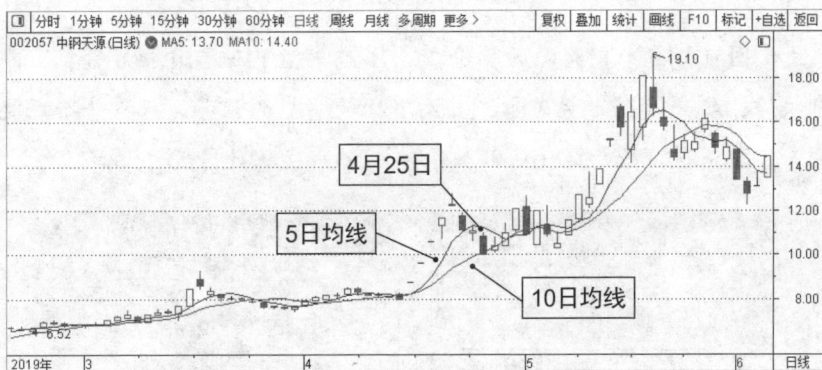

图 5-25　中钢天源 2019 年 2 月至 6 月 K 线图

由图中可知，中钢天源的 5 日均线与 10 日均线在股价连续拉升时奋力上扬，4 月 23 日，股价回落，5 日均线回落，到 4 月 25 日，K 线已回落至5 日均线与 10 日均线之间，此时是第二个买入点。

来看一下 2019 年 4 月 25 日的分时走势，如图 5-26 所示。

图 5-26　中钢天源 2019 年 4 月 25 日分时图

由上图可知，中钢天源的股价在 4 月 25 日盘内一直小幅震荡，且在尾盘时跌停，从分时图走势来看，并没有比较明显的信号，来看一下成交量情况，如图 5-27 所示为 2019 年 4 月 25 日的成交统计情况。

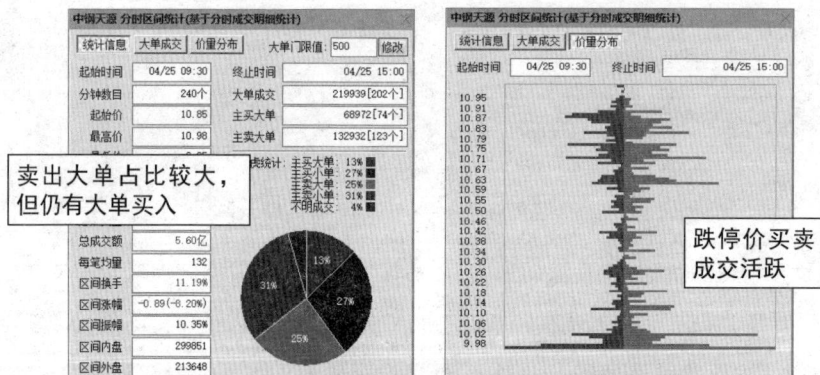

图 5-27　中钢天源 2019 年 4 月 25 日成交统计情况

由图中可知，中钢天源在 2019 年 4 月 25 日的股价虽然一路下跌，最后跌停，但是盘内的成交量依旧活跃，其中大单卖出占比 25%，大单买入占比 13%，查看价量分布图发现，当日内成交最活跃的价位为当日最低价，即跌停价附近，也就是尾盘阶段出现大量成交，说明盘内虽然有资金出局，但是此时入场的投资者依然较多，表明资金市场对该股后市依旧看好，因此投资者也可选择在此时入场。

从后市走势来看，经过之前几个交易日的休养，股价从 4 月 26 日开始，继续前期的上涨走势。

5.2.2　庄家阶梯式拉升，散户收益稳定

阶梯式拉升是指庄家把股价拉升到一定高度后，横盘整理一段时间，随后又拉高一段空间，然后又横盘整理，如此反复多次，不断地把股价推高，走势图上的日 K 线则呈现出一种阶梯的形状。

这种拉升方式将拉升与洗盘调整结合起来，能够使那些意志不坚定，没有耐心的持股者出局，起到清理短线获利筹码的效果，多发生在大盘股或部分中盘股中。

面对这样的拉升形态，散户投资者们可以如此应对。

◆ 当股价有一段升幅后，在股价放量冲高回落、收出放量阴线或放量十字星时卖出。

◆ 待股价经过一段时间横盘整理后，重新放量向上突破时，投资者可考虑再次买入。

实例

全新好（000007）庄家阶梯式拉升股价

如图 5-28 所示为全新好 2019 年 5 月至 11 月 K 线图。

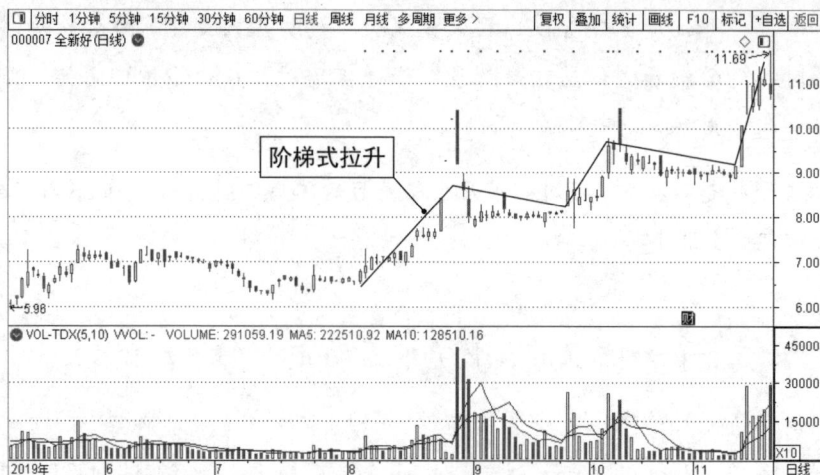

图 5-28　全新好 2019 年 5 月至 11 月 K 线图

由上图可知，全新好的股价从 2019 年 5 月上涨后，便持续了 2 个月的横盘整理，同期成交量缩小。

到了 8 月中旬，成交量放大，股价开始拉升，并且在之后的 3 个月内，反复走出了上涨——回调的走势，即阶梯式拉升。

对投资者而言，在阶梯式拉升走势中，可以利用走势进行多次操作，以获取获利机会。

当股价放量拉升时介入，回调缩量时抛出，重复操作，可以提高资金的使用效率，也会降低投资的风险性。

知识点拨 *波浪式拉升与阶梯式拉升同理*

波浪式拉升是指庄家在拉升时，每拉高一定的幅度就进行洗盘，使得股价回落一段距离，然后再进行下一波的拉升。其特点是股价有起有落，一波又一波，状似浪涌，但股价的低点和高点在不断拉高，即所谓的一浪高过一浪。此手法通常在拉升过程中进行洗盘，尤其是在重要阻力区域，常以小幅回档或横盘震荡的整理走势来消化阻力，并完成散户由低成本向高成本换手的过程，尽量减轻上行时的压力。散户的操作技巧也与阶梯式拉升中一样，在放量拉升时介入，回调缩量时抛出，可重复操作。

5.2.3　庄家推土机式拉升，散户静观其变

采用推土机方式拉升股价时，在日 K 线走势上会呈现出直线上升的形态，有的时候，从分时走势上可以看见下方有大量的买单出现，这是实力强大的庄家为了封住股价的回落空间而挂出的，随后就会逐步把股价往上拉升。

庄家拉升一段时间后，还会常常故意打压一下股价，让股价稍微回落一下，以此来吸引买盘逢低吸纳，然后再将股价拉上去。

采用这种方式拉升的庄家，实力一般都比较强大，并且在其出货的时候，还会利用上市公司题材的配合来隐秘出货。

在拉升阶段的前期和中期，庄家在早盘将股价推高之后，让散户在里面自由换手，不过多地关注股价。有时候股价会出现自由落体式的下跌之势，只有在股价回落影响到收盘时的 K 线图形时，庄家才会出来护盘，以吸引多头资金积极买进股票，让散户帮助庄家维持股价的走势。

当股价进入拉升后期，庄家以快速拉升的方式，疯狂刺激多头买盘，这时人气也达到了高潮。

在最后的拉升阶段，庄家一般会采用转换各种角色的方式来诱导散户，促使场外的散户失去正常的投资心理和自我控制能力，产生一种过度放大和虚化的投资激情。

散户在跟庄时，需要注意选择好进场的时机，进场后也要保持良好的心态。在股价开始稳步盘升的时候，散户就可以跟进。当股价开始出现放量上冲时，就是最佳的买入时机。

采用推土机式拉升的股票，在刚开始进入拉升阶段时，股价的上涨速度都是比较慢的，成交量在短时间内得不到有效的放大。

面对这样的拉升形态，散户投资者们可以如此应对。

- 在上涨过程中出现的小幅震荡，属正常盘面现象，只要回落时不放量，投资者可耐心持股。

- 如果股价出现放量回落，并且以阴线报收，就应该引起注意，一旦第二天没有被拉起来，并且是继续放量下跌，就应该果断出局，获利了结。

实例

中集集团（000039）庄家推土机式拉升股价

如图 5-29 所示为中集集团 2018 年 12 月至 2019 年 4 月 K 线图。

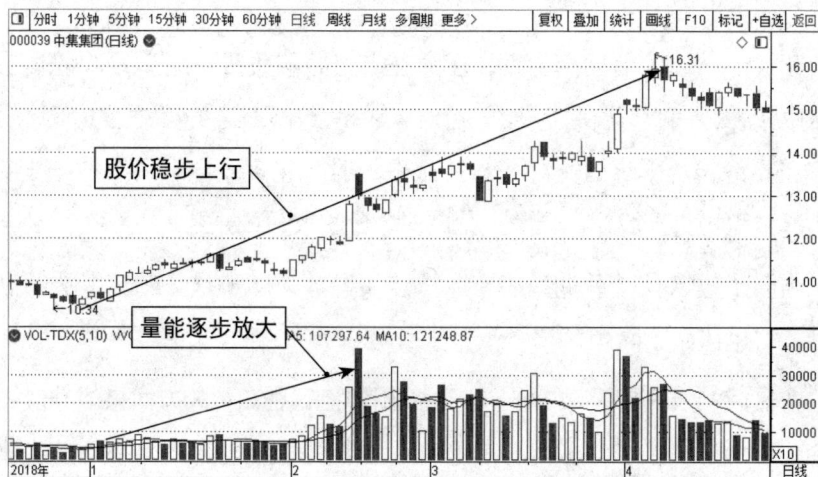

图 5-29　中集集团 2018 年 12 月至 2019 年 4 月 K 线图

由上图可知，中集集团的股价在进入 2019 年之后，便一路上行，途中偶有调整，但时间都比较短，而且调整的幅度也比较小。

成交量方面，可以看见在股价刚开始上涨阶段，成交量并没有明显放大，第一次成交量明显放大是在 2020 年 2 月 18 日，来看下当日的盘内走势，如图 5-30 所示。

由图中可知，中集集团的股价在 2 月 18 日跳空高开后便一路上行，盘内成交量一直表现得比较稳定，没有特别密集也没有特别稀疏的时间段，收盘时，当日涨幅达到 8.11%。

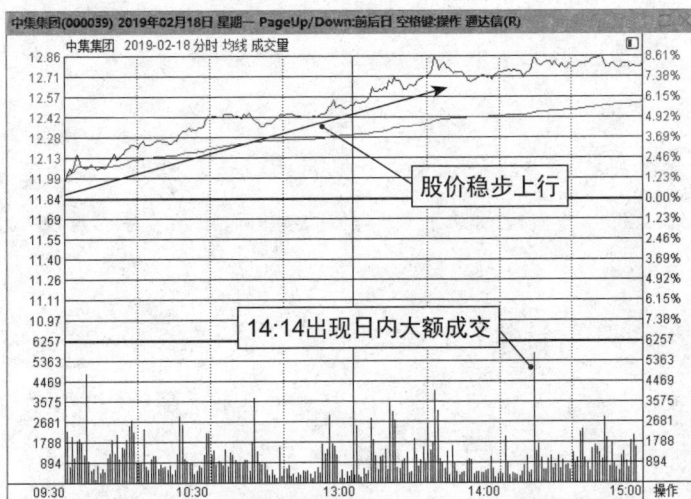

图 5-30 中集集团 2019 年 2 月 18 日分时图

来看下当日的成交情况，如图 5-31 所示。

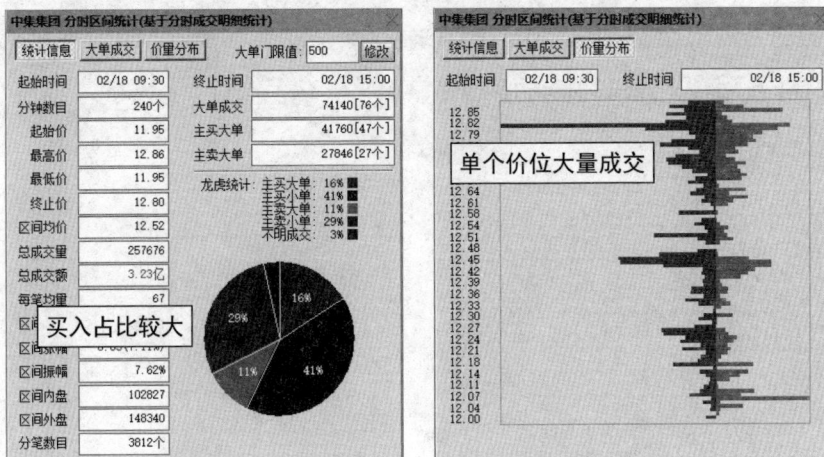

图 5-31 中集集团 2019 年 2 月 18 日成交情况

由上图可知，中集集团在 2019 年 2 月 18 日盘内的买入占比共达到 57%，其中大单买入占比 16%，并且从量价分布图上，可以看出在 12.80 元附近出现密集成交，通过分时图可以看到，该大额成交发生的时间为

14:14，出现该笔大额成交之后，从量价分布图上也可看出，之后价位的成交也较为密集，表明盘内跟风买入的投资者比较多，此举即为庄家的托盘效应，刺激买盘，至此，中集集团在投资者中的热度上升，成交量开始发散放大。

对投资者而言，当股价调整回落后再次放量拉升时，即为可介入点。股价发展到后期，当出现放量下跌形态时，即可出局保存已有收益。

5.2.4　庄家复合式拉升，散户对症下药

复合式拉升是指庄家在拉升过程中，并不是采用单一的操作手法，而是结合多种多样的方法，对目标股进行拉升。

成熟老练的庄家为了赶走跟风盘，在拉升手法上也是新招迭出，使得普通散户投资者根本无法判断庄家到底是在拉升还是在出货。

面对这样的拉升形态，散户投资者们可以把复合式拉升的方式分成独立的几种方式，然后再去寻找它们的特征，"对症下药"，针对不同阶段的不同拉升方式，采取相应的操作策略。

第 6 章

高位出货，
散户要顺势出局

出货是庄家操盘的最后一步，也是通过这一步达到了庄家操盘的目的，即实现盈利。如果散户投资者在庄家出货阶段未及时出局，将面临收益减少或遭受一定损失的风险，这章我们来了解有关庄家出货的一些内容。

6.1　常见的庄家出货手段

出货阶段是庄家运作一只股票非常重要的阶段，它关系到庄家能否成功兑现账面利润。庄家之前所做的建仓、洗盘和拉升，都是在为最后阶段的出货做准备，出货是否顺利，决定了庄家运作是否成功，下面来了解常见的庄家出货手段。

6.1.1　拉高出货

拉高出货又称诱多出货，是较为隐蔽的一种出货方式，是指主力在出货前将股价快速拉升，吸引买盘加入，当承接盘大量出现后，庄家开始在高位出货。当股价开始大幅回落时，庄家出货基本完毕。

实例

海南海药（000566）庄家拉高出货

如图 6-1 所示为海南海药 2018 年 12 月至 2019 年 7 月 K 线图。

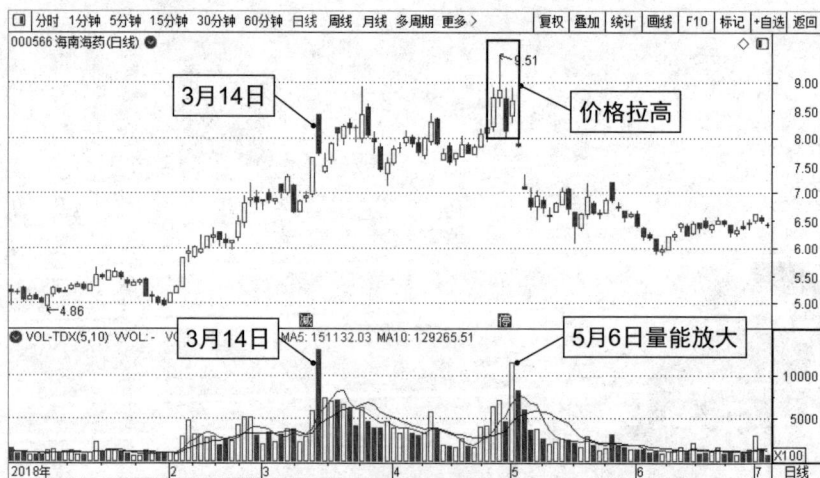

图 6-1　海南海药 2018 年 12 月至 2019 年 7 月 K 线图

由图中可知，海南海药的股价在 2019 年开始从低位上涨，一路从 5.00 元附近上涨至 8.50 元附近，涨幅达到 70%。

K 线图中可以看到，股价在上涨到 8.50 元时，在高位开始了横盘走势，来看一下阶段内 2019 年 3 月 14 日出现放量当日的分时走势，如图 6-2 所示。

图 6-2 海南海药 2019 年 3 月 14 日分时图

由图中可知，海南海药的股价在 3 月 14 日当日以涨停价开盘，开盘后 10 分钟内涨停板被打开，从右侧的成交记录中，可以看见，在开盘后有多笔连续的大卖单砸向盘内，虽然马上便有大额买单入场，但是涨停板依旧被打开，并且当日股价接连败退，最终收盘于 0.78% 的涨幅。

来看下当日的成交统计情况，如图 6-3 所示。

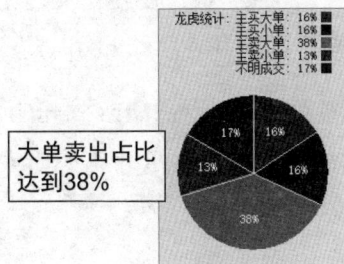

图 6-3 海南海药 2019 年 3 月 14 日成交统计

由图中可知，海南海药在 2019 年 3 月 14 日的盘内，已经出现了占比达到 38% 的大单卖出，而大单买入占比为 16%。这表明经过前段时间的拉升，庄家无意继续维持股价的上涨，因此在出现大量大单出局的情况下，并没有继续增加对该股的投入，此时投资者就需要小心股价是否已经到了顶部阶段。

这次大单砸盘现象出现之后，股价开始了高位震荡的横盘走势，观察这阶段的成交量，可以发现此时的成交量相比前期拉升阶段而言，要活跃得多。

观察发现，在这阶段的高位横盘中，有 3 个阶段性的高位，分别是 3 月 25 日、4 月 10 日与 4 月 25 日，其中的 4 月 25 日创出了阶段性的新高 9.51 元，来看下当日的分时走势，如图 6-4 所示。

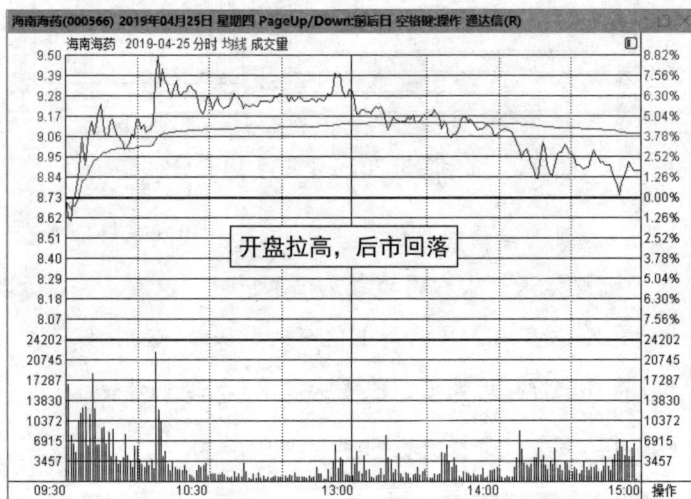

图6-4　海南海药 2019 年 4 月 25 日分时图

由上图可知，海南海药的股价在 4 月 25 日盘内走出了开盘拉高，后市回落的走势，观察发现，盘内的拉升阶段伴随着成交量的放大，来看下盘内当日的成交统计情况，如图 6-5 所示。

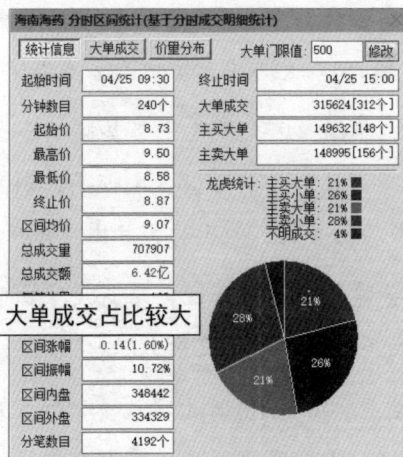

图 6-5　海南海药 2019 年 4 月 25 日成交统计

由上图可知，海南海药在 4 月 25 日盘内的大单买入与大单卖出占比均为 21%，当股价已经达到阶段性高位，并且盘内大单卖出占比较高的情况下，投资者此时完全可以推测，该现象是庄家自编自导自演的买卖成交操作，只为拉高股价，吸引投资者入场接盘而已。

在接下来的第 2 个交易日，即 2019 年 5 月 6 日，盘内再次出现明显放量，来看下当日的成交统计情况，如图 6-6 所示。

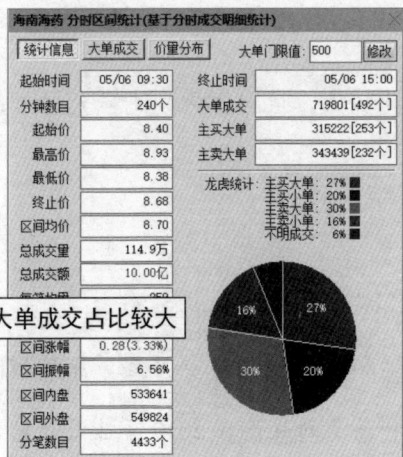

图 6-6　海南海药 2019 年 5 月 6 日成交统计

股价创出阶段性高位后，在 5 月 6 日成交量继续创出阶段性高位，并且在当日的盘内统计中，仍以大单买入卖出为主要成交方式。

如果该股后市仍有涨幅，则大单卖出量势必不会达到 30% 的比例。在高位，连续出现多个交易日，大单卖出占比较高，则只有一个原因：庄家自导自演，小幅拉高股价的目的只为出货，且出货正在密切进行。

此时，投资者的警觉性应完全苏醒，跟随庄家出货的步伐，及时将持有的筹码全部抛出，而不是继续等待股价上涨。

从 K 线图上可以看见，在 5 月 6 日出现放量之后，在接下来的交易日中，失去了庄家资金的支撑，股价连连下跌。前期未出逃的投资者，只能面临两种结果：高位套牢或者受损抛售。

6.1.2 震荡出货

股价经过大幅拉升，到达主力目标价位后，庄家开始将股价控制在一个区域内上下震荡。

在这个震荡区域内，股价上涨时庄家顺势出货，股价下跌时庄家为了不让形态出现破位则少量买入护盘，从而稳住其他投资者，在震荡中派发掉手中所有的筹码。

当庄家的持仓量比较大，且出货时间比较充足时，一般都会采用震荡出货的手段。

实例

仁和药业（000650）庄家震荡出货

如图 6-7 所示为仁和药业 2019 年 2 月至 7 月 K 线图。

由图中可知，仁和药业的股价在 2019 年 2 月开始便处于上涨走势，到了 4 月 18 日，股价涨停，之后的 3 个交易日股价涨幅均较大，直接将股价拉升至 9.50 元附近的高位。

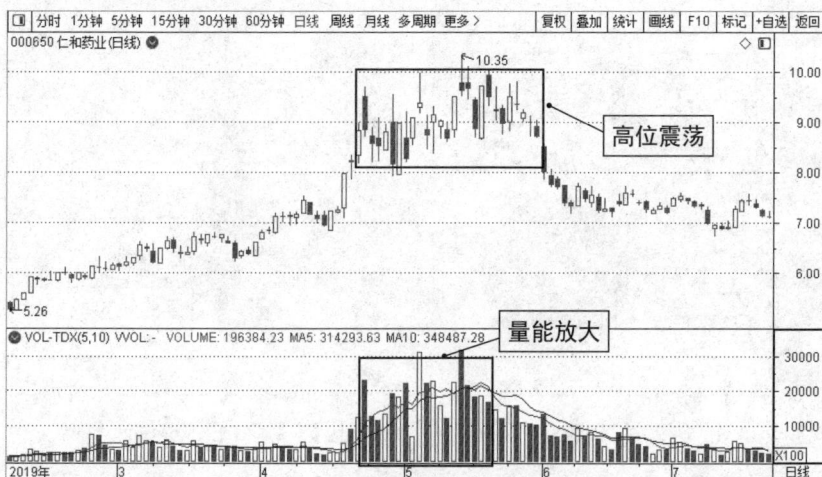

图 6-7　仁和药业 2019 年 2 月至 7 月 K 线图

进入 9.50 元的高位区域后，股价开始了高位的震荡走势，且震荡时间超过一个月，该走势完全没有规律可言，如图 6-8 所示为高位震荡阶段任意 20 个交易日的连日分时图。

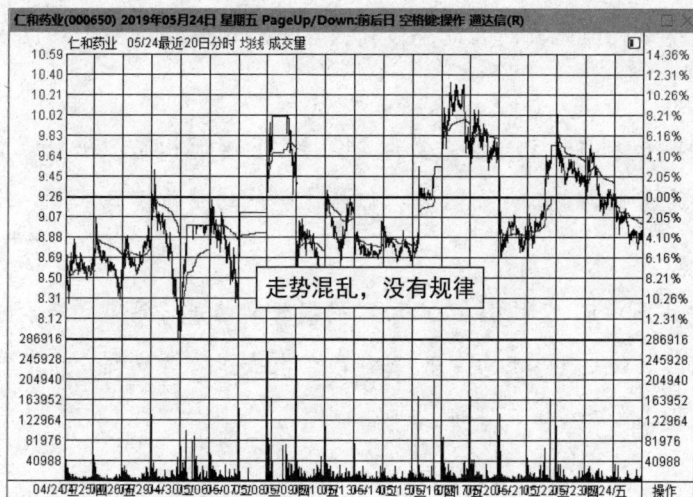

图 6-8　仁和药业高位震荡阶段连续 20 日的分时走势图

来看下这阶段的成交统计情况，如图 6-9 所示。

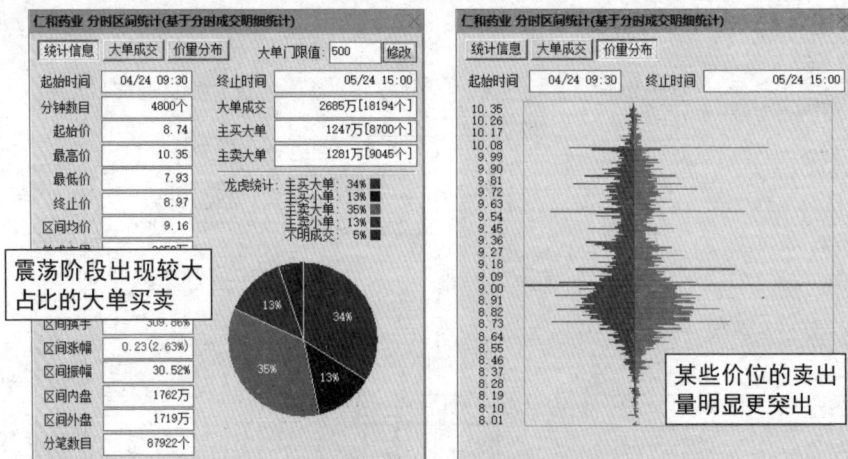

图 6-9　仁和药业 2019 年 4 月 24 日至 5 月 24 日成交统计

由上图可知，仁和药业在高位震荡阶段，盘内的大单买卖占比较高，分别为 34% 和 35%，观察 K 线图，发现这一阶段的成交量明显高于前期拉升阶段，此时投资者就需要提高警惕。

如果仅为上涨调整阶段的常见震荡，不会出现如此大占比的大单买卖，并且从右侧的价量分布图中也可看出，在某些价位上，卖出量相对买入量而言要多得多，因此判断在此阶段内，庄家利用震荡走势借机出货的可能性极高。

散户投资者们为了自己资金的安全性，应暂时出局，如果后市出现继续拉升的走势，再行入局都可以，但从这阶段的量价情况来看，此情况基本不会发生。

从 K 线图中也可看见，在此阶段的高位震荡走势结束之后，随着成交量的缩减，股价也节节败退，明显盘内已失去了资金支撑，庄家利用高位的震荡走势已完成了出货目的。

6.1.3　打压出货

打压出货也称下砸出货，一般出现在大势已经走弱的时候，此时市场人气不足，散户投资者买入的积极性不高。

此时庄家无法通过震荡或者拉高的方式卖出股票，只能采取向下打压的方式，寻找低位抄底的买盘来出货，结果是股价在庄家的出货过程中频频走低。

打压出货的量价形态为：股价在高位震荡，突然开始快速下跌，并伴随着成交量的迅速放大，则庄家出货的意图明显。

实例

保利联合（002037）庄家打压出货

如图 6-10 所示为保利联合 2018 年 12 月至 2019 年 6 月 K 线图。

图 6-10 保利联合 2018 年 12 月至 2019 年 6 月 K 线图

由上图可知，保利联合的股价从 2019 年 1 月开始处于上涨走势，但上涨走势并不平坦，途中调整下跌走势较为频繁。

进入 3 月后，股价出现滞涨现象，同时成交量并未继续放大，情况持续了将近一个半月。4 月上旬快结束时，成交量出现放大现象，分别为 4 月8 日和 4 月 9 日，来看下这两日的分时走势，如图 6-11 所示。

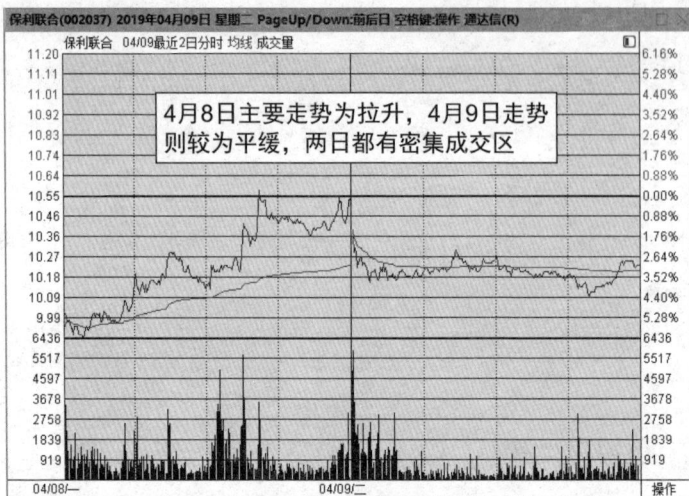

图 6-11　保利联合 2019 年 4 月 8 日和 4 月 9 日分时图

　　由上图可知，在 4 月 8 日盘内量价关系为放量上涨，在 4 月 9 日股价未出现较大幅度震荡，而在开盘阶段却出现了密集成交区，当日走势具有一定不合理性，来看下当日的成交统计情况，如图 6-12 所示。

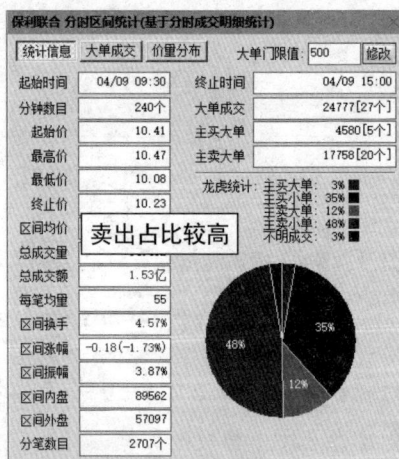

图 6-12　保利联合 2019 年 4 月 9 日成交统计

　　由上图可知，保利联合在 4 月 9 日的成交中，卖出成交的比例达到60%，其中大单卖出占比为 12%，在高位横盘较长时间未有突破，而股价下跌时出现放量，说明庄家出货的概率极大，此时为了安全起见，投资者应该跟随出局，待走势明朗后再行介入。

并且从 K 线图中也看出，之后的股价节节败退。来看下接下来 4 个交易日的走势，如图 6-13 所示。

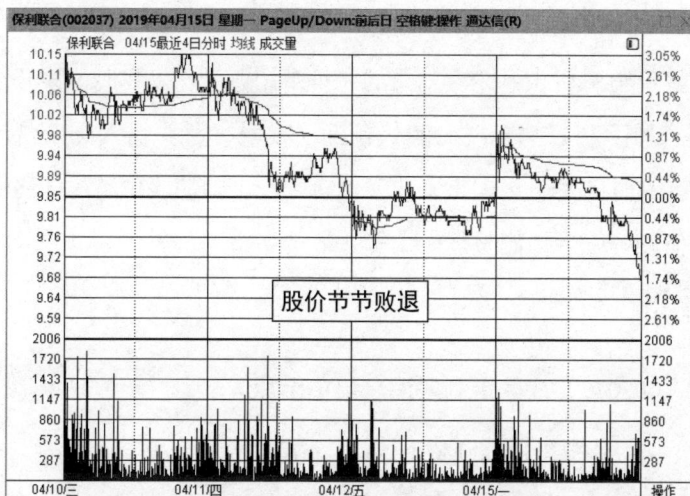

图 6-13　保利联合 2019 年 4 月 10 日至 4 月 15 日分时图

由上图可知，在这几个交易日内，股价节节败退。来看下成交统计情况，如图 6-14 所示。

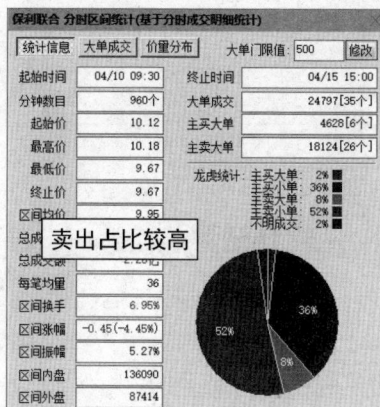

图 6-14　保利联合 2019 年 4 月 10 日至 4 月 15 日成交统计

由图中可知，在这几个交易日内，盘内的卖出成交占比达到60%，与4月9日的盘内成交统计占比相同。可见，此时庄家确在出货，前期未逃离的投资者需抓紧出局。

6.1.4 借利好集中出货

借利好集中出货也是庄家出货的一种常用方式，先将股价拉升至高位，然后利用个股的利好消息或者利好预期，吸引大量买盘入场，自己则趁机集中出货。有时庄家急于出货，或者出货困难，即使股价阶段性涨幅不大，庄家仍会借助利好大力出货。

实例

沙钢股份（002075）庄家借利好消息集中出货

如图6-15所示为沙钢股份2019年1月至6月K线图。

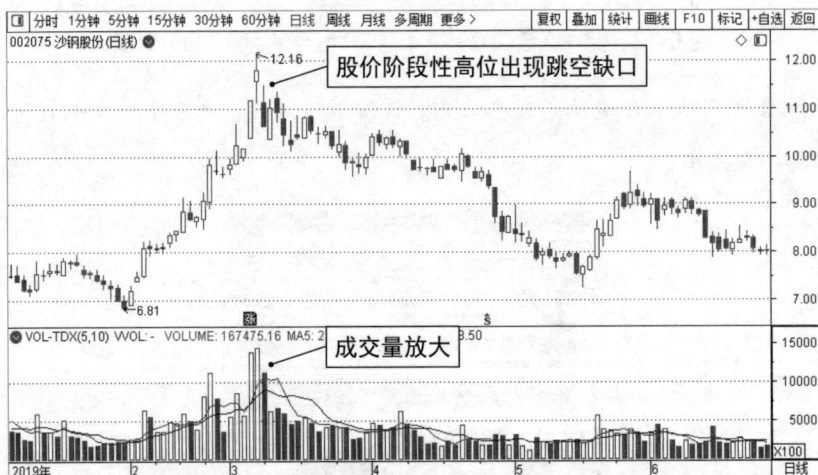

图6-15 沙钢股份2019年1月至6月K线图

由上图可知，沙钢股份的股价从2019年2月初的6.81元开始上涨，至3月初，股价已上涨至阶段性最高位12.16元，涨幅达到78.56%，涨幅惊人。

3月7日股价达到阶段性高位时，当日的 K 线为跳空形态，并且收出较长的上下影线。来看下当日与前一交易日的分时走势，如图 6-16 所示。

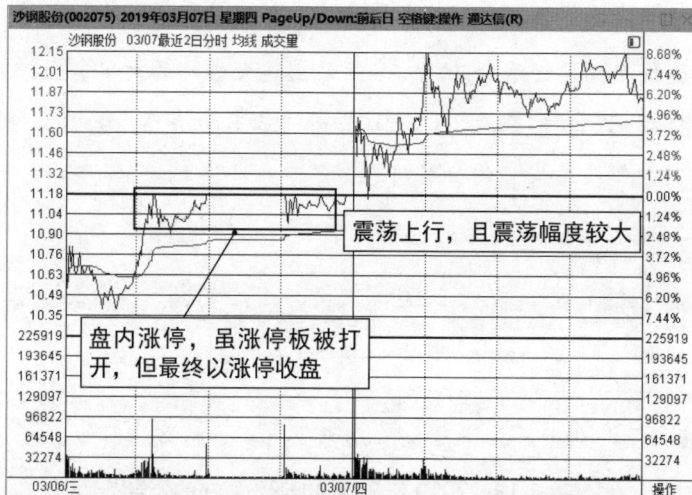

图 6-16　沙钢股份 2019 年 3 月 6 日和 3 月 7 日分时图

　　由上图可知，沙钢股份的股价在 3 月 6 日的下午盘中出现涨停，虽然到后期涨停板被打开，但最终以涨停收盘。3 月 7 日的股价以跳空价开盘，但是盘内走势震荡幅度较大，开盘后股价有过一波大幅度的下跌，同期的成交量放大，来看下这两日的成交统计情况，如图 6-17 所示。

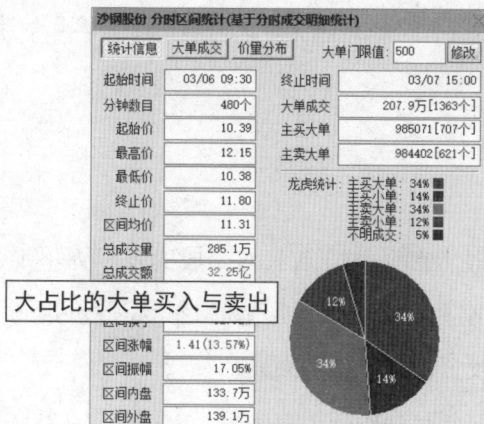

图 6-17　沙钢股份 2019 年 3 月 6 日至 3 月 7 日成交统计

由图中可知，沙钢股份在 3 月 6 日与 3 月 7 日的盘内，成交主要以大单买卖为主，分别占 34%，占比份额惊人。从 K 线图上可看出，这两日的成交量柱线长度比较明显，高位的大单卖出，完全可以推断此时是庄家出货。

既然股价涨幅已经达到 78%，且高位出现大占比的大单卖出，为何还会有投资者接盘呢？我们来看下这几日公司的基本面消息，如图 6-18 所示为 2019 年 3 月沙钢股份发布的公告消息。

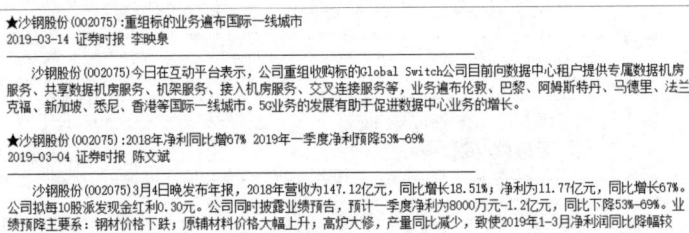

★沙钢股份(002075):重组标的业务遍布国际一线城市
2019-03-14 证券时报 李映泉

沙钢股份(002075)今日在互动平台表示，公司重组收购标的Global Switch公司目前向数据中心租户提供专属数据机房服务、共享数据机房服务、机架服务、接入机房服务、交叉连接服务等，业务遍布伦敦、巴黎、阿姆斯特丹、马德里、法兰克福、新加坡、悉尼、香港等国际一线城市。5G业务的发展有助于促进数据中心业务的增长。

★沙钢股份(002075):2018年净利同比增67% 2019年一季度净利预降53%~69%
2019-03-04 证券时报 陈文斌

沙钢股份(002075)3月4日晚发布年报，2018年营收为147.12亿元，同比增长18.51%;净利为11.77亿元，同比增长67%。公司拟每10股派发现金红利0.30元。公司同时披露业绩预告，预计一季度净利为8000万元~1.2亿元，同比下降53%~69%。业绩预降主要系:钢材价格下跌、原辅材料价格大幅上升、高炉大修，产量同比减少，致使2019年1-3月净利润同比降幅较

图 6-18　2019 年 3 月沙钢股份发布的公告

由上图可知，沙钢股份在 3 月 4 日晚间发布公告，称 2018 年营业收入增加 18.51%，净利润同比增长 67%，拟每 10 股派发现金红利 0.30 元，虽然后面内容中预测一季度净利润会下降，但是毕竟属于不确定数据。因此整体来看，属于利好消息。

正因为利好消息的发布，庄家如此大规模的出货，却仍有投资者愿意入场接盘。对投资者而言，即使在高位出现利好消息，但是如果有大单出局，就需要提高警惕。

6.1.5　借反弹出货

当庄家因为对行情判断失误，或者对个股的控制力不足，未能及时出货也会被套。所以庄家有时会在大盘反弹时趁机将股价推高，然后将手中筹码卖给进场抄底的投资者，以减少损失。

借反弹出货也有一些是超短线庄家所为，这些庄家从建仓到拉高出货，通常在几个交易日内完成，速进速出。

实例

安纳达（002136）庄家借反弹高位集中出货

如图 6-19 所示为安纳达 2019 年 3 月至 11 月 K 线图。

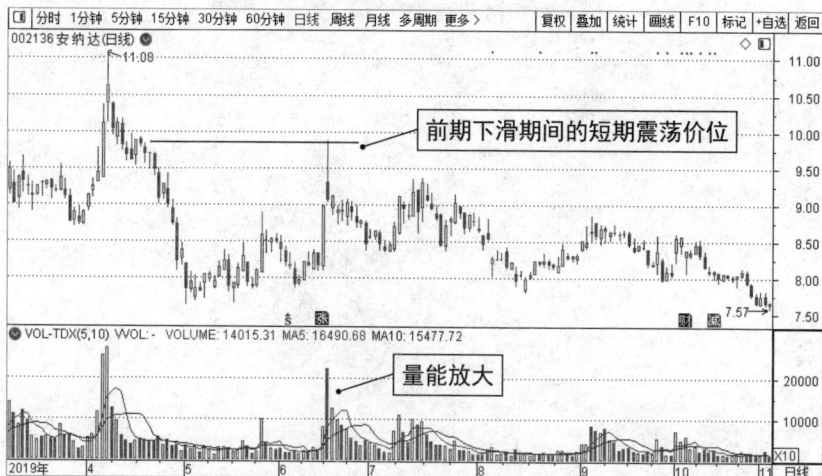

图 6-19　安纳达 2019 年 3 月至 11 月 K 线图

由上图可知，安纳达的股价在 2019 年 4 月上旬创下阶段性新高位 11.08
元，之后股价连续下跌，下跌速度极快，不到 20 个交易日，便从高位的
11.08 元下跌至 7.61 元，来看下当时的分时图，如图 6-20 所示。

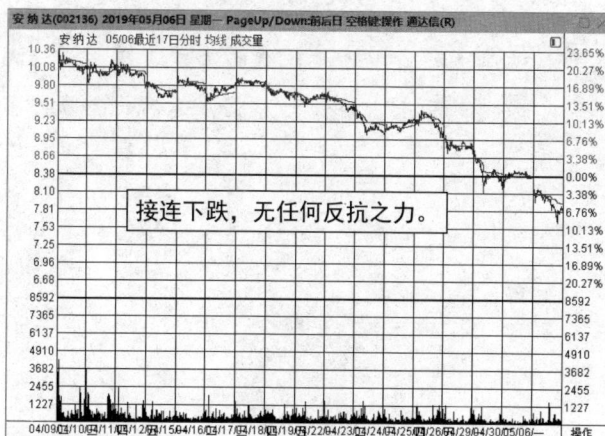

图 6-20　安纳达 2019 年 4 月 9 日至 5 月 6 日分时图

由图中可知，安纳达的股价在 2019 年 4 月 9 日至 5 月 6 日阶段内接连下跌，走势上几乎没有任何还手之力。来看下这一阶段前 4 个交易日的成交统计情况，如图 6-21 所示。

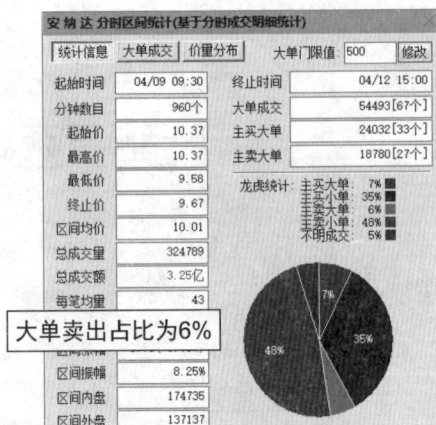

图 6-21　安纳达 2019 年 4 月 9 日至 4 月 12 日成交统计

由上图可知，在 2019 年 4 月 9 日至 4 月 12 日这一阶段内，盘内的卖出成交共占比 54%，其中大单卖出占比为 6%，占比较低。可以推测，此时庄家的筹码并未完全出局，但是股价接连下跌，此时出局，获利会大幅缩水。

在这种情况下，股价接连下跌，难以招架，若强势挽回，需要投入大量资金，且此时卖风正盛，强势拉动风险较大。因此从 K 线图上可以看出，在前面几个交易日之后，股价以连续阴线的形式下跌，呈一泻千里之势，并且在狂跌阶段中成交量并未出现放大迹象，说明此时盘内出局的以小单为主，如图 6-22 所示。

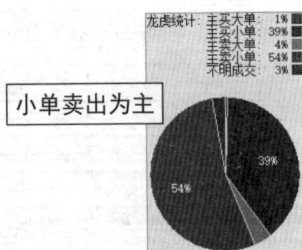

图 6-22　安纳达 2019 年 4 月 17 日至 5 月 6 日成交统计

止跌之后，股价开始震荡反弹，6 月 18 日股价跳空高开，量能放大，收出较长上影线，说明当日股价曾强势上攻，如图 6-23 所示。

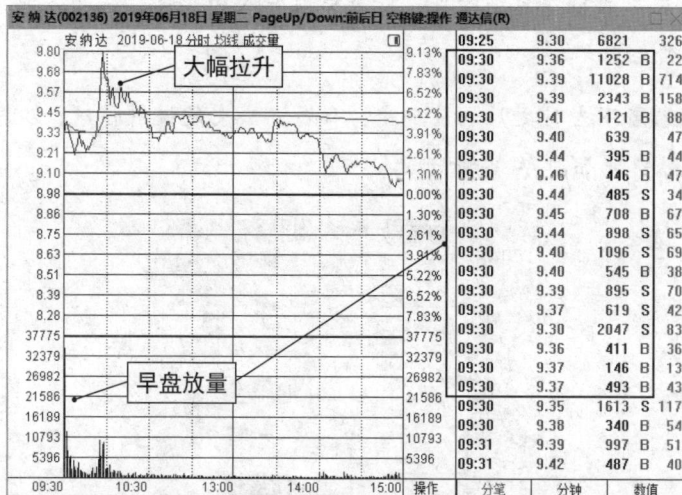

图 6-23　安纳达 2019 年 6 月 18 日分时图

由上图可知，在 2019 年 6 月 18 日，盘内在开盘时出现大量大额买单，拉动股价直线上涨，但涨势未能持续，仅一波拉升后，便稳步下滑，巧合的是，此次拉升的高位达到了前期下滑阶段的短期震荡价位。从 K 线图上可以明显看出，这一波拉升是否是庄家自导自演，只为将剩余筹码出局呢？来看下当日的成交统计情况，如图 6-24 所示。

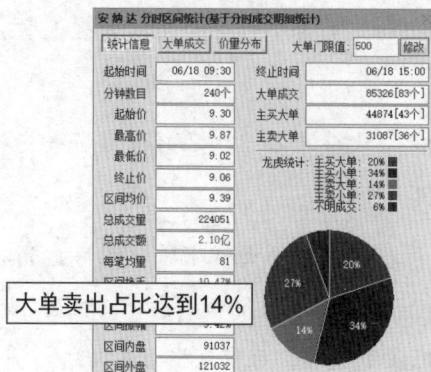

图 6-24　安纳达 2019 年 6 月 18 日成交统计

由图中可知，在 2019 年 6 月 18 日，安纳达盘内大单卖出占比达到 14%，比之前狂跌阶段的占比都高。说明当日早盘的大单介入拉升股价行为，极可能是庄家的自导自演操作，以吸引散户入局接盘，从而方便自己的筹码在较高价位出局。

接下来看下当日之后的 3 个交易日盘内成交的统计情况，观察庄家的筹码出局情况，如图 6-25 所示。

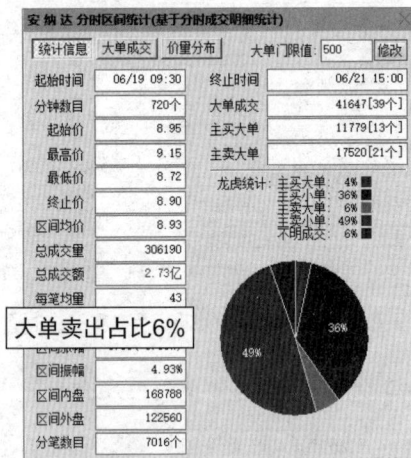

图6-25　安纳达 2019 年 6 月 19 日至 6 月 21 日成交统计

由上图可知，在 6 月 19 日至 6 月 21 日这几个交易日内，安纳达盘内的大单卖出占比已缩减为 6%，相比 6 月 19 日大大降低，可见在前一个交易日中庄家大部分筹码已经出局，剩余小部分因无接盘者而暂时搁浅出局，但是这部分占比较小。

对庄家而言，6 月 18 日大量出局后，已经保存了一定收益，此时剩余的筹码只需逐渐收尾即可。

对投资者而言，如果在前期股价大幅下滑时因考虑到其他因素而未能即时出局的，这个反弹期间就是将损失降低到最小的机会，如果此时再犹豫，则庄家出局后，股价彻底没有支撑，后市会损失更大。

6.2 如何判断庄家正在出货

庄家靠出货来实现收益，因此庄家出货行为必定隐秘进行。但是既然有量能流出，盘面必定会有迹象，下面来了解下如何从盘面和技术特征上来判断庄家正在出货。

6.2.1 盘面特征

判断庄家出货，盘面上主要是通过 K 线形态、K 线组合和成交量形态等方面来判断。

1.特殊 K 线与放量的组合

如果在股价高位出现放量，并且当日收出大阴线、长上影线 K 线，或缺口向上的十字星 K 线等，则庄家出货的概率较大。

实例

精功科技（002006）高位长影线阴线配合成交量放大

如图 6-26 所示为精功科技 2019 年 3 月至 8 月 K 线图。

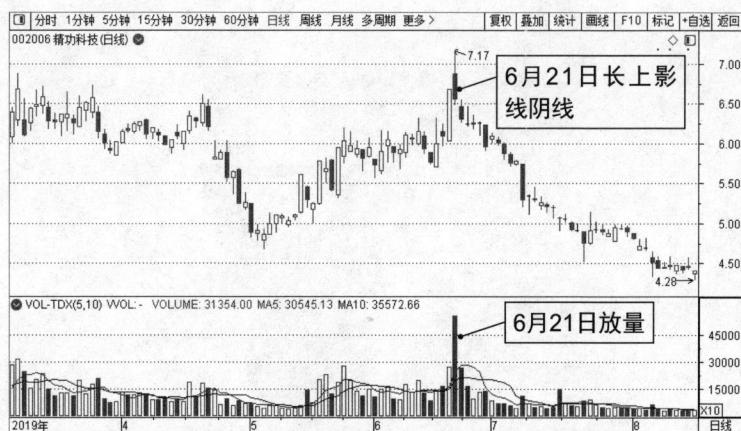

图 6-26 精功科技 2019 年 3 月至 8 月 K 线图

由图中可知，精功科技的股价在 2019 年 5 月开始了一波上涨，将股价从 4.86 元上涨至最高 7.17 元，涨幅达到 47.53%。

在 K 线图中可以明显看到，股价达到阶段性高位当日，K 线收出长上影线阴线，并且当日成交量出现放量。来看下当日的分时走势，如图 6-27 所示。

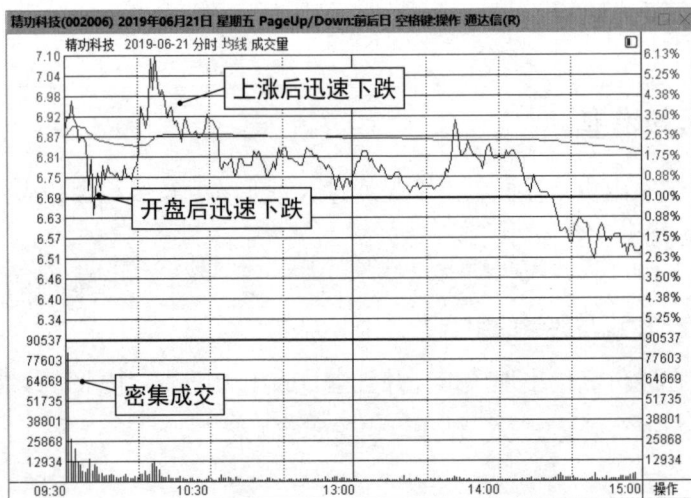

图 6-27　精功科技 2019 年 6 月 21 日分时图

由上图可知，在 2019 年 6 月 21 日，精功科技的股价开盘后有过一波下跌，并且伴随着密集成交，之后急速上扬，短时间内再次下跌，截止至收盘，股价也未能再次奋起。来看下当日的成交统计情况，如图 6-28 所示。

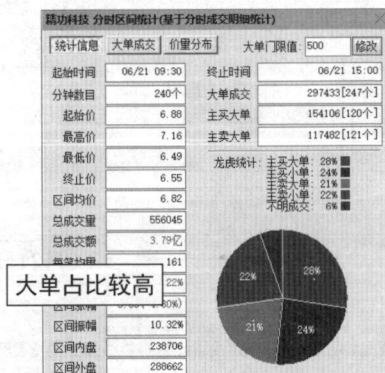

图 6-28　精功科技 2019 年 6 月 21 日成交统计

由图中可知，精功科技在交易日内的大单卖出占比为 21%，大单买入占比 28%，从分时图上可以判断此买入量为股价急速拉升时的大笔买入，之后股价继续下跌，可以判断后期仍以卖出为主。

股价运行至高位出现长上影线阴线，说明盘内股价有过上攻，但以失败告终，且伴随成交量放大，说明盘内出局者较多，结合股价在高位，此时庄家出货的概率极大，投资者为保资金安全，可跟随出局，了结既有收益。

2.K 线组合形态

在高位阶段，如果 K 线形成了如表 6-1 所示形态，则庄家目标价位达到，准备出局，股价失去支撑，见顶的概率极大。

表 6-1　高位见顶的 K 线组合形态

形态	名称	形态特征
	三只乌鸦	在上升行情中，经过连续上涨之后，在高位区接连出现三根高开低收的阴线，表明盘内卖盘强劲，是股价暴跌的前兆
	下降覆盖	股价连续上扬数天之后，突然高开低收，大阴线实体覆盖前一日的阳线实体，表明量能开始流出，大量卖盘涌出，股价即将大跌
	五连阴	在高价位区连续出现五条阴线，同时伴有成交量萎缩，说明抛盘增多，庄家退出，其余散户无力推高股价，后市下跌概率极大
	高位顺延	在上升高位，股价见顶回落，出现两根顺延下跌的阴线后又拉出一根大阳线，且包含了前面两根阴线。这根阳线便是主力拉高出货的"骗线"，散户应当尽快抛出持有的股票
	双顶	又称"双重顶"或"M"头，常见的见顶形态之一，由两个较为相近的高点构成，在连续上升过程中，当股价上涨至某一价格水平，成交量显著放大，股价开始掉头回落；下跌至某一位置时，股价再度反弹上行，但成交量较第一高峰时略有收缩，反弹至前高附近之后再第二次下跌，并跌破第一次回落的低点，寓意股价见顶的氛围极浓

续上表

形态	名称	形态特征
	头肩顶	常见的见顶形态之一，股价从左肩处开始上涨至一定高度后跌回原位，然后重新上涨超过左肩的高度形成头部后再度下跌回原位；经过整理后开始第三次上涨，当涨幅达到左肩高度形成右肩后开始第三次下跌，这次下跌的杀伤力很大，很快将跌穿整个形态的底部
	圆弧顶	圆弧顶形态比较少见，代表平缓的、逐渐的变化。在圆弧顶形态中股价呈弧形上升，虽然顶部不断升高，但每一个高点微升后即回落，先是出现新高点，尔后回升点略低于前点，如果把短期高点相连接，就可形成一个圆弧状，同时在成交量方面也会成圆弧状，一般认为是下跌信号
	倒V形顶	又称尖顶，股价先是经过一段快速上涨行情，上涨到一定高度后掉头向下，又开始了一段快速下跌行情，从而形成了一个形状像倒置的英文字母V的顶部走势，一般在几个交易日内形成，股价反转意味较浓
	三重顶	又称三尊头，股价在上涨过程中，连续三次在同一个价位附近遇阻回落，形成了三个高点，即连续3次的冲高回落，寓意股价继续上拉压力较大，庄家借此出局可能性较高

以上内容为较常见的股价高位见顶信号，即在高位因庄家开始出局等原因，盘内失去资金支撑而易形成的形态，下面来分别介绍一个K线组合与见顶形态的案例。

实例

银轮股份（002126）K线形成高位顺延组合

如图6-29所示为银轮股份2019年11月至2020年2月K线图。

由图中可知，银轮股份的股价在2019年11月底开始上涨，到2020年2月21日创出12.68元的最高价，至此，短短两个多月的时间，行情已出现

87% 的涨幅。

在创出 12.68 元的最高价当天，该股以 1.59% 的涨幅收出带长上下影线的阴线，次日股价更是跳空低开以 5.36% 的跌幅阴线报收，但是在第三个交易日，该股跳空低开后以涨停板收出大阳线重新拉高股价，将前两个交易日的阴线全部包含，形成了明显的高位顺延组合。

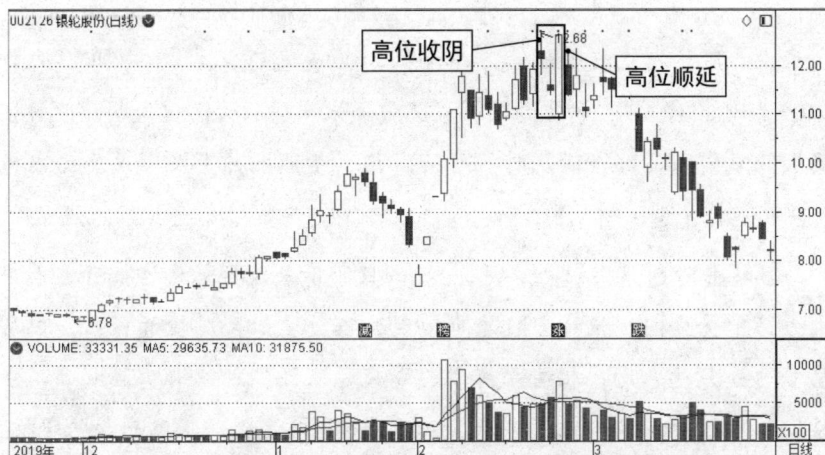

图 6-29 银轮股份 2019 年 11 月至 2020 年 2 月 K 线图

下面来看下形成高位顺延组合这 3 个交易日的连续分时走势，如图 6-30 所示。

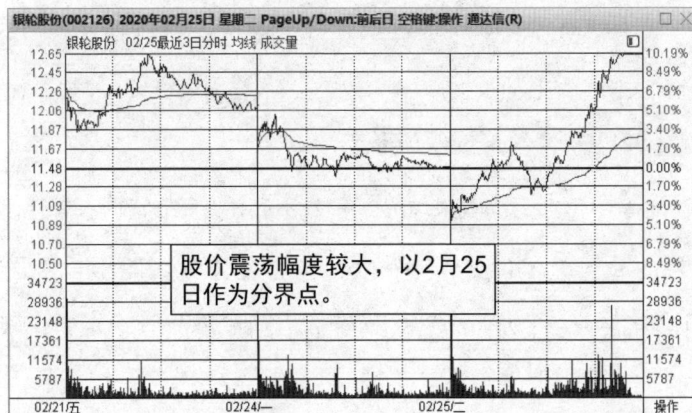

图 6-30 银轮股份 2020 年 2 月 21 日至 2 月 25 日分时图

由上图可知，银轮股份的股价在 2 月 21 日至 25 日的盘内，振幅较大，以 2 月 25 日作为分界点，之前股价整体为大幅下滑，之后的股价大幅拉升，盘内的相对密集成交区出现在 2 月 25 日的大幅拉升阶段，且当日最后以涨停板收盘。

仅从这几日的分时盘面看，股价后市看好，但再次结合 K 线图，我们发现，在 2020 年 2 月初后，该股被快速拉升到高价位区域，但是在这轮拉升过程中，股价与成交量形成了典型的价升量缩的背离形态，即使在 2 月 21 日当天创出 12.68 元的最高价，成交量仍未出现放大。这说明该股目前的情况未能吸引到足够多的场外投资者入内，量能明显不足，仅靠场内持筹者支撑。

而且从分时图来看，在 2 月 25 日当日股价是放巨量跳空低开，也说明了主力的出货意图，虽然当日后市出现连续放量拉高股价的行情，但从当日整体的成交量来看，相对于前期的成交量来说，也没有明显放大，庄家此时拉升，只为引诱其他投资者入场接盘，否则自己无法顺利出局兑现收益。

对投资者而言，如果在高位出现顺延组合，且量价关系呈现价升量缩的背离状态，为保资金安全，一定要先行出局，以保存既有收益。

若后市走势有变动，也可再行筹划，切不可抱着庄家正在拉升后市持续看好的心态，从而将自己置于被动地位。

实例

紫鑫药业（002118）K 线形成双顶形态

如图 6-31 所示为紫鑫药业 2019 年 2 月至 6 月 K 线图。

由图中可知，紫鑫药业的股价 2019 年 2 月开始从低位上涨，并在 4 月 10 日创出阶段性高位 16.05 元，之后股价小幅回落后再次上扬，创出 16.56 元的新高后，便再次回落。

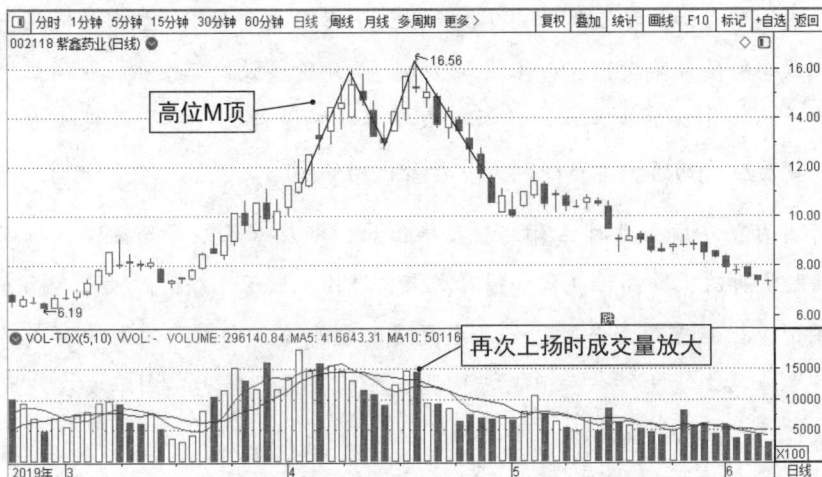

图 6-31 紫鑫药业 2019 年 2 月至 6 月 K 线图

两次阶段性高位的价位相差不大，且之后都有明显回落，形成双重顶形态。成交量方面，在股价第二次上扬时，成交量出现放大。

在双重顶的右顶股价下滑时，可以看到 K 线出现了连续的跳空阴线式下跌，表明盘内恐慌出局的投资者较多。整体来看该形态，发现左顶时量能明显大于右顶，表明前期上涨途中便有不少投资者选择出局，来看下左顶形成过程中连续 2 日的成交统计情况，如图 6-32 所示。

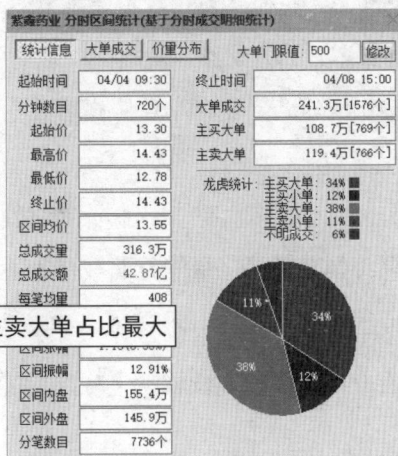

图 6-32 紫鑫药业 2019 年 4 月 4 日至 4 月 8 日成交统计

由图中可知，在 2019 年 4 月 4 日至 4 月 8 日这两日中，盘内的成交中，占比最高的是大单卖出，占比达到 38%，而此阶段股价正处在上涨高位，此时便出现大占比的大单卖出，至少表明盘内的量能已经有大规模流出的现象，之后股价回落，也是受到大量资金出局的影响。

因为在左顶上升时已有大量大单出局，即庄家已经开始抛售，所以之后的股价再次上冲高位也犹如强弩之末，很快就回落下跌。对投资者而言，在股价走出双重顶形态时，如果成交量配合形态，即第一次上冲时成交量明显大于第二次上冲，并且此期间内大单卖出占比较大，则不要在此股上多做留恋，需尽早离场。

6.2.2 技术特征方面

在技术特征方面，如果股价位于高位时出现以下情形，则庄家借机出货的概率较大，投资者需要提高警惕。

- ◆ 经常有大笔买单挂出，有人跟进又迅速撤单。
- ◆ 高位巨量大阴线配合出现向下的跳空缺口，分时成交经常出现无量空涨或跌时放量的现象。
- ◆ 股价大幅上下震荡，在高位时出现股价疲软，上攻乏力。
- ◆ 重要支撑位被击穿，无人护盘。
- ◆ 基本面和技术面都向好，股价却只见放量而不见上涨。
- ◆ 多有利好消息。

当股价处于高位，虽然无法准确地给出涨幅，但是股价每一次突破新高，投资者都需要提高警惕，如果盘面、量能方面或基本面上，出现任何异常，都要谨慎行事，切不可盲目自信或过于乐观。

下面来介绍一个股价在高位出现疲软，上攻乏力的案例。

实例

ST 天宝（002220）K 线形成双顶形态

如图 6-33 所示为 ST 天宝 2019 年 2 月至 7 月 K 线图。

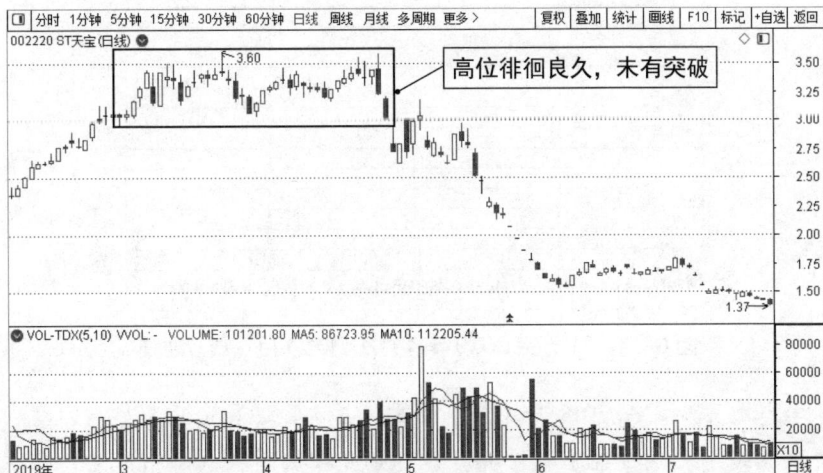

图 6-33　ST 天宝 2019 年 2 月至 7 月 K 线图

由上图可知，ST 天宝的股价在 2019 年 2 月处于上涨走势中，到 3 月上旬股价已经涨到了 3.25 元附近，之后股价在这个价位附近徘徊近 2 个月。

观察整个横盘阶段，股价最高为 3 月 22 日的 3.60 元，当日收出长上影线十字星 K 线，表明盘内上攻失败，未能站稳，也说明后续量能未跟上。在之后的走势中，股价一直横盘，未能有新的突破，整个走势呈现上攻无力的形态。

观察成交量我们发现，在高位横盘阶段，成交量处于缩量状态，类似于前面内容中介绍的中期调整形态的成交量表现，我们来任意挑选其中 4 个连续交易日，来分别观察其盘内走势与成交统计情况。

如图 6-34 所示为 ST 天宝 2019 年 4 月 1 日至 4 月 4 日分时图。

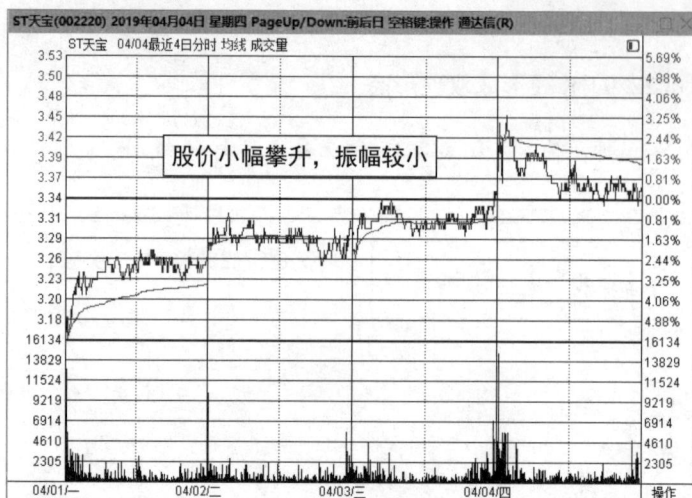

图 6-34　ST 天宝 2019 年 4 月 1 日至 4 月 4 日分时图

由上图可知，在 2019 年 4 月 1 日至 4 月 4 日这几个交易日内，盘内的股价振幅较小，几日来小幅攀升，成交量几乎只在开盘时出现密集成交，其余时间均成交冷淡。

来看一下这几日的盘内成交统计情况，如图 6-35 所示。

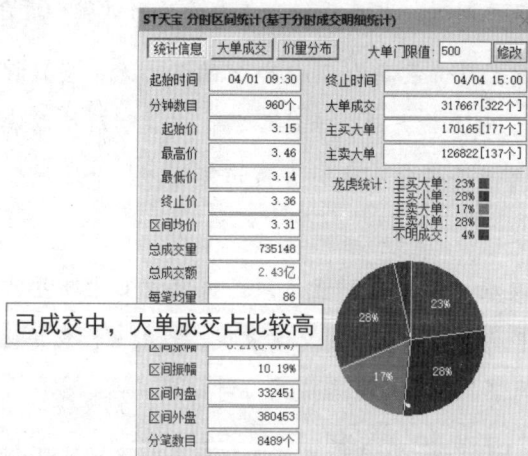

图 6-35　ST 天宝 2019 年 4 月 1 日至 4 月 4 日盘内成交统计

由上图可知，在股价盘内小幅震荡的阶段，成交上出现了大单占比较高的情况，大单买入占比 23%，大单卖出占比 17%，虽然此时股价并未出现较大幅度的波动，但是有占比较大的大单成交，也属于异常情况。

即便将此看成是上涨中期的调整走势，到了后期出现大占比的大单成交也是异常现象。

4 月 26 日，股价跌破前期横盘最低价 3.03 元，当日盘内最低价 3.00 元，并且当日为跳空低开低走的阴线，来看下当日的分时走势图，了解股价是何时跌破 3.03 元的横盘阶段最低价的，如图 6-36 所示。

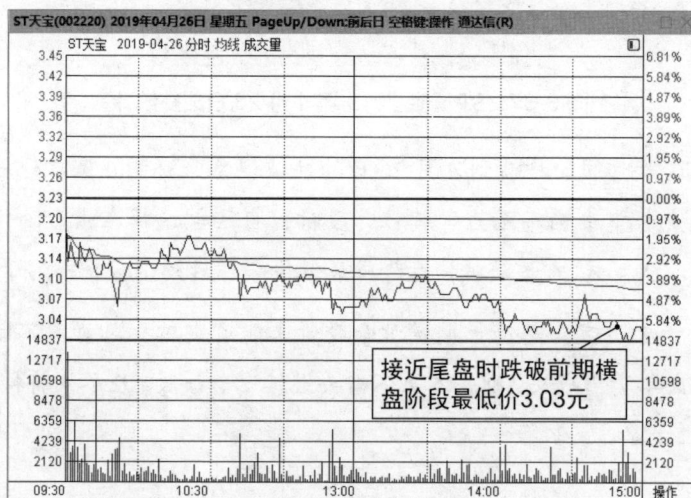

图 6-36　ST 天宝 2019 年 4 月 26 日分时图

由图中可知，ST 天宝的股价在当日一直处于震荡下跌的走势，鲜有大幅的反弹，并且在靠近尾盘的时间点，股价跌破了前期横盘低价 3.03 元，创出阶段新低 3.00 元，尾盘时也未能出现明显拉升。

结合成交量情况来综合分析下当日情况，如图 6-37 所示为 ST 天宝 2019 年 4 月 26 日成交统计。

由图中可知，ST 天宝盘内在 4 月 26 日出现了 26% 的大单卖出成交，表明此时庄家在继续抛盘，盘内量能持续流出，才未能守住 3.03 元的价位。

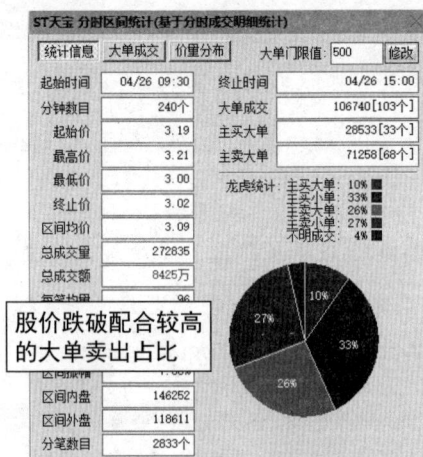

图 6-37　ST 天宝 2019 年 4 月 26 日成交统计

　　观察这段时间的横盘到 4 月 26 日的跌破现象，说明庄家在这段较长时间的横盘走势中，确实无力继续拉升股价，自己也选择在横盘阶段将部分持筹抛出。从 4 月 26 日跌破横盘阶段最低价起，后续走势将一泻千里。

　　对投资者而言，高位长期横盘而股价未能有突破，且盘内不断出现较高占比的大单卖出成交，则基本上不需要继续守着该股，应尽快将持筹变现，转战他股。

第7章

避开雷区，
庄家常用的骗术总结

　　现在很多投资者都擅长利用技术形态来预判股价走势，但庄家的操作对股价的未来走势会产生较大影响。在股价运行趋势中，庄家会利用自己的资金优势对投资者进行操作上的引导，当然，这些引导对投资者而言不一定都是正面的，某些时候，庄家为了达到自己的目的，会用一些骗术。这章内容，我们来了解一下庄家常用的骗术。

7.1　K线技术分析骗术

K线作为最直观的技术分析工具，庄家自然不会放过对它的利用，来看庄家会如何利用K线技术完成自己的骗术。

7.1.1　上吊线骗术

上吊线是下影线较长，实体部分较短，下影线长度在K线实体的两倍以上的一种特殊K线，基本形态如图7-1所示。

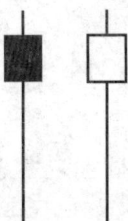

图7-1　上吊线基本形态

因上吊线的形态特殊，要形成上吊线，当天的价格一定在低于开盘价的位置持续下探，之后强势反弹，使收盘价几乎是在最高价的位置，从而产生出下影线。

因此上吊线在盘内多会形成趋势明显的"V"形，投资者会认为盘内股价似有反转之意，但是前一日的长下影线也显示了盘内疯狂的抛盘形态。一旦市场遭到打压或者主力资金出局就会不堪一击，迅速引发市场的向下突破，如果该K线形态在高位出现，投资者一定要警惕。

实例

伟星股份（002003）高位出现两次上吊线

如图7-2所示为伟星股份2019年2月至6月K线图。

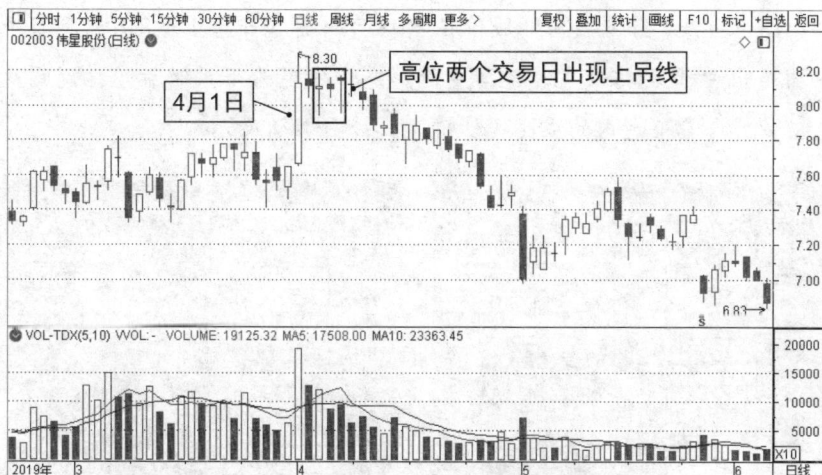

图 7-2　伟星股份 2019 年 2 月至 6 月 K 线图

由上图可知，伟星股份的股价前期处于震荡上涨走势中，进入 4 月后，股价在 4 月 1 日收出大阳线，突破前期价位，创出阶段性新高 8.30 元，之后股价开始在 8.10 元附近小幅震荡横盘。

观察 K 线图时，可以发现，在高位横盘阶段，4 月 3 日和 4 月 8 日这两个交易日形成了上吊线，来看下这两日的分时图情况，如图 7-3 所示。

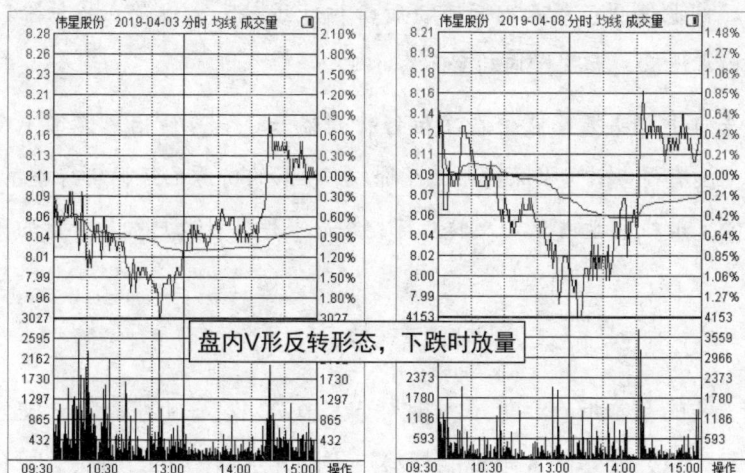

图 7-3　伟星股份 2019 年 4 月 3 日和 4 月 8 日分时图

由图中可知，伟星股份的股价在 2019 年 4 月 3 日与 4 月 8 日这两日中，盘内均走出 V 形反转形态。观察量价形态，发现为下跌时放量，说明盘内抛盘较多，来看下盘内的成交统计情况，如图 7-4 所示。

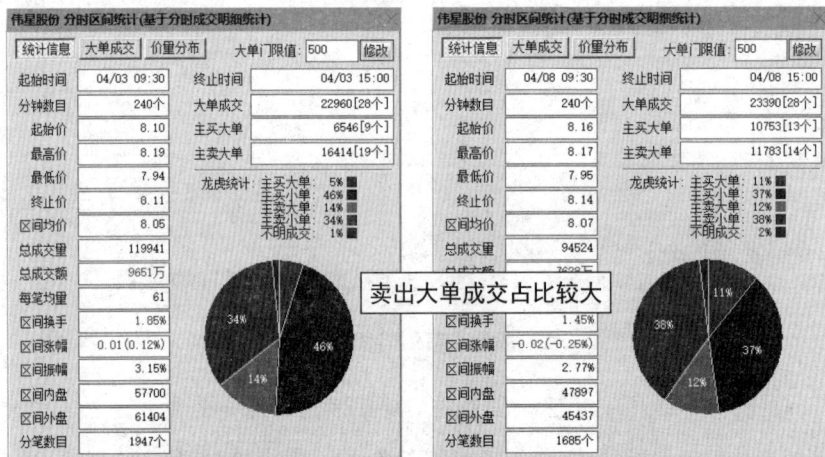

图 7-4　伟星股份 2019 年 4 月 3 日和 4 月 8 日成交统计

观察这两日成交统计，发现盘内在这两日的大单卖出成交占比较大，尤其是 4 月 3 日，占比达到了 14%，远高于大单买入占比的 5%。

此现象也说明虽然盘内后市将股价拉升了起来，但是在高位阶段已出现大单抛盘现象，表明盘内局势不容乐观。

从后市走势来看，股价在高位短暂的横盘之后，便出现连续下跌，并且成交量没有持续放大，说明在横盘阶段，庄家的持筹已经抛售得差不多了，而形成的上吊线的盘内 V 形反转走势，仅是一种吸引散户入局接盘的骗术。

7.1.2　锤子线骗术

锤子线的基本形态与上吊线相同，上吊线出现在上涨高位，锤子线出现在下跌低位，仅是因为出现的趋势点不同才会有不同的叫法，因有一锤定音的含义，所以被称为锤子线。

锤子线是常见的买入信号，很多投资者都会根据这个信号进场买入股票。当然，庄家也知道这个原理，于是常常故意制造虚假的锤子线来引诱散户上当。

实例

中工国际（002051）下跌途中出现锤子线

如图 7-5 所示为中工国际 2019 年 8 月至 11 月 K 线图。

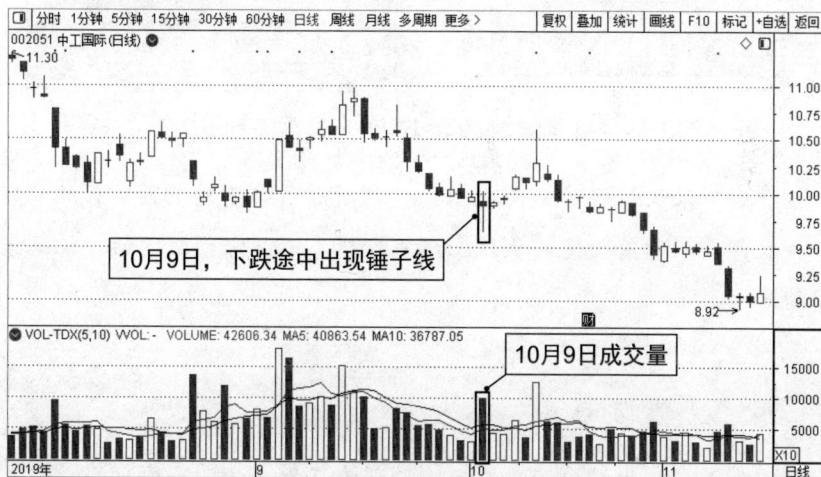

图 7-5　中工国际 2019 年 8 月至 11 月 K 线图

由上图可知，中工国际的股价在前期处于下跌趋势，8 月中旬出现一波反弹，股价小幅回升，之后便继续下降。

10 月 9 日，股价盘内走出长下影线 K 线，显示盘内走出了 V 形反转形态，并且当日成交量相比近几日略有放大，那么 10 月 9 日会是止跌反升日吗？来看下当日的分时图与盘内成交统计，如图 7-6 所示。

由图中可知，中工国际的股价在 2019 年 10 月 9 日盘内出现大幅下跌，并且下跌时出现成交量放量，并且从成交统计中可以看到，盘内卖出依然为大方向，其中大单卖出占比 18%，小单卖出占比 43%，量能持续流出，后市继续看跌。

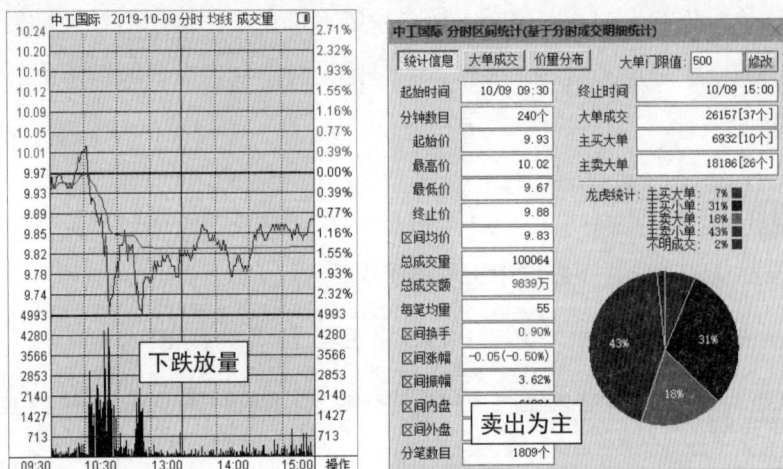

图 7-6　中工国际 2019 年 10 月 9 日分时图和成交统计

投资者如果仅依照 K 线形态来看，此时股价为下跌低位，并且前期有过小幅反弹，此时有一定的止跌上涨可能性。以此来判断的话，就正中了庄家的下怀。

7.1.3　看涨吞没骗术

看涨吞没是一种 K 线组合形态，是指在下跌低位时，出现后一日的阳线完全将前一日的阴线实体包裹住，如图 7-7 所示为看涨吞没的基本形态。

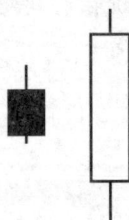

图 7-7　看涨吞没基本形态

很多人认为，看涨吞没是比较准确的买入信号。因为第二天的实体很大，已经远远超过了前一日的阴线实体。

但是也要承认，因为庄家具有很强的控盘能力，所以如果庄家利用大量持筹来制造一个虚假的上涨交易日是很容易的。

实例

七匹狼（002029）下跌途中出现看涨吞没组合

如图 7-8 所示为七匹狼 2019 年 4 月至 8 月 K 线图。

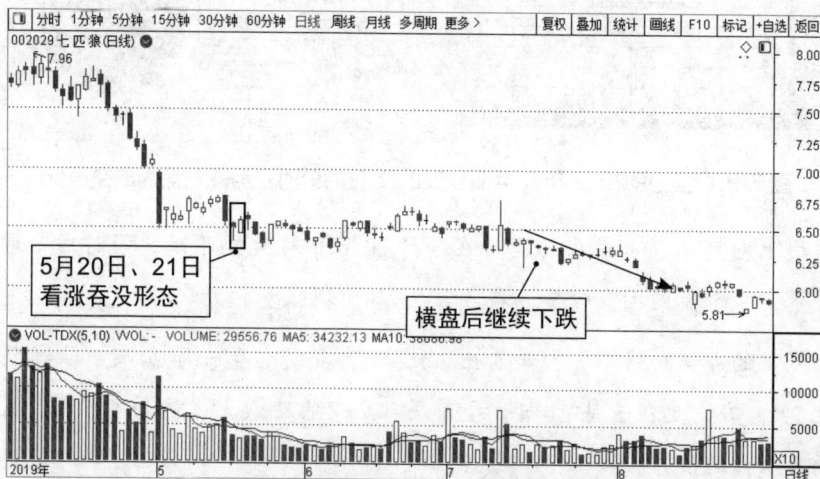

图 7-8　七匹狼 2019 年 4 月至 8 月 K 线图

由上图可知，七匹狼的股价在 4 月下旬出现一波大幅度的下跌行情，进入 5 月后，股价止跌，并在 5 月 20 日至 21 日走出了看涨吞没组合形态。

在股价止跌之后的横盘走势中出现看涨吞没的组合形态，是否说明盘内的局势开始出现反转了呢？要确认此情况，不能仅从 K 线形态出发，下面分别看下该组合形态的盘内走势。

如图 7-9 所示为七匹狼 2019 年 5 月 20 日至 5 月 21 日的分时走势图与盘内成交统计。

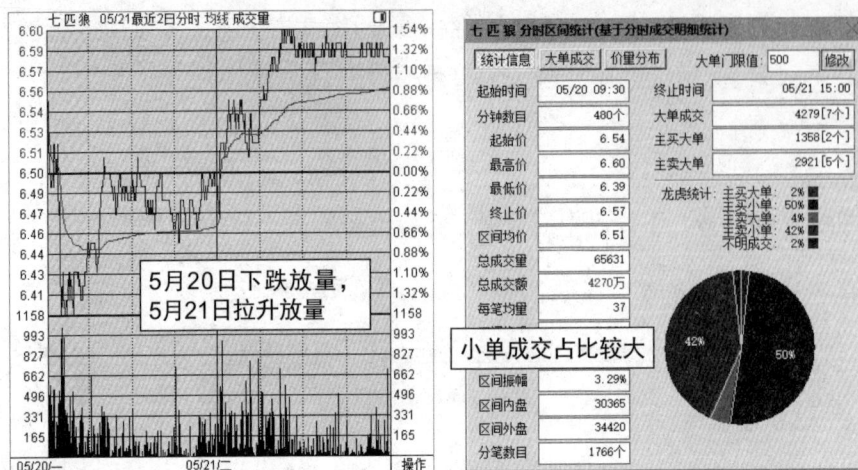

图 7-9 七匹狼 2019 年 5 月 20 日和 21 日的分时走势图与盘内成交统计

　　由上图可知，七匹狼的股价在 5 月 20 日出现大幅下跌，同时成交量出现放量，显示盘内抛盘较多，在 5 月 21 日出现放量拉升。

　　两日的成交统计中，大单卖出占比 4%，多发生在 5 月 20 日，大单买入占比 2%，多发生在 5 月 21 日，小单买入成交占比最大，达到了 50%，显示这两日入盘的散户较多。

　　如果仅从 K 线上来看，看涨吞没确实是利好现象，但是从这两日的成交上看，可以看出入盘的大多为散户，说明此时股价尚未止跌反转，并且从之后的 K 线走势来看，股价经过较长时间的横盘后，继续了前期的下跌走势。

知识点拨 *看跌吞没骗术*

　　看跌吞没的形态与看涨吞没形态相反，为后一日的阴线实体完全将前一日的阳线实体包裹住，一般认为是看跌信号。但是在上涨途中的调整阶段也易出现此信号，为庄家为了洗盘引诱散户出局的一种骗术组合。

7.1.4　乌云盖顶骗术

乌云盖顶组合又称乌云线组合，是常见的顶部反转形态，由两根 K 线组成，前一根为阳线，第二天为一根跳空高开的阴线，且盘内持续走低，收盘价低于前一日阳线的收盘价，如图 7-10 所示为乌云盖顶的基本形态。

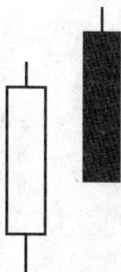

图 7-10　乌云盖顶组合

乌云盖顶形态出现后，投资者可能会认为市场的顶部已经出现。因为股价在高开后，大幅走低，但是庄家就是利用散户这种心理来进行洗盘的。

实例

华邦健康（002004）上涨途中出现乌云盖顶组合

如图 7-11 所示为华邦健康 2019 年 1 月至 5 月 K 线图。

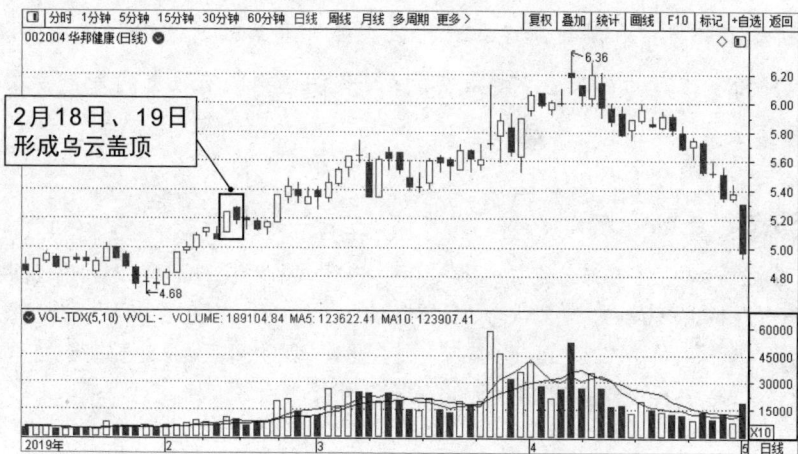

图 7-11　华邦健康 2019 年 1 月至 5 月 K 线图

由图中可知，华邦健康的股价在 2019 年 2 月进入上涨走势中，在连续上涨几个交易日后的 2 月 8 日和 2 月 9 日，运行的 K 线形成的乌云盖顶组合，并且该组合形成之后，股价在后面的两三个交易日出现了滞涨的形态，如果仅从 K 线图上看，此时似乎是反转下跌的信号。

为了确认此时是否如 K 线图所预示的一样，我们来看下这两日的分时走势图与盘内成交情况，如图 7-12 所示。

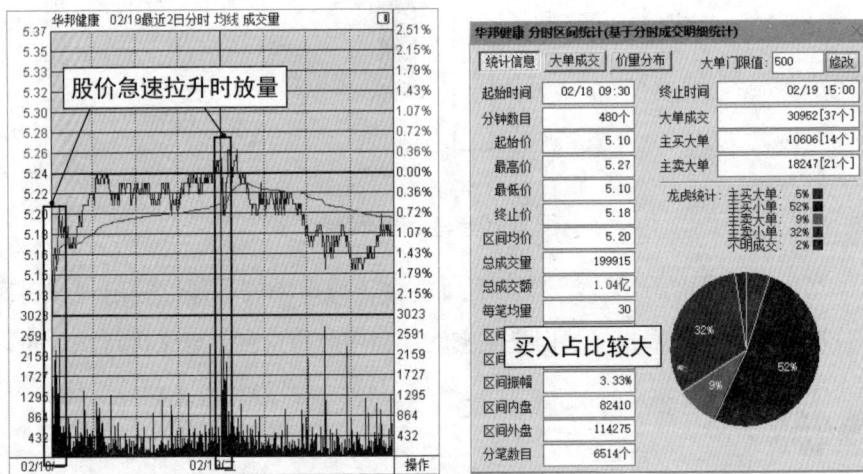

图 7-12　华邦健康 2019 年 2 月 8 日和 2 月 9 日分时图与成交统计

由上图可知，在 2019 年 2 月 8 日和 9 日的分时图上，可以明显看出盘内的放量主要集中在股价急速拉升阶段，即开盘后短时间内。从成交统计中也可看出，此时的买入为主要成交方向，说明盘内仍有较大的资金量入场，且后市看好。

知识点拨　*看涨刺入骗术*

看涨刺入的形态与乌云盖顶的形态相反，为后一日跳空低开的阳线将收盘价刺入前一日阴线的实体内，一般认为是反转上涨的信号。但是庄家也会利用其进行试盘行为，试探股价下跌是否已到了底部，是否还有下跌空间，如果自己进行一定的打压，是否会有投资者跟随抛出，因此真正的上涨行情还未开始。

7.1.5 启明星骗术

启明星组合是一种较常见的底部反转形态，预示着价格的上涨，其形态特征是前面有一根长长的阴线，随后出现了一个向下跳空的星线（阴线阳线均可），接着出现一根长长的阳线，它明显向上推进第一根阴线实体之内，基本形态如图 7-13 所示。

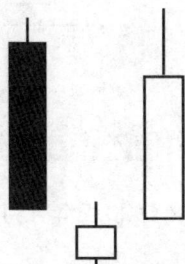

图 7-13 启明星基本形态

启明星是常见的一个买入信号，庄家利用这个形态所蕴含的含义，在需要的时候故意制造这个形态来进行试盘，目的是测试下方的承接能力，看看是否可以开启拉升，如果此时没有足够的投资者跟随入场，则庄家会继续等待时机。

实例

世荣兆业（002016）下跌过程中出现启明星组合形态

如图 7-14 所示为世荣兆业 2019 年 4 月至 8 月 K 线图。

由图中可知，世荣兆业的股价在 2019 年 4 月下旬处于下跌状态，进入 5 月之后，股价止跌，并在 5 月 23 日至 27 日这 3 个交易形成启明星组合形态。启明星形态有低位反转上涨的寓意，在下跌之后出现该形态是否是真的上涨信号呢？

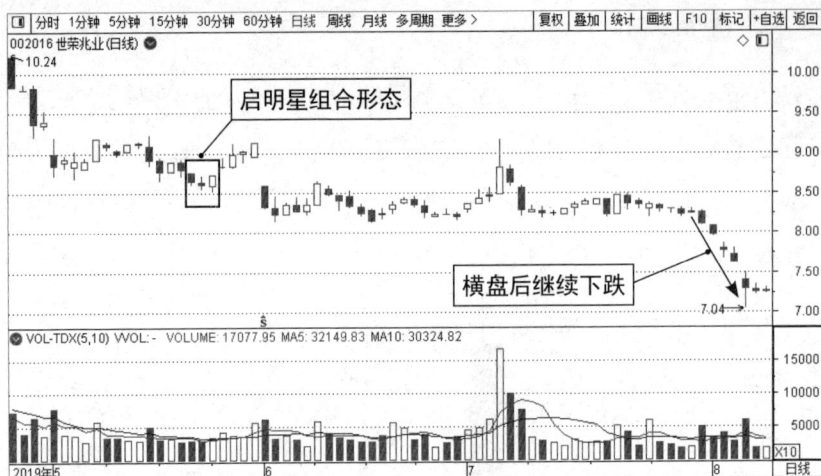

图 7-14　世荣兆业 2019 年 4 月至 8 月 K 线图

为了判断此信号的真假，我们来看下这 3 个交易日的分时走势情况，如图 7-15 所示为世荣兆业 2019 年 5 月 23 日至 27 日的分时图。

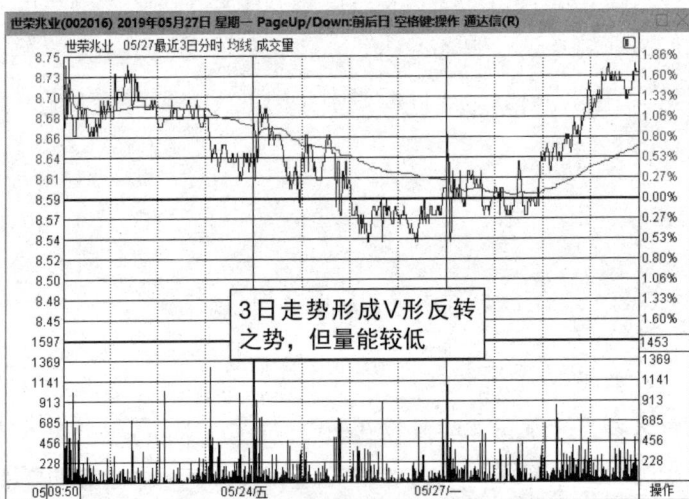

图 7-15　世荣兆业 2019 年 5 月 23 日至 27 日分时图

由图中可知，世荣兆业的股价在 2019 年 5 月 23 日至 27 日这 3 个交易日内形成了 V 形反转走势，但是从成交量上面可以看出，股价上涨时并没有相应的成交量配合，量能不足。

再来看下这几日的盘内成交统计，如图 7-16 所示为世荣兆业 2019 年 5 月 23 日至 27 日成交统计。

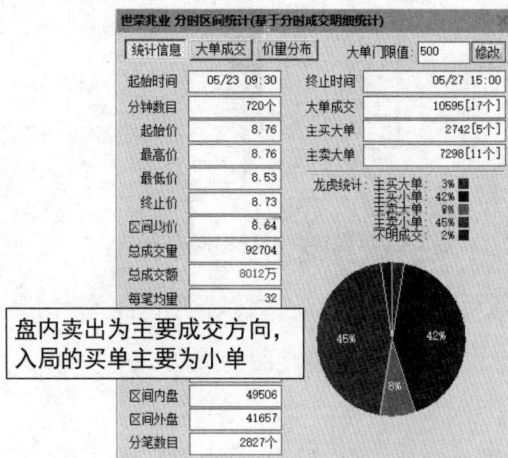

图 7-16　世荣兆业 2019 年 5 月 23 日至 27 日成交统计

由上图可知，世荣兆业在 2019 年 5 月 23 日至 27 日这 3 个交易日的成交量中，依旧以卖出为主要成交方向，且大单卖出占比 8%，而相对应的买入方向总占比 45%，其中大单买入占比 3%，入场的购买力明显不足以支撑股价后市反转上涨。

如果投资者仅从 K 线图上形成启明星组合形态，便认为股价后市会止跌上涨，而选择入局，并不从量能等方面综合分析的话，很容易被庄家诱骗入局。庄家通过此次试盘，也明确了股价此时并非底部，也并非吸筹拉升的时机，会选择继续等待。

7.1.6　黄昏之星骗术

黄昏之星又称"暮星"，是启明星的相反形态，是较强烈的上升趋势中出现的反转信号，第一天股价继续上升，拉出一根阳线，第二天波动较小，股价跳空高升形成一根小阳线或小阴线，构成黄昏之星的主体部分，第三天形成一根阴线，阴线实体延伸至第一天阳线实体内，如图 7-17 所示为黄昏之星的基本形态。

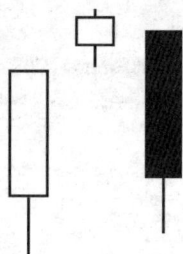

图 7-17　黄昏之星基本形态

　　庄家在拉升时的震仓阶段时常会制造黄昏之星形态，因为投资者根据
K 线理论常常会认为市场已经到达顶部而纷纷离场，庄家的目的也就因此达
到了。

实例

好利来（002729）上涨过程中出现黄昏之星组合形态

　　如图 7-18 所示为好利来 2018 年 10 月至 2019 年 4 月 K 线图。

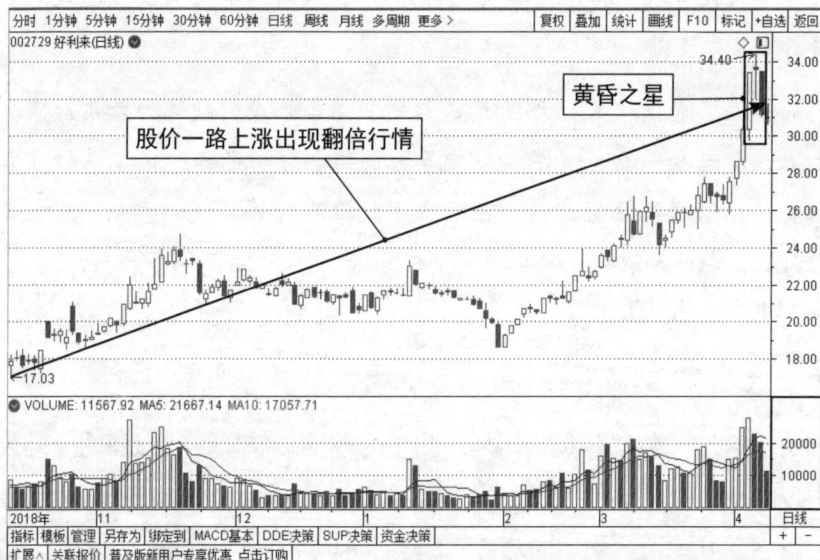

图 7-18　好利来 2018 年 10 月至 2019 年 4 月 K 线图

由上图可知，好利来的股价在这段时间一直呈现上涨走势，在 2019 年 4 月 3 日、4 日和 8 日这 3 个交易日的 K 线形成黄昏之星组合形态，并且在 4 月 4 日创出阶段性新高 34.40 元，股价从 17.03 元上涨到 34.40 元，出现翻倍上涨行情。

由于黄昏之星为常见的见顶信号，那么此时的股价是否已经见顶呢？为确定该疑问，来看下这 3 个交易日的分时走势。

如图 7-19 所示为好利来 2019 年 4 月 3 日、4 日和 8 日的分时图。

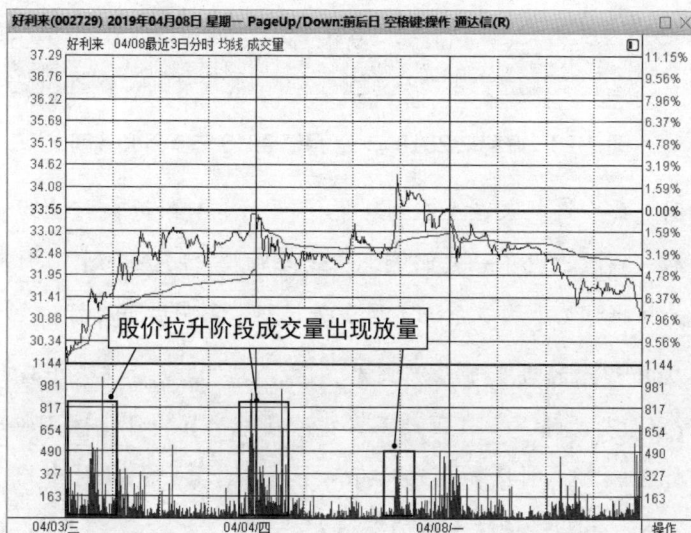

图 7-19　好利来 2019 年 4 月 3 日、4 日和 8 日的分时图

由上图可知，好利来的股价在 2019 年 4 月 3 日、4 日和 8 日的盘内走势为先拉升后下降，观察其量价形态，发现在 4 月 3 日和 4 月 4 日在早盘和尾盘拉升时，成交量出现放大，为放量上涨。

而其他股价下跌期间，成交量并无明显的密集成交出现，即这 3 日虽然 K 线形态形成了黄昏之星，为看跌信号，但是从盘内走势来看，似乎盘内的拉升动能比较强。

下面再来结合其他技术来进行进一步的判断，如图 7-20 所示。

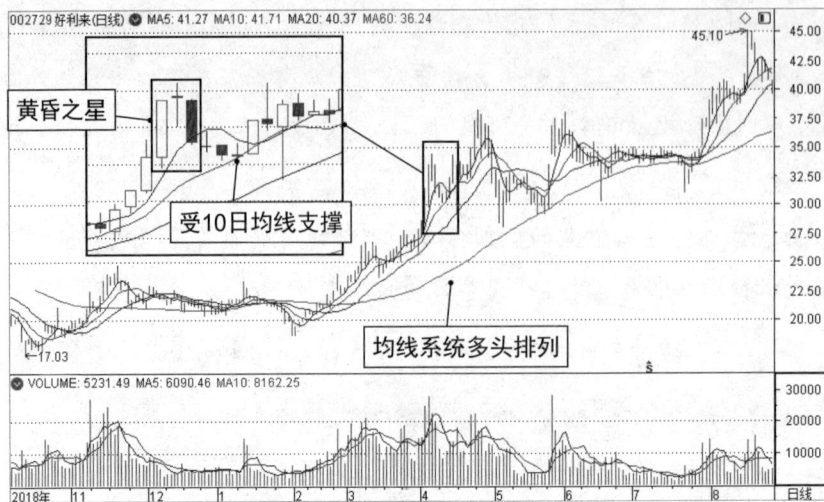

图 7-20 好利来 2018 年 12 月至 2019 年 9 月 K 线图

由上图可知，好利来在上涨到 2019 年 4 月 8 日附近 K 线出现黄昏之星组合形态后，该股出现了一波回调，但是此时股价明显受到 10 日均线的支撑止跌，并且此时整个均线系统呈现多头排列，表明后市看好。

而且从 K 线图的成交量情况来看，这 3 日的成交量并未出现放大（在图 7-18 可以看得更清楚），因此基本排除庄家出货的可能性，即此时庄家洗盘的可能性较大，则投资者此时有两个选择，第一：此时出局，待调整结束再行介入；第二：持股等待调整结束。

7.1.7 流星线骗术

流星线也被称为射击之星，射击之星可以是阴线或阳线，但实体比较短小，上影线较长，主要出现在某只个股的顶部，是一种十分明显的见顶信号。

这一形态的形成是开盘价比较低，庄家组织力量向上攻，一度急升，但尾市卖压加强，收市价又回落至开盘价附近。射击之星因为光芒短暂又被称为"流星"，如图 7-21 所示为流星线的基本形态。

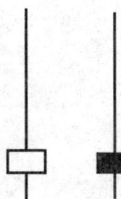

图 7-21　流星线的基本形态

　　流星线是庄家洗盘时最常采取的手段。因为在股价的高位出现一根较长的上影线 K 线会让大多数投资者都认为上方的压力不小，其实这都是庄家故意砸盘造成的。

实例

宁波华翔（002048）上涨过程中出现流星线

　　如图 7-22 所示为宁波华翔 2019 年 11 月至 2020 年 2 月 K 线图。

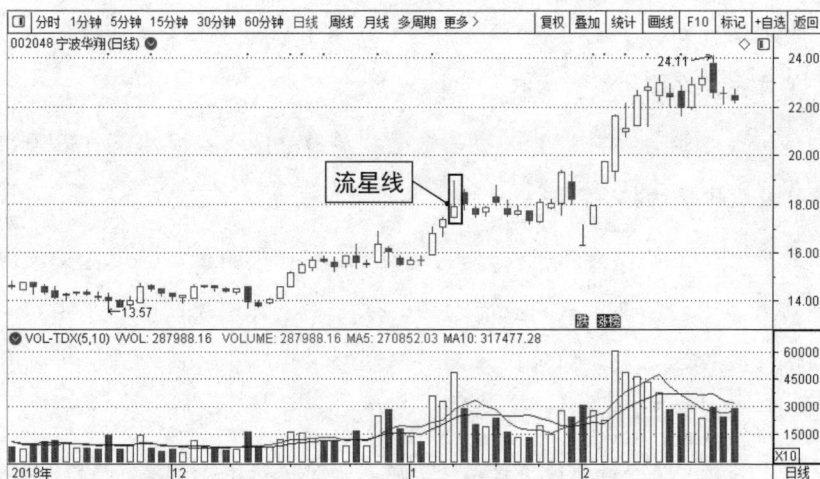

图 7-22　宁波华翔 2019 年 11 月至 2020 年 2 月 K 线图

　　由上图可知，宁波华翔的股价从 2019 年 12 月中旬开始上涨，上涨至 2020 年 1 月上旬，1 月 8 日，形成流星线，上影线明显，显示盘内有过上冲，但是最终回落，K 线上看为上冲无力，是否此时股价已到顶部呢？

来看当日的盘内走势，如图 7-23 所示为宁波华翔 2020 年 1 月 8 日分时图与成交统计。

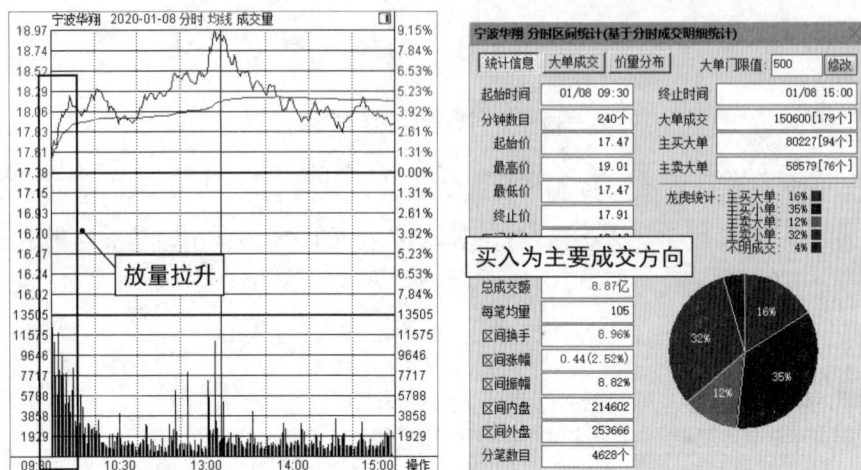

图 7-23　宁波华翔 2020 年 1 月 8 日分时图与成交统计

由上图可知，宁波华翔的股价在 2020 年 1 月 8 日上午盘持续走高，进入下午盘后，股价开始回落。

观察成交量方面，密集成交区发生在早盘阶段，分时图上可以看出，放量阶段股价快速拉升，形成量增价涨的量价关系。

成交统计上可以看出，在盘内虽然上方有一定的抛压，但是买入仍为主要的成交方向，表示盘内虽有卖压，但是买气仍比较旺盛，并非如流星线预示的股价已见顶，但是因为大单抛盘的占比不小，所以股价短时间内会迎来一波调整下跌。

综上分析，这阶段出现流星线，是庄家为了进行休养调整，而故意砸盘，使盘面出现具有看空意义的 K 线，目的是使大多数投资者认为上方的压力不小而选择出局，庄家也能借此完成洗盘。

7.2　技术指标骗术解析

在技术分析中，技术指标是所有投资者都无法避开的分析工具，比较常见的，如均线（MA）、异同移动平均线（MACD）和随机指标（KDJ）等，一些证券分析师也偏爱使用技术指标，庄家自然也会利用些技术指标的缺陷，发出虚假信号，使投资者得出错误的交易结论。

7.2.1　MACD 指标骗术

MACD 称为异同移动平均线，由 DEA 线、DIF 线和 BAR 柱线构成，由快、慢均线的离散、聚合表现当前的多空状态和股价可能的发展变化趋势，其运用方式如下。

◆ 当 DIF 和 DEA 均大于 0 并向上移动时，一般表示为行情处于多头行情中，可以买入或继续持有。

◆ 当 DIF 和 DEA 均小于 0 并向下移动时，一般表示为行情处于空头行情中，可以卖出或观望。

◆ 当 DIF 和 DEA 均大于 0 但都向下移动时，一般表示为行情处于下跌阶段，可以卖出或观望。

◆ 当 DIF 和 DEA 均小于 0 时但向上移动时，一般表示为行情即将上涨，股票将上涨，可以买入或继续持有。

◆ DIF 线、DEA 线与 K 线发生背离，行情可能出现反转信号。

◆ DIF 由下向上突破 DEA，为买入信号。

◆ DIF 由上向下突破 DEA，为卖出信号。

实例

粤水电（002060）DIF 由下向上突破 DEA

如图 7-24 所示为粤水电 2019 年 5 月至 7 月 K 线图。

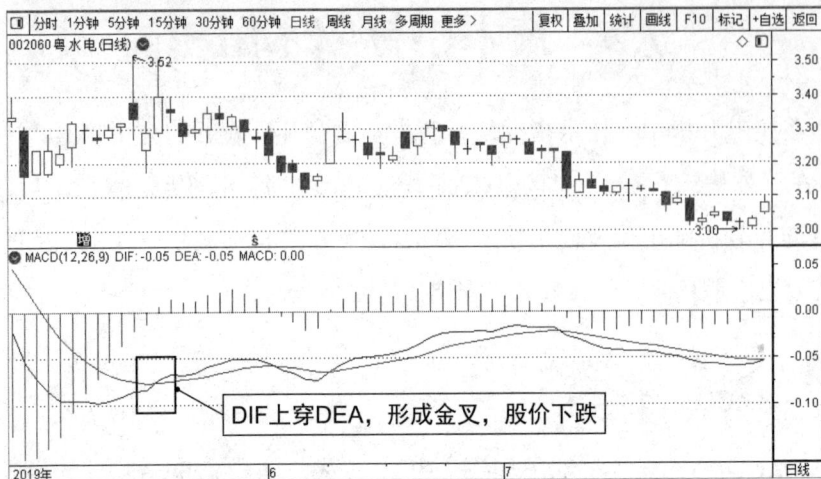

图 7-24　粤水电 2019 年 5 月至 7 月 K 线图

由上图可知，在 2019 年 5 月下旬，粤水电 MACD 指标中的 DIF 线自下而上穿过 DEA 线，形成金叉，按照前面介绍的指标使用方法，为买入信号。但是同期的股价却在下跌，由此判断该信号为庄家操作，使指标放出的错误信号，为吸引散户入盘，方便自己在较高价位出货。

7.2.2　KDJ 指标骗术

KDJ 指标又叫随机指标，是根据统计学原理，通过一个特定周期（常为9 日、9 周等）内出现过的最高价、最低价及最后一个计算周期的收盘价及这三者之间的比例关系，来计算最后一个计算周期的未成熟随机值 RSV，然后根据平滑移动平均线的方法来计算 K 值、D 值与 J 值，并绘成曲线图来研判股价走势。

KDJ 指标的使用方法如下。

◆ K 值与 D 值永远介于 0 到 100 之间。D 值大于 80 时，行情呈现超买现象。D 值小于 20 时，行情呈现超卖现象。

◆ 上涨趋势中，K 值大于 D 值，K 线向上突破 D 线时，为 KDJ 指标的

金叉，属买进信号，当 K、D 值小于 20 时信号更强。下跌趋势中，
K 值小于 D 值，K 线向下跌破 D 线时，为死叉，属卖出信号，当 K、
D 值大于 80 时信号更强。

◆ 当随机指标与股价出现背离时，一般为转势的信号。

◆ K 值和 D 值上升或者下跌的速度减弱，倾斜度趋于平缓是短期转势
的预警信号。

KDJ 指标发出的买卖信号具有一定的超前性，因此庄家为达到自己的
目的，会故意反其道而行之，以此来欺骗散户。

实例

华峰氨纶（002064）上涨调整阶段出现多次死叉

如图 7-25 所示为华峰氨纶 2019 年 11 月至 2020 年 1 月 K 线图。

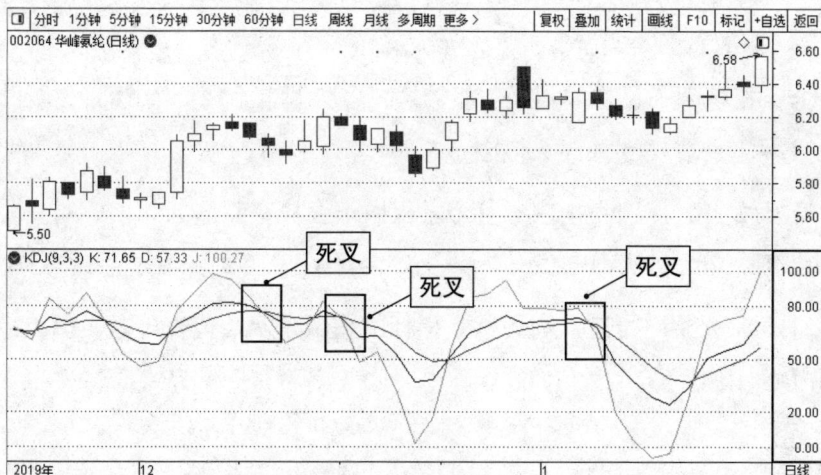

图 7-25　华峰氨纶 2019 年 11 月至 2020 年 1 月 K 线图。

由上图可知，在股价上涨阶段，KDJ 指标出现多次 K 线下穿 D 线的现象，
形成死叉，寓意股价见顶下跌，而此时仅是上涨阶段的正常调整，如果散
户们都以为股价见顶下跌，而仓皇出局的话，则正中了庄家的下怀。

7.2.3 RSI 指标骗术

RSI 指标全称是相对强弱指标，是衡量证券自身内在相对强度的指标。根据一定时期内上涨和下跌幅度之和的比率制作出的一种技术曲线，能够反映出市场在一定时期内的景气程度。

其应用方法如下。

◆ 当短期 RSI 线在低位向上突破长期 RSI 线，为 RSI 指标的金叉，是买入信号。

◆ 当短期 RSI 线在高位向下突破长期 RSI 线，为 RSI 指标的死叉，是卖出信号。

◆ RSI 掉头向下为卖出讯号，RSI 掉头向上为买入信号。

◆ RSI 上穿 50 分界线为买入信号，下破 50 分界线为卖出信号。

◆ RSI>80 为超买区，市势回档的机会增加；RSI<20 为超卖区，市势反弹的机会增加。

RSI 指标因为设定的周期一般较短，多为 6 日、12 日、24 日，所以是短线交易者最喜欢使用的技术指标。

正因如此，庄家在坐庄的整个过程中都会故意制造 RSI 指标的虚假信号来达到一定的目的。

下面来介绍一个庄家利用 RSI 指标的超买超卖数值来震盘，引诱持股者抛出的案例。

实例

永新股份（002014）上涨途中 RSI 多次达到 80 以上数值

如图 7-26 所示为永新股份 2019 年 9 月至 2020 年 1 月 K 线图。

由图中可知，永新股份的 RSI 指标数值在 2019 年 11 月前后便达到了 80 以上，但是从 K 线图上看此时仅为上涨的初期，还未到大幅拉升阶段。

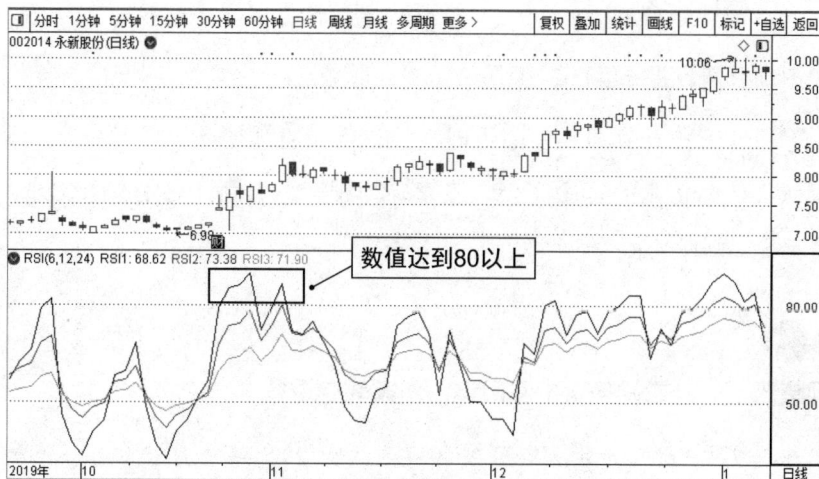

图 7-26　永新股份 2019 年 9 月至 2020 年 1 月 K 线图

这便是庄家利用 RSI 指标的超买信号，进行了拉升环节中的洗盘。不少跟庄者会看到 RSI 一直处于超买区，不敢继续持有股票而中途离场。

7.3　行情走势骗术

除了利用 K 线和技术指标外，庄家也常常采用一些行情走势的骗术来蒙蔽跟庄者，使跟庄者直接对行情的走势做出相反的判断。

7.3.1　轧空诱多

轧空诱多是指庄家在拉升股价的过程中，拉升速度较为缓慢，且每次拉升一段时间后均有较大幅度的向下打压，与之前的缓慢拉升过程相比，股价下滑的速度要更快。

这样一来，跟庄者很容易便会出现行情是下跌而并非上涨的错误判断，会选择出局，但是每次出场后，庄家继续拉升股价，此时会有更多的交易者认识到行情就是上涨的，于是纷纷买入股票。

等待庄家拉升到最高位附近时，迅速向下打压股价，此时依然会有投资者认为这是正常的打压而买入股票，却没有意识到此时是庄家出货，这一波上涨已经结束。

实例

梦网集团（002123）多次上涨回调，庄家轧空诱多

如图 7-27 所示为梦网集团 2019 年 5 月至 2020 年 1 月 K 线图。

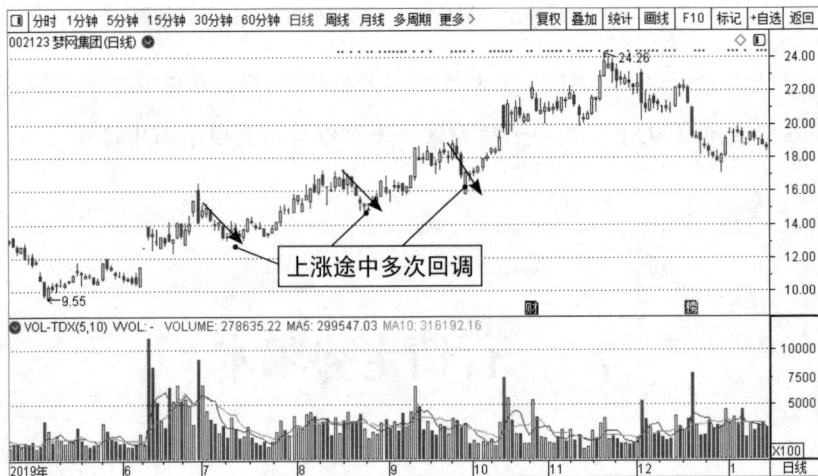

图 7-27　梦网集团 2019 年 5 月至 2020 年 1 月 K 线图

由上图可知，梦网集团的股价在 2019 年 5 月至 12 月经历了一波上涨，在这波上涨途中股价多次回调，且大多都是以实体较长的阴线出现。可以看到，在之前回调的时候，成交量出现明显放大，说明此时投资者反应较大，而到了后期，成交量反而缩小，说明投资者对于回调下跌的反应已经开始迟钝。

这便是明显的庄家轧空诱多操作，以至于到后期股价大幅下跌的时候（即庄家开始出货的时候），盘内成交量仍没有明显放大，此时投资者已

经将出货导致的下跌走势看成了正常回调，而依旧稳住在盘内，正中庄家的下怀。

对于轧空诱多的庄家操作，投资者需要时刻警惕，每一次回调都要观察盘内的成交情况，或者进行短期的阶段性操作，股价回调时抛出，待上涨后买入，实现阶段性盈利。

7.3.2　轧多诱空

轧多诱空是在股价已经处于下跌过程中，庄家有意地向上小幅拉升，这时一些跟庄者往往认为庄家已经开始建仓，或者股价已经处于极度下跌状态，将要止跌回升，于是纷纷抄底。但是股价依然继续下跌，于是已经买入的交易者此时已经被套牢。

等再下跌一段距离再次出现向上拉升的迹象，此时未买入的交易者可能再次逢低吸纳，而之前买入的交易者此时可能期望自己的套牢股票被解套。但常常是事与愿违，股价再次在反弹后继续下跌，之前买入股票的交易者已经全部被套牢，如图 7-28 所示为下跌过程中多次放量反弹的 K 线图。

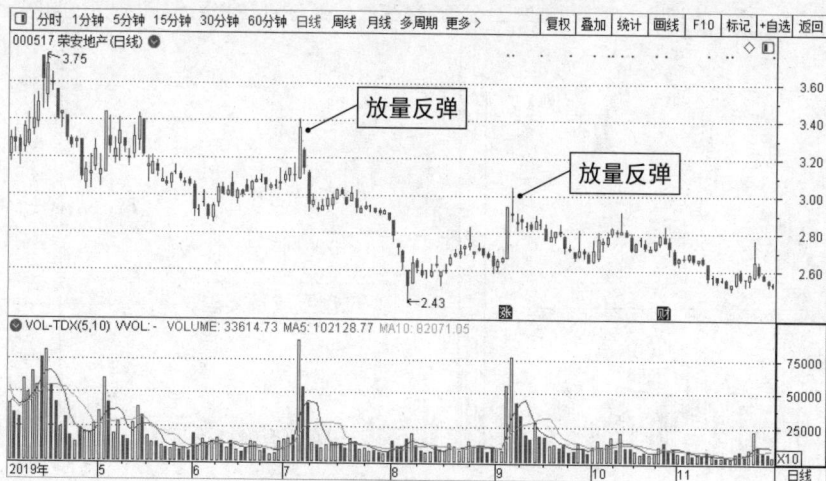

图 7-28　下跌过程中多次放量反弹

7.4 成交量骗术

成交量指标享有"灵魂指标"的美誉，它也是股市技术分析中实用性非常高的分析指标之一，可以说"无量不成席"。

成交过程中，买卖双方的身份带有极大的不确定性，这就给投资者分析判断多空力量的真实意图带来了极大的难度。在实战中，许多庄家常常利用成交量设置陷阱，诱骗投资者，下面来了解一下庄家常用的成交量骗术。

7.4.1 高位盘整放量突破

在散户投资者心里，盘整后放量突破通常是买入时机，但如果是高位盘整放巨量突破，那么通常是假突破。

实例

麦达数字（002137）高位调整放量突破，庄家出货陷阱

如图 7-29 所示为麦达数字 2019 年 2 月至 7 月 K 线图。

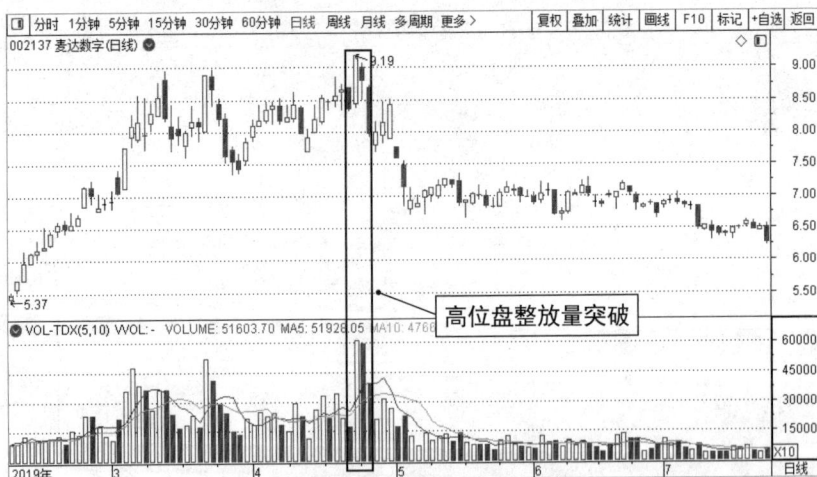

图 7-29 麦达数字 2019 年 2 月至 7 月 K 线图

由上图可知，麦达数字的股价在 2019 年 2 月至 3 月上旬处于快速上涨阶段，进入 3 月中旬后，股价开始高位盘整走势。

此次盘整走势持续了将近两个月时间，在 4 月 23 日，股价盘内一路走高，成交量配合放大，为放量突破形态。从盘面来看，确是利好消息，来看下当日的成交统计情况，如图 7-30 所示。

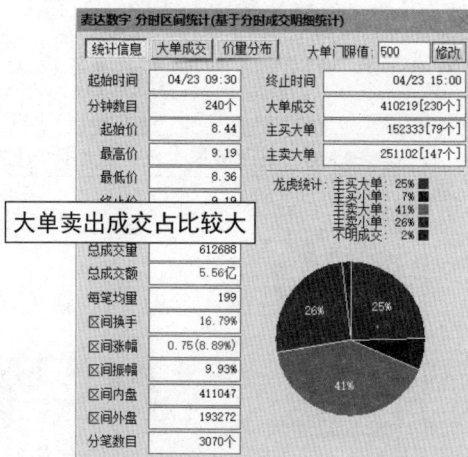

图 7-30　麦达数字 2019 年 4 月 23 日成交统计

从成交统计中可以明显看出，在当日的成交中，大单卖出占比达到 41%，说明盘内主要交易方向为卖出，结合股价高位横盘近两个月，基本可以确定此时是庄家的出货行为，此时入场，便是高位套牢的下场。

7.4.2　逆大势放量上攻

有些个股长时间在平台或箱形内盘整，但当某日大市放量下跌，个股纷纷下跌，市场一片悲观时，该股却逆势上攻。

大部分投资者会认为该股敢逆势拉升，一定有庄家在操作，于是大胆跟进。岂料该股往往只有一两天的上升行情，随后反而加速下跌，使许多在放量上攻当天跟进的投资者被套牢。

其实这是庄家利用了投资者爱好跟庄的心理，许多投资者跟庄入场但是却忽略了当天放出的巨额成交量。既然是庄股，放量则说明筹码的锁定程度已不高了，这是庄家派货的特征，投资者最好不要轻易入场，以防被套。

实例

荣盛发展（002146）逆市放量上涨，庄家出货陷阱

如图 7-31 所示为荣盛发展 2019 年 3 月至 5 月 K 线图。

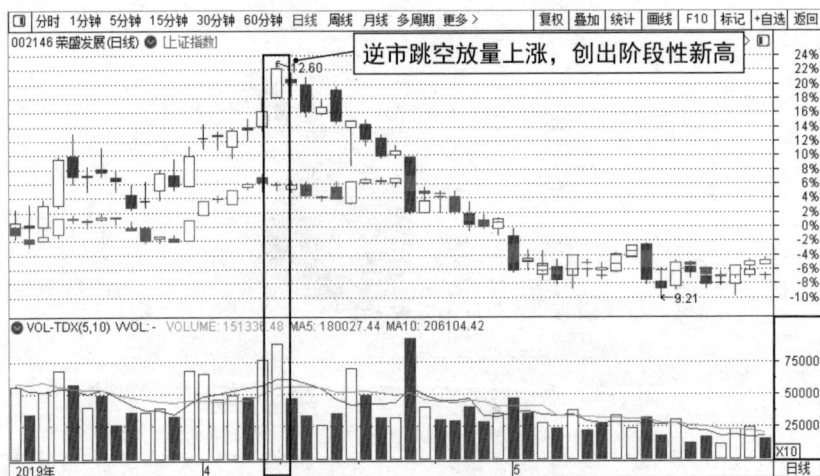

图 7-31　荣盛发展 2019 年 3 月至 5 月 K 线图

由上图可知，荣盛发展的股价在 2019 年 3 月至 4 月初基本与指数走势一致，4 月 9 日，指数收出向下跳空下跌的十字星 K 线，而当日的荣盛发展却走出向上跳空上涨的阳线，并且当日成交量相对前期而言，出现放量，属逆市行为，然而在后一日股价便跟随大市下滑。

个股逆市而行，对庄家来说，需要投入更多的精力和资金，所以一般不会与大势相逆，尤其是在股价高位阶段，并且当日出现成交量放大，则庄家借机出货的可能性极高，投资者需要极其警惕。

第 8 章

再接再厉，

良好心态下的解套胜庄

　　在股票市场中，散户们对庄家又爱又恨。在股价运行过程中，庄家能够通过资金优势创出各种骗局来影响散户的操作，那么散户们对于专家的这种行为就完全没有解决方式吗？也并非如此，庄家的骗局能够成功，很大程度是对散户投资心理的掌控，因此，只要散户们放平心态，冷静思考，庄家的骗局也是可以破解的。

8.1 被套原因和解套心态

在股市中，散户被套多是因为心态不稳，面对真金白银的账户金额变动，投资者很难做到完全冷静思考。这章我们来分析下散户被套的原因和正确的解套心态。

8.1.1 追涨杀跌心态被庄家利用

追涨杀跌最通俗的解释是指在股市上涨时买入股票，在股市下跌时卖出股票。当然，股价的走势具有一定持续性，追涨杀跌的操作手法也并非全然错误，但是根据投资者对股市的了解和实际的操作经验，选择该手法的结果会全然不同。

对于初入股市的新手，追涨杀跌就是典型的买在高位卖在低位，在 K 线上的具体表现就是买的时候成本永远都是在个股阶段性的上影线中，卖的时候成本永远都是在个股阶段性的下影线中，因而反映到我们仓位上就变成了反复亏损。

但对于资深投资者追涨杀跌则是相反的，他们是利用博弈心理进行操作，在大家都绝望的时候进场，在大家都兴奋追涨的时候及时退出。

庄家作为可以影响股价走势的机构投资者，自然深谙散户们的这一投资心理，在股价高位临近出货的时候，猛然拉出大阳线上涨，吸引散户入场接盘，自己则安然出局，赚取利润。因此我们会看到很多个股在高位时会出现放量拉升，而此时大单卖出成交量大，小单持续买入的现象，这便是标准的散户追涨接盘的情况。

杀跌体现在庄家低位吸筹阶段和调整阶段，此时庄家故意打压股价，营造出一种个股卖气较足的现象，引诱持筹者在股价较低时抛出筹码，在前面庄家打压式吸筹内容中也有介绍过这一操作形态。

庄家利用散户投资者们追涨杀跌的心态甚至可以进行中短期的阶段性坐庄，下面来看一个案例。

实例

湖南黄金（002155）短期内股价迅速上涨下跌

如图 8-1 所示为湖南黄金 2019 年 11 月至 2020 年 2 月 K 线图。

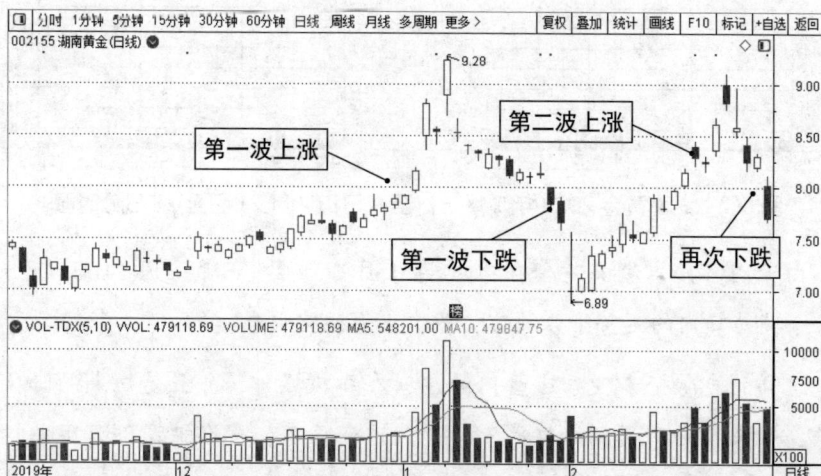

图 8-1 湖南黄金 2019 年 11 月至 2020 年 2 月 K 线图

由上图可知，在这短短 4 个月内，股价有两拨较为明显的上涨，和两次高位滑落。

并且这两次高位都有一个共同点，便是跳空上涨，第一次跳空上涨创出阶段性高位 9.28 元之后，便急速下跌，在下跌至 6.89 元时，股价又开启急速上涨形态，并且再次以跳空的 K 线创出了阶段性高位，之后股价再次急速下跌。

在这两拨走势中，新高是以跳空的形式出现，新高之后下跌也是以跳空下跌的形式出现，如图 8-2 所示为两次高位与其前后交易日的分时图。

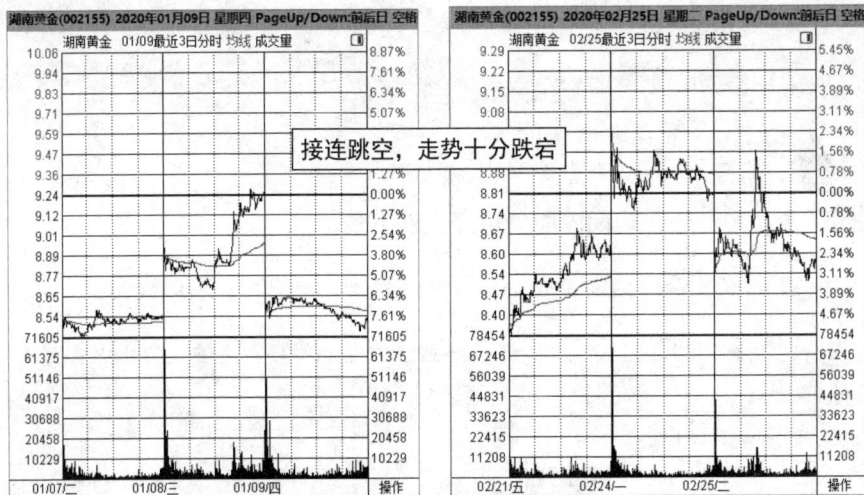

图 8-2　湖南黄金 2020 年 1 月 7 日至 9 日和 2 月 21 日至 25 日分时图

由上图可知，湖南黄金在 2020 年 1 月 7 日至 9 日和 2 月 21 日至 25 日这几个交易日内的走势十分跌宕，多次出现跳空形态。

这样的走势一看便知道盘内的庄家在积极操作，并且是短期的阶段性操作，如果投资者遇到这样的走势，仍追涨杀跌，那么被高位套牢的可能性极大。

股价急速运行也说明庄家的操作风格是雷厉风行不按常理出牌的，今日能跳空上涨，明日便是跳空下跌，把散户们玩得团团转，面对急速运行的股价走势，投资者更要谨慎小心，不可因为一时的放量上涨、下跌便仓皇操作。

8.1.2　贪婪侥幸的心态被庄家利用

除了追涨杀跌，贪婪侥幸也是散户投资者们容易产生的投资心态问题，看着股价的接连上涨，账户内的金额不断增加，股民往往就像赌红了眼的赌徒一般，不肯从赌桌上撒手，坚信自己赌运正好，一定能够赢得更多筹码，但是此时他已经失去了理智的判断，无法意识到危险将至。

实例

中光学（002189）股价短时间内启动上涨，涨幅惊人

如图 8-3 所示为中光学 2018 年 10 月至 2019 年 6 月 K 线图。

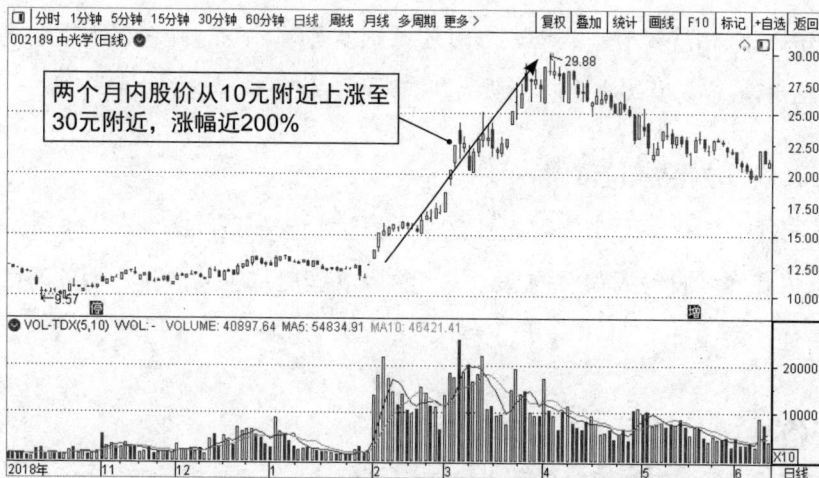

图 8-3　中光学 2018 年 10 月至 2019 年 6 月 K 线图

由上图可知，中光学的股价从低位的 10 元附近在持续了近 3 个月的横盘走势之后，开始大幅拉升，两个月内创出阶段性高位 29.88 元，涨幅近200%。

可以看到，在股价拉升至高位的阶段，成交量反而缩小，显示盘内的筹码较为稳固，可见此时的持筹者持筹决心较为坚定，但是盘内的庄家在确认股价上涨空间不大的情况下，会抛盘出局。

股价上涨始终有结束的一天，投资者不应过于贪婪，得到了 150% 的涨幅便期望能得到 200% 的上涨幅度，甚至更多。如果投资者在这段走势中不愿意出局，在低位介入的投资者也只是减少利润，但高位介入的投资者面临的则是套牢。

8.1.3　正确的解套心态

投资者们在高位被套牢后，心理一般会处于焦躁状态，面对日益下跌的股价和日渐流失的账户资金，此时更要拥有良好的解套心态。

只有正确的解套心态才能有正确的思想指导，也才能在股海中不被风浪打倒。当然最好是不要被套，这是第一原则，也就是说散户要克服盲目地追涨杀跌和贪婪侥幸心理，同时还要认清楚解套的时候也要重视心态调整，不然很容易就失去耐心，从而割肉以利庄家。

1.戒骄戒躁是解套的第一要义

骄躁心理在解套中极容易变成一种巨大损失，在经济情况不明朗、大盘走势萎靡，股价大跌后的恐慌下，骄躁心理更加容易产生，而此时散户更要有好脾气。

实例

金洲慈航（000587）等待合适的时机

如图 8-4 所示为金洲慈航 2018 年 11 月至 2019 年 5 月 K 线图。

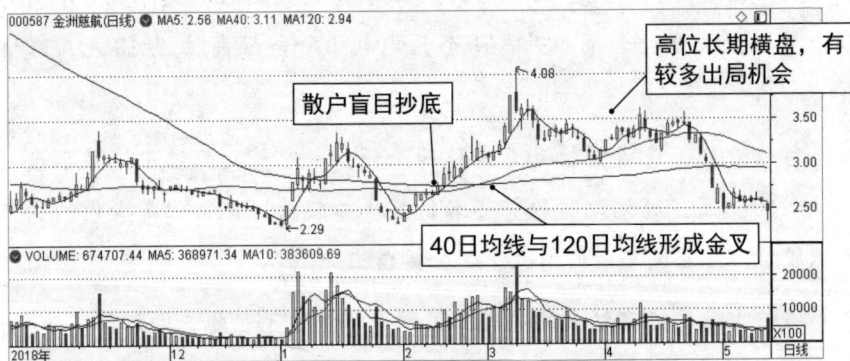

图 8-4　金洲慈航 2018 年 11 月至 2019 年 5 月 K 线图

由上图可知，股价大幅下跌到地位后经历了一波长时间的宽幅横盘震荡走势，在 2019 年 2 月初的连续阳线作用下，股价逐步拉高，中长期均线走平，因此许多散户会误认为上涨行情来临，尤其是均线出现金叉后，更是出现不少的抄底散户，但是股价在3月上旬创出阶段性高位后，便明显回落，同时伴随成交量放大，给人一种大势已去的感觉。

同时观察这一阶段不同周期的均线，2月底时40日均线自下而上穿过120日均线，形成金叉，这是中期均线与长期均线的金叉，寓意盘内此时上涨的动力较足，所以3月初即使股价创出高位后下跌，盘内的买气一时间也难以被消耗，随后股价在高位持续了近一个半月的横盘，如果在最高位未及时出局的投资者，可以在横盘阶段寻找合适价位出局。

2. 果断不犹豫是解套的第二要义

所谓当断不断必受其乱，这告诉我们一旦发现技术和形态上出现显著变化时，必须要快速止损出局，否则就可能遭受更大损失。

实例

美的集团（000333）股价进入下行市果断出局

如图8-5所示为美的集团2019年12月至2020年3月K线图。

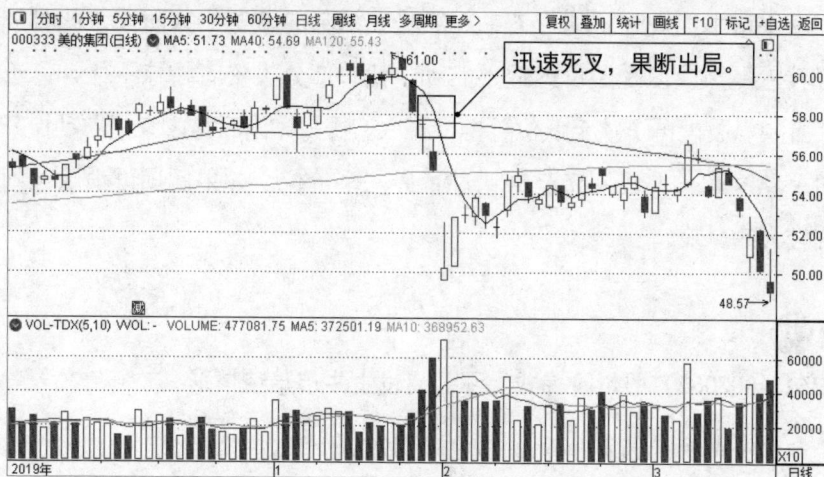

图8-5　美的集团2019年12月至2020年3月K线图

由上图可知，该股在高位形成平台后出现了成交量放大，这就要特别小心了，同时均线系统已经开始变方向，尤其短期均线迅速下穿中期均线与长期均线，这是中期走坏的特征。这个时候散户要果断出局止损，万万不可有一丝犹豫。

8.2 庄家下套方式

庄家下套会考虑散户投资者的投资心理，以便在不同的阶段采用不同的骗术来引诱投资者操作，下面来简单了解一下。

8.2.1 在牛市制造踏空行情

踏空是指在股票经过拉升之后，投资者担心股票下跌，把持有的股票全部卖出套现，卖出之后股价却大幅拉升，但投资者不敢再次买入，错过上涨的机会。

在牛市中出现这样的形态，一般是在涨势的调整结束阶段，此时调整已经接近尾声，但是股价迟迟不启动，便有部分投资者按捺不住，急于抛出，希望等股价再下跌至低位时再行买入。哪知抛出后，庄家便启动拉升，股价一路高歌，但投资者已经错过了最安全价位，如果后期再跟涨，则会面临较大的风险。

实例

苏泊尔（002032）股价阶梯式上涨，易发生牛市踏空情形

如图 8-6 所示为苏泊尔 2019 年 7 月至 11 月 K 线图。

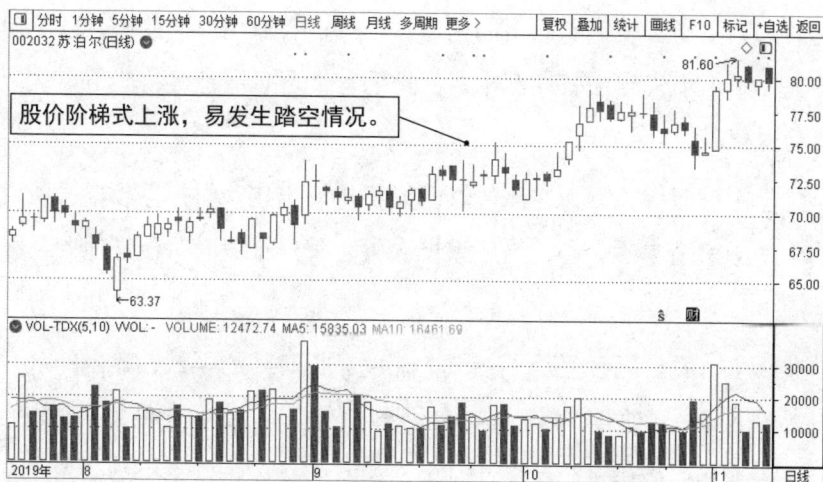

图 8-6　苏泊尔 2019 年 7 月至 11 月 K 线图

由上图可知，苏泊尔的股价在 2019 年 7 月至 11 月处于上涨走势中，但是此上涨并非一路稳定拉升，而是阶梯式拉升的情形，股价在短时间上涨后便在某个价位停歇，且每日调整的时间比拉升的时间要长，如此反复。

因为本身股价较高，一些比较谨慎的投资者便很容易在股价调整阶段将持筹抛售，而股价调整结束后的拉升又多以一根或几根长阳线完成，所以追涨的风险较大，这样便很容易发生踏空的情形。

当然，在前面的内容中介绍过，股价的拉升需要有主力资金的操作，而调整走势也属于庄家拉升过程中的休整走势，庄家也是通过这样不间断的调整来完成筹码的归集与清洗。

因此，如果投资者看准了某只股票，并且通过多方考虑分析，发现该股确实未到高位，则可以选择中长期持有，而不论期间的调整幅度大小与调整时间长短。

8.2.2　在熊市制造割肉行情

在熊市中，总免不了提到割肉一词，它指股民在高位介入，而股价至此之后一路下滑，看不到后市的希望，则投资者只能忍痛割肉，以尽量缩小损失，不至于资金被长期套牢，但是仍有投资者愿意等待股价再次上涨时自动解套。

对于庄家而言，因为在高位时已经将持筹出售获得操盘收益，所以后市的下跌庄家基本不关心，当庄家再次关心某只个股时，便是他筹备吸筹的时候。

在低位，股价已经经历了一波大幅度、长时间的下跌，盘内的散户持筹者大多出局另谋他股，只剩小部分仍坚守阵地，因此盘内波澜不惊。

股价走势低位横盘，庄家此时关注，一般会先行试盘，测试该股是否仍有下跌的空间，使得剩余的持筹者仓皇抛售，这便是前面内容中介绍到的打压式吸筹，也是庄家在熊市时会经常制造出的令小散户割肉的低位打压行情。

如图 8-7 所示便是标准的低位打压行情，股价在经历下跌后一直在低位横盘，而到了横盘后期股价再次跳空下跌，此时成交量放大，便是标准的庄家做出的熊市割肉行情。

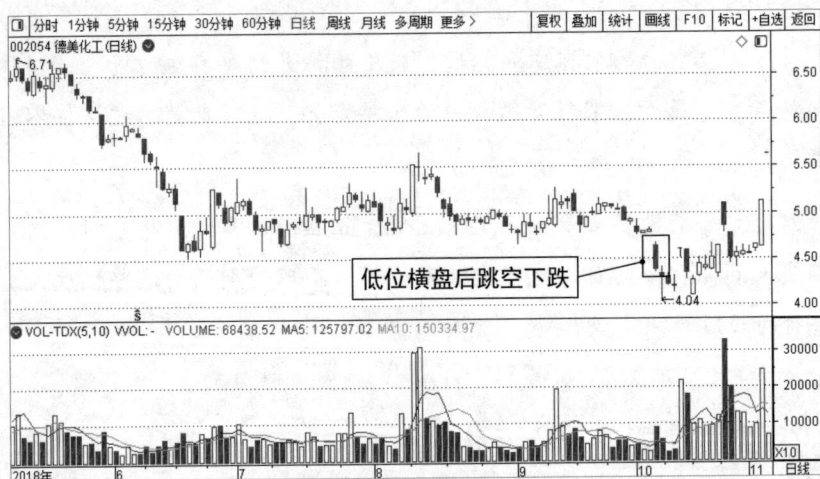

图 8-7　熊市割肉行情

8.2.3　在震荡中制造高位接盘行情

股价处于高位震荡走势，庄家利用资金优势创出放量突破新高或者以大单买入的情形来吸引散户入局，这便是庄家高位出局时常用的套路。

记住一句老话，股价可以作假，K 线形态可以控制，但是成交量是真金白银砸出来的，它做不了假。

在高位时，尤其是高位横盘长期不得突破时，如果出现放量突破，投资者一定要谨慎，不可仅凭 K 线图便认为突破有效。要观察当日的成交统计，如果成交统计中，大单卖出占据较大比例，则基本可以判定此时是庄家出货引诱散户入局的骗局。

实例

珠海港（000507）股价横盘期间放量突破

如图 8-8 所示为珠海港 2019 年 1 月至 7 月 K 线图。

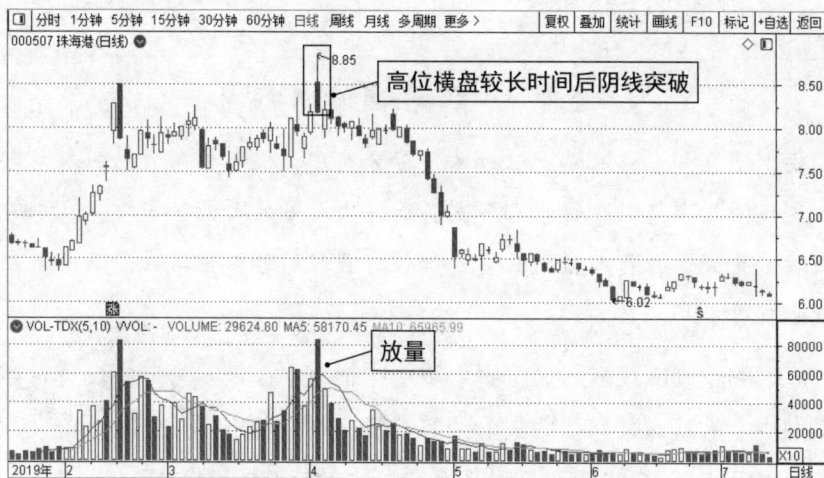

图 8-8　珠海港 2019 年 1 月至 7 月 K 线图

由上图可知，珠海港的股价在前期放量上涨至 8.00 元高位后，便一直在该价位线附近开始了长达一个半月的横盘走势，在进入 4 月后，出现放量突破的量价形态，且放量程度与前期的上涨放量数据接近，此时极有可能是庄家的出货行为，投资者需要特别小心。

如果投资者实在很想投资该股，很看好其后市发展，那么先对比下此时的放量上涨与前期调整结束后的放量上涨，在盘内成交统计中各个数值的区别，万不可盲目信赖单个指标。任何指标不论是发出利好还是利空信号，都要与成交量结合分析，如图 8-9 所示为珠海港两次放量的价量分布图。

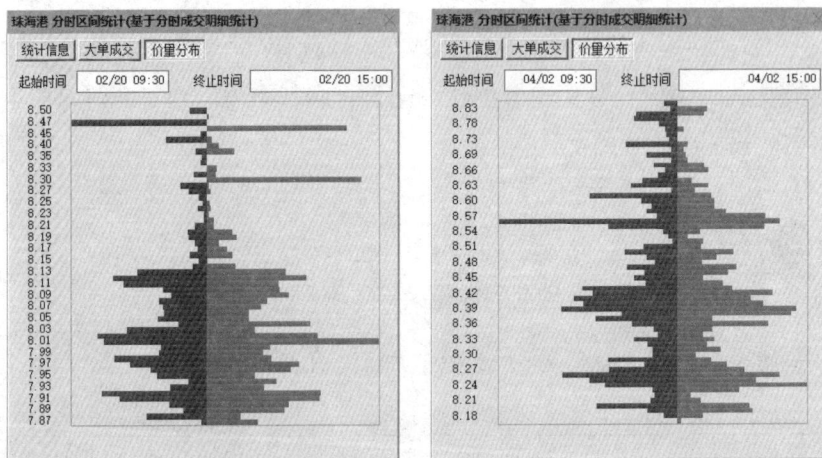

图 8-9　珠海港两次放量的价量分布图

由上图可知，珠海港上涨时的价量分布中，仅高位而言，买入量占比更大，说明庄家想以此聚集人气，而后一次放量的价量分布中，在中等价位买入量更大，且基本盘内的卖出价位有明显的分级聚集性，这也是庄家出货的惯用方式。

庄家的骗局能让散户投资者们屡屡中招，不过是因为抓住投资者容易冲动做决定的缺点，只要散户们冷静分析，不抱着机不可失时不再来、再不入局将后悔莫及的心理，就没那么容易被庄家牵着鼻子走。

第9章

进阶提高,

多空转换的新思维胜庄

现如今,投资市场逐渐多元化,除了股票外,其他投资方式也逐渐进入大众的眼帘。在介绍完股票后,我们再来了解一下与股票相关的其他投资方式——股指期货的投资方式。

9.1 具备传统的胜庄思维

胜庄并不是指从战略战术上将庄家战胜，因为从某个方面来讲，庄家与散户们是相辅相成的关系，至少在拉升股价上涨这件事上，庄家与散户是一致的心理。所以所谓的胜庄，其实是指散户们自己保持冷静的投资心态，去客观分析盘面数据，摸清庄家的操作策略。

9.1.1 摒弃股市幻想

何为幻想，是指对一件事产生没有理由、没有根据的想法。股市幻想是指股民们对股市过分着迷，时刻期待在市场中一本万利，从而无法保持冷静的状态。

当然，进入股市希望能够获取利润是所有投资者的美好愿景，但股市是作为一个投资市场而存在，投资市场并不止股市这一个，黄金、白银及外汇等，都可作为投资工具。

实例

上证指数（000001）与黄金价格走势对比

如图 9-1 所示为黄金价格 2019 年 1 月 4 日至 2020 年 3 月 3 日走势图。

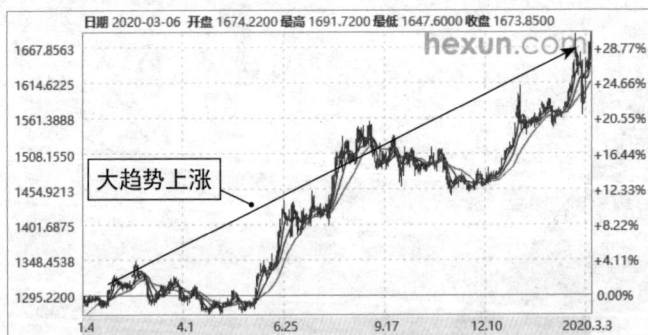

图 9-1　黄金价格 2019 年 1 月 4 日至 2020 年 3 月 3 日走势图

由图中可知，黄金价格在2019年1月至2020年3月处于震荡上行的状态，14个月的涨幅达到28.77%，来看下这段时间上证指数的走势情况，如图9-2所示。

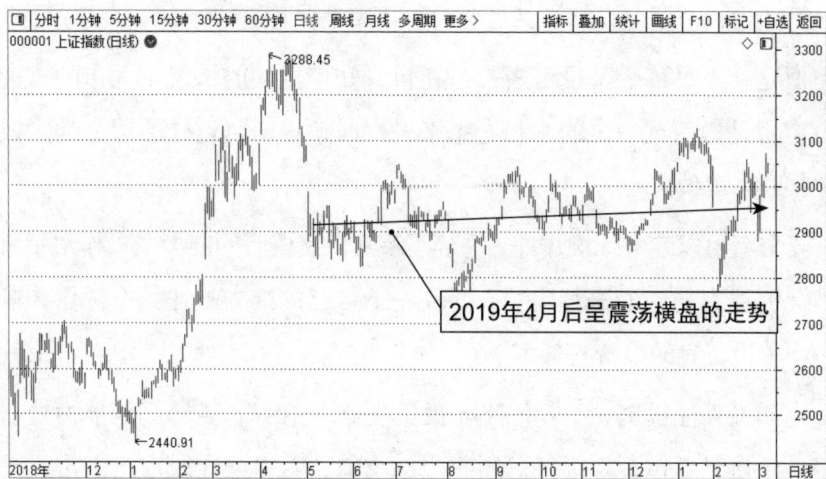

图9-2 上证指数2018年10月至2020年3月K线图

由上图可知，上证指数在2019年4月后都处于震荡横盘的走势，这阶段的投资者都处于胆战心惊的状态中，反观这一年的黄金价格走势，虽然途中也有幅度较大的调整，但是总趋势上涨，且涨幅不小。

因此，在股市没有明显走势的情况下，投资者可以将目光放在其他投资市场中，这样也提高了资金的使用效率。

9.1.2 量力而为

从事任何工作，都需量力而行，在股票投资这一行为上，更应如此。通过观察可以发现，许多个股走势处于经常性的暴涨暴跌状态中，投资风险较大。因而，在进行投资时，投资者应全面地衡量自己的能力、财力、精力和心理承受能力。

1. 量能力而行

股市中的盈亏虽然具有一定的偶然性，但是通过大概率，可以发现，大多数盈利的投资者都具有一定的投资技巧，掌握了相当全面的金融知识和分析能力，俗话说：知识就是金钱，其实是很有道理的。

但是并不是每一个投资者都是在自身知识过硬的情况下入市的，大多数投资者是抱着试一试的学习心态来进行股票投资，这样的行为其实很容易使其心态崩裂。

投资者可以在实际操作前，充分了解其他投资者的能力及操作水平后，将自己的能力与他们进行比较，测算一下自己的能力处在什么位置，再了解一下该投资者的投资收益水平。

比如说其他投资者一年的平均投资收益为10％，若自己的能力处在中上等，则自己入市投资可能获得相当的收益；若自己在股市投资方面没有什么特长和优势，能力也就属于初等，仓忙入市，即使不赔，一年下来也就百分之几的盈利，这样还不如将钱暂时存银行划算。

当然，不通过实战是难以提高投资水平和能力的。但在能力和水平相对欠缺，对股市的特点尚未完全掌握的时候，也可投入少量资金进行一些演练，待自己的专业知识水平和操作技能达到一定程度时，再将其余的资金投入。

2. 量财力而行

任何一项投资行为都需要一定的财力做支撑，对于股票投资，更需要一定数量的资金。

在股票投资中量财力而行，首先是规避风险的需要。股票的风险是难以预测的，因为上市公司的经营面对的是变化万千的市场竞争，即使在经济的繁荣时期，各行业的盈利水平也是参差不齐的，有的上市公司硕果累累，而有些却屡屡亏损。

如果投资者预备的投资资金不多，即小本经营，那么买入股票时余地也会较少，就只能选择一、两只股票。一旦预测失误而撞上那些经营不善的公司，巨大的经济损失将不可避免。

在股市中降低风险的最有效方法之一就是分散投资，将资金分散到不同的股票种类中。所以选择的股票种类越多，投资越分散，风险就越小，投资收益就越接近平均水平，但是投资越分散，所需的资金就越多。如果没有足够的资金，降低风险就是一句空话。

其次股市是一个风险之地，因为股价走势风云变幻，看起来赚钱容易，而往往亏损的概率更大。

如图 9-3 所示为中远海能在 2019 年 4 月至 12 月的股价走势，股价波动极大，没有明显的大趋势可言。

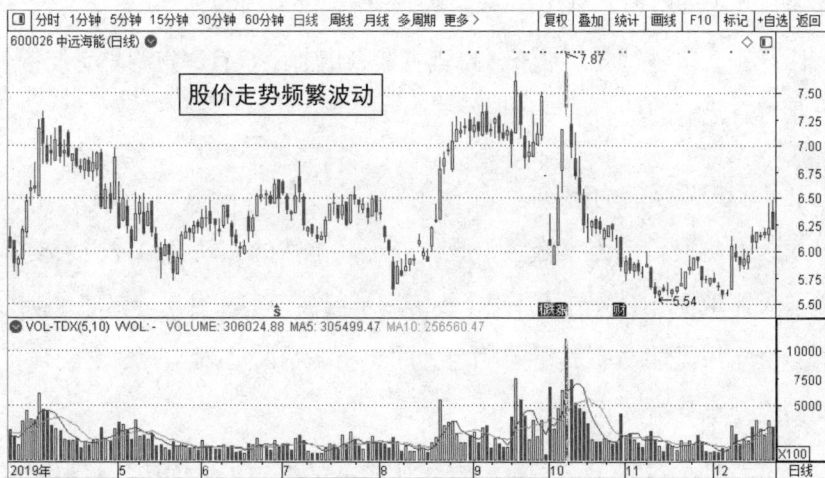

图 9-3　中远海能 2019 年 4 月至 12 月 K 线图

所以对于大众投资者来说，入市的资金一定要是手中的闲散资金，更要留足必备的开支，绝不能倾巢而出。这样即使在股市中被套牢或发生亏损，自己也能承受。

3. 量精力而行

进行股票投资需要付出相当大的精力，它不像储蓄或国债那样操作简便，收益可期，股市特别容易受各种消息和传媒的影响和刺激，也容易受机构大户的操纵，因此波动特别大。

投资者在入市后需要花费大量的时间来搜集各种信息，对股价走势进行分析研究。由于挂牌的上市公司众多，投资者需要经常关注各个上市公司的经营动态，研读上市公司的财务报告资料，对所要投资的股票进行筛选。且股票交易有明确的时间段，与正常上班时间重合，如果进行长期投资，时间看起来似乎并不成问题。但如果进行短线操作，有无精力就显得十分重要。

大部分散户投资者们都是在业余时间进行操作，想买卖股票时，也许正是工作繁忙的时候，难免一心二用，难以把握恰当的时机。

因此，若想进行股票投资，投资者在入市前应该有一定的思想准备，看自己是否有足够的精力来进行操作。

4. 量心理承受能力而行

由于影响股价的因素众多，股价处于经常性的变动之中，股票投资的风险很大，在股市中恐怕没有一个投资者不曾被套牢或发生过局部亏损的，而一旦套牢或发生亏损就需要相当大的勇气来承受心理压力、承受来自方方面面的埋怨及指责。

投资者们一旦入市，思想压力往往非常沉重，买了怕跌、卖了怕涨，在买进卖出后不是懊恼就是后悔。若心理脆弱，不但影响工作还会影响生活，所以要成为一个股民，一定要有较强的心理能力来承受各种压力。

9.1.3 保持高度的风险观

几乎每一个股评节目都会出现这样一句话：股市有风险，入市需谨慎。

这也充分说明股市中风险无处不在，因此投资者需要保持高度的风险观。

　　所谓高度风险观，就是在买一只股票时就要提前设想到可能的下跌情况，一旦下跌，下跌到什么位置就必须果断止损或者换股，绝不当冤大头。同时还应该明确的是风险并不会随着机会越大而消失，而随着市场的躁动而增加，越是在高位的股票越要小心谨慎，这样才能将自己的损失降低到最低。

实例

永和智控（002795）股价短时间内走势波动较大

　　如图 9-4 所示为永和智控 2019 年 8 月至 11 月 K 线图。

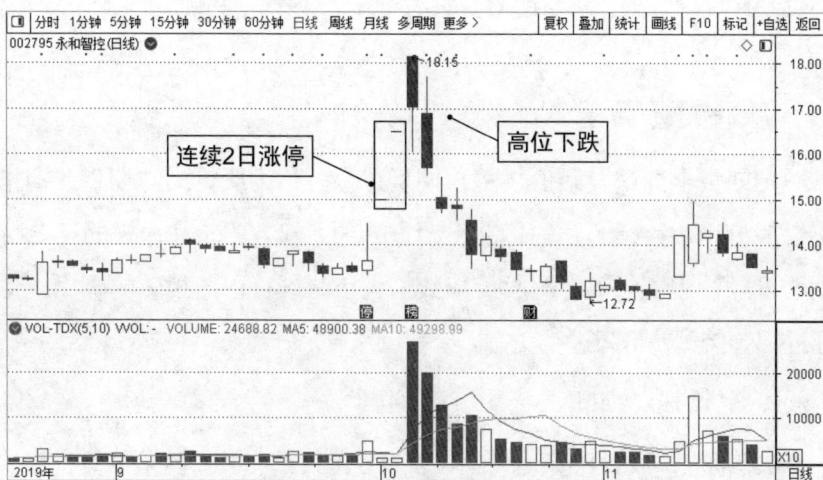

图 9-4　永和智控 2019 年 8 月至 11 月 K 线图

　　由上图可知，永和智控的股价在 2019 年 8 月至 9 月底都处于横盘运行的状态，进入 10 月，股价在 10 月 11 日和 14 日两个交易日连续拉出两个涨停板，观察基本面情况，发现永和智控 9 月便发布了股东协议转让的信息，在 10 月 11 日连续发布 5 条公司资讯，介绍转让的情况。

　　大股东更换，势必会引起股价的一轮波动，因此在这一波涨停后下跌的走势后，股价回到前期的价位附近横盘运行。

短时间内股价出现如此大的波动，走势也是极为凶险，如果投资者在涨停时介入，后面就会难以招架下跌走势，因此，不论何时都要冷静分析，保持高度的风险观。

9.2　股指期货让庄家利剑在手

股指期货在我国正式开始交易的时间是 2010 年 4 月，股指期货推出后，从根本上改变了股票低吸高抛的单一获利方式，不仅做多可以获利，做空股指也一样可以获利，这给所有投资者带来了不小的影响。

9.2.1　股指期货的基本概念

股指期货全称是股票价格指数期货，也可称为股价指数期货、期指，是指以股价指数为标的物的标准化期货合约。双方约定在未来的某个特定日期，可以按照事先确定的股价指数的大小，进行标的指数的买卖，到期后通过现金结算差价来进行交割。

股指期货的特点如下。

◆ **跨期性**：股指期货是交易双方通过对股票指数变动趋势的预测，约定在未来某一时间按照一定条件进行交易的合约。因此，股指期货的交易是建立在对未来预期的基础上的，预期的准确与否直接决定了投资者的盈亏。

◆ **杠杆性**：股指期货交易不需要全额支付合约价值的资金，只需要支付一定比例的保证金就可以签订较大价值的合约。例如，假设股指期货交易的保证金为 12%，投资者只需支付合约价值 12% 的资金就可以进行交易。

◆ **联动性**：股指期货的价格与其标的资产——股票指数的变动联系极为紧密。股票指数是股指期货的标的资产，对股指期货价格的变动具有很大影响。与此同时，股指期货是对未来价格的预期，因而对股票指数也有一定的反映。

◆ **高风险性和风险的多样性**：股指期货的杠杆性决定了它具有比股票市场更高的风险。此外，股指期货还存在着一定的信用风险和结算风险，因市场缺乏交易对手而不能平仓导致的流动性风险等。

目前国内主要的股指期货品种有 3 个：沪深 300 股指期货、中证 500 股指期货、上证 50 股指期货，均在中国金融期货交易所上市。

1. 沪深 300 股指期货

沪深 300 股指期货是指将沪深 300 指数作为标的物来交易的期货品种。沪深 300 股票指数是在上海和深圳证券市场中选取 300 只 A 股作为样本，其中沪市有 179 只，深市 121 只样本，选择标准为规模大、流动性好的股票。沪深 300 指数样本覆盖了沪深市场六成左右的市值，具有良好的市场代表性。

2. 中证 500 股指期货

中证 500 股指期货是指将中证 500 指数作为标的物来交易的期货品种，中证 500 指数是由全部 A 股中剔除沪深 300 指数成分股及总市值排名前 300 名的股票后，总市值排名靠前的 500 只股票组成，综合反映中国 A 股市场中一批中小市值公司的股票价格表现。

3. 上证 50 股指期货

上证 50 股指期货是指将上证 50 指数作为标的物来交易的期货品种，上证 50 指数是根据科学客观的方法，挑选上海证券市场规模大、流动性好的最具代表性的 50 只股票组成样本股，以综合反映上海证券市场最具市场影响力的一批优质大盘企业的整体状况。

9.2.2 股指期货的交易特点

在股指期货的交易过程中，投资者要注意以下 4 个方面。

1. 采用保证金交易制度

保证金交易制度具有一定的杠杆性，投资者不需要支付合约价值的全额资金，只需要支付一定比例的保证金就可以交易。

保证金制度的杠杆效应在放大收益的同时也成倍地放大风险，在发生极端行情时，投资者的亏损额甚至有可能超过所投入的本金。

2. 采用当日无负债结算制度

在当日无负债结算制度下，期货公司在每交易日收市后都要对投资者的交易及持仓情况按当日结算价进行结算，计算盈亏及相关费用，并实际进行划转。当日结算后保证金不足的投资者必须及时采取相关措施以达到保证金要求，以避免被强行平仓。

3. 股指期货合约有到期日

每个股指期货合约都有到期日，不能无限期持有。投资者要么在合约到期前平仓，要么在合约到期时现金交割。

4. 交易对象是标准化的期货合约

股指期货交易的对象不是股票价格指数，而是以股票价格指数为基础资产的标准化的股指期货合约。

在标准化的股指期货合约中，除了合约价格以外，包括标的资产、合约月份、交易时间等其他要素都是事先由交易所固定好的。

需要提醒的是，合约价格是该合约到期日的远期价格，而非交易时点的即期价格。

9.2.3　股指期货与股票的区别

股指期货与股票相比，有以下 4 点非常鲜明的不同，这对投资者来说尤为重要。

- ◆ **可持有时间不同**：期货合约有到期日，不能无限期持有。股票买入后可以一直持有，正常情况下股票数量不会减少，但股指期货都有固定的到期日，到期就要摘牌。
- ◆ **交易方式不同**：股指期货合约采用保证金交易，一般只需要付出合约面值 10% ~ 15% 的资金就可以买卖一张合约，而股票需要全额支付。
- ◆ **结算方式不同**：股指期货采用每日结算方式，因为采用保证金交易形式，在提高了盈利的空间情况下，也带来了风险，所以必须每日结算盈亏；而股票则是投资者卖出时统一结算。
- ◆ **交易制度不同**：股指期货交易可以做空，既可以先买后卖，也可以先卖后买，因而股指期货交易是双向交易。部分国家的股票市场没有做空机制，股票只能先买后卖，不允许先卖后买，此时股票交易是单向交易。

9.2.4　股指期货的风险

股指期货风险类型较为复杂，常见的主要有以下 5 类。

1. 法律风险

股指期货投资者如果选择了没有合法期货经纪业务资格的期货公司从事股指期货交易，投资者权益将无法得到法律保护；或者所选择的期货公司在交易过程中存在违法违规经营行为，则可能给投资者带来损失。

2. 市场风险

由于保证金交易具有杠杆性，当出现不利行情时，股价指数微小的变动就可能会使投资者权益遭受较大损失。

价格波动剧烈的时候甚至会因为资金不足而被强行平仓，遭受重大损失，因此投资者进行股指期货交易会面临较大的价格风险。

3. 操作风险

和股票交易一样，行情系统、下单系统等可能出现技术故障，导致无法获得行情或无法下单。或者由于投资者在操作的过程中出现操作失误，都可能会造成损失。

4. 现金流风险

现金流风险实际上指的是当投资者无法及时筹措资金满足建立和维持股指期货持仓的保证金要求的风险。股指期货实行当日无负债结算制度，对资金管理要求非常高。

如果投资者满仓操作，就可能会经常面临追加保证金的问题，如果没有在规定的时间内补足保证金，按规定将被强制平仓，可能给投资者带来重大损失。

5. 连带风险

为投资者进行结算的结算会员或同一结算会员下的其他投资者出现保证金不足、又未能在规定的时间内补足，或因其他原因导致中金所对该结算会员下的经纪账户强行平仓时，投资者的资产可能因被连带强行平仓而遭受损失。

9.2.5 股指期货合约

股指期货合约是期货交易所统一制定的标准化协议，是股指期货交易的对象。下面来看一下我国 3 份股指期货合约的内容，如表 9-1 所示。

表 9-1 股指期货合约

合约信息	沪深 300 股指期货	中证 500 股指期货	上证 50 股指期货
合约标的	沪深 300 指数	中证 500 指数	上证 50 指数
交易代码	IF	IC	IH
合约乘数	每点 300 元	每点 200 元	每点 300 元
交易制度	日内双向交易制度		
涨跌幅限制	上一个交易日结算价的 ±10%		
最低交易保证金	合约价值的 8%		
报价单位	指数点		
最小变动价位	0.2 点		
交易时间	上午：9:30 ~ 11:30，下午：13:00 ~ 15:00		
最后交易日	合约到期月份的第三个周五，遇国家法定假日顺延		
交割日期	同最后交易日		
交割方式	现金交割		

以沪深 300 股指期货为例，2020 年 3 月 6 日的合约最新价是 4120.80，假设投资者准备买一手，在最低 8% 交易保证金的情况下，投资者需要准备：4120.80 × 300 × 8%=98 899.2 元。

如果沪深 300 指数上涨到 4200 点，则投资者可以获得收益：（4200.00－4120.80）× 300=23 760 元。如果指数下跌，则依此计算亏损因为保证金交易方式，股指期货是一种以小博大的投资方式。

9.2.6 股指期货合约行情查看

关于股指期货的行情查看，投资者可以登录中国金融期货交易所官网（http://www.cffex.com.cn/）进行查看。

实例

在中国金融期货交易所查看合约行情

在中国金融期货交易所的主页内单击"产品"菜单项，即可看见目前可交易的期货产品，如图 9-5 所示。

<table>
<tr><th colspan="2"></th><th>产品</th><th>数据</th><th></th></tr>
<tr><td>首页</td><td>新闻公告</td><td></td><td></td><td>服务</td></tr>
</table>

权益类	利率类
沪深300股指期货	2年期国债期货
中证500股指期货	5年期国债期货
上证50股指期货	10年期国债期货

■ 沪深300股指期货　　中证500股指期货　　上证

图 9-5　我国股指期货的查询路径

投资者可以在产品页面查看期货合约的情况，如图 9-6 所示为沪深 300 股指期货的合约信息图。

合约信息表　结算业务参数表　　　　　　　　　　　　　　　　　2020年03月06日

合约代码	上市日	最后交易日	挂牌基准价
IF2003	20190722	20200320	3779.4
IF2004	20200224	20200417	4154.0
IF2006	20191021	20200619	3848.2
IF2009	20200120	20200918	4172.4

图 9-6　沪深 300 股指期货的合约信息图

股指期货的合约情况也可查看，如图 9-7 所示为沪深 300 股指期货的合约情况。

延时行情　　　　　　　　　　　　　　　　　　　　　　　　　　2020年03月06日

品种	合约名称	开盘价	最高价	最低价	最新价	涨跌	买价	买量	卖价	卖量	成交量	持仓量	图表
IF	IF2003	4161.40	4169.80	4120.40	4120.80	-73.80	4120.60	19	4123.20	3	90386	88637	▼
IF	IF2004	4156.00	4168.00	4119.00	4123.40	-71.20	4120.40	1	4123.00	1	5775	8697	▼
IF	IF2006	4131.00	4151.40	4098.00	4098.00	-79.00	4098.00	3	4099.00	1	15381	29358	▼
IF	IF2009	4103.00	4117.40	4060.00	4061.80	-77.20	4061.00	1	4061.80	1	2765	10806	▼

图 9-7　沪深 300 股指期货的合约情况

点击每一份合约情况表格最后面的倒三角图标，即可查看该合约的价格走势与成交情况，如图 9-8 所示。

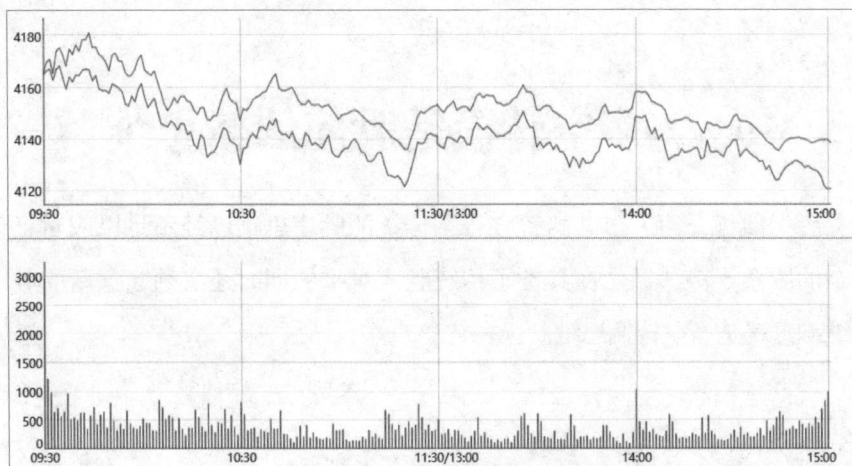

图 9-8　期货合约的行情走势与成交情况

9.2.7　股指期货的开户条件

投资者投资股指期货必须满足 3 个硬性要求。

◆　在申请开户时，个人账户内可用资金不能低于 50 万元。

◆　通过了金融期货基础知识的相关测试，并且测试的分数要在 80 分以上。

◆　有 20 笔以上的仿真交易记录，或 10 笔以上的商品交易记录。

◆　遵纪守法，没有不良信用记录。

◆　综合评估表的评分在 70 分以上。

由于股指期货的开户要求高，使得大多数散户投资者不能够利用股指期货套利或者投机，而机构投资者却能够顺利进入。

也就是说，机构投资者有机会享受双向交易带来的获利，也意味着如果庄家在股指期货市场上做空，则可能会影响到股市中的现货指数，甚至影响到整个股市。

9.3　多空转换是胜庄的新思维

股指期货合约上市开始就宣告了传统的胜庄思维已经不足以应对日益复杂的股票走势，显然在具备了传统胜庄思维的同时还必须建立新的胜庄思维，这就是多空转换思维。

9.3.1　庄家弱点无处不在

凡事皆有两面性，庄家因其强大的资金实力，在股市中横行无阻，但庞大的资金量也会给庄家带来烦恼。

1.进货难出货更难

吸筹是庄家坐庄的第一步，庄家要吸取足够的筹码，并且要保证筹码的低成本，且在较长时间的吸筹过程中不被市场中其他投资者发现，其实是比较困难的，因为大量的资金量入场，无论如何，盘面上都难掩其踪迹，很难做到绝对隐蔽。

同时庄家要出货就必须想方设法引诱散户"上钩"，要散户上钩就必定要投放"鱼饵"，这本身就是一个高风险的过程，稍有不慎可能全盘皆输。

实例

天津松江（600225）股价断崖式下跌，庄家出货不易

如图 9-9 所示为天津松江 2019 年 2 月至 7 月 K 线图。

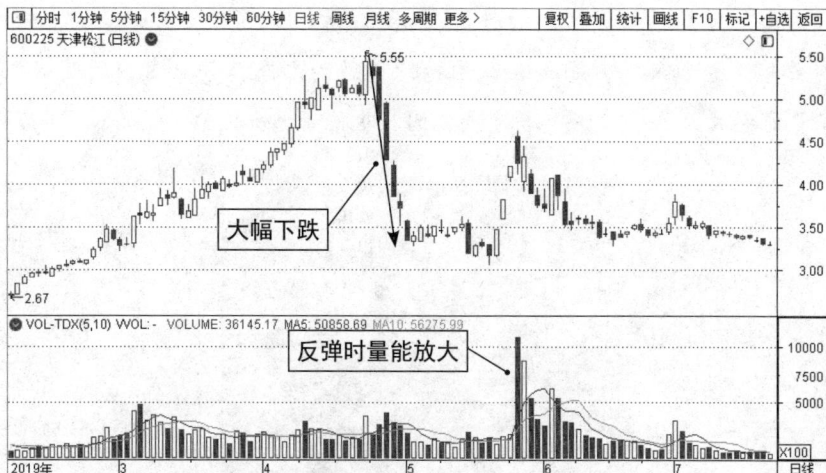

图 9-9　天津松江 2019 年 2 月至 7 月 K 线图

由上图可知，天津松江的股价从 2019 年 2 月开始处于持续上涨的走势，成交量一直保持的热度，到了 4 月中旬，股价进入高位瓶颈期，此时成交量出现缩减。

在高位停留了近一周时间后，股价迎来断崖式下跌，连续 3 个交易日以跌停运行，来看下这 3 个交易日的分时走势，如图 9-10 所示。

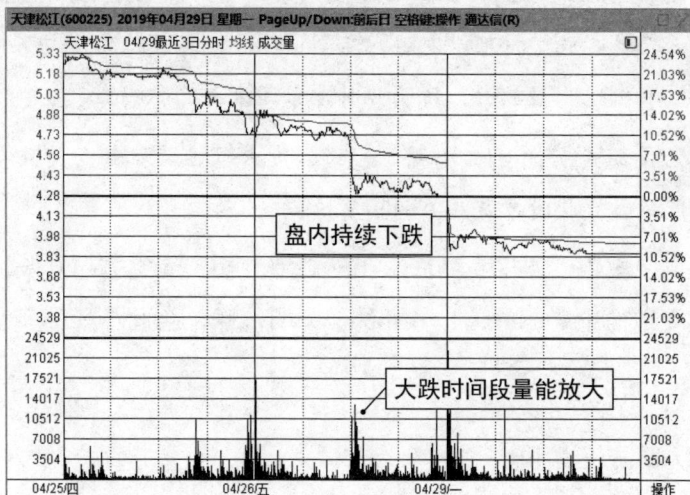

图 9-10　天津松江 2019 年 4 月 25 日至 29 日分时图

由图中可知，天津松江的股价在 2019 年 4 月 25 日至 29 日这 3 个交易日内并非开盘即跌停，而是在盘内持续下跌的形态，并且盘内的明显下跌期间量能也放大，来看下是否是散户们入市接盘，如图 9-11 所示。

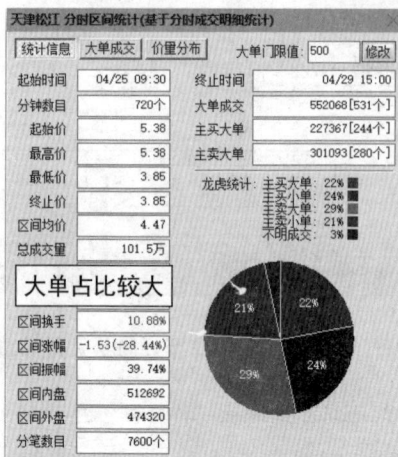

图 9-11　天津松江 2019 年 4 月 25 日至 29 日成交统计

由上图可知，天津松江的成交量在 2019 年 4 月 25 日至 29 日这几日内，大单占比较大，其中大单卖出占比 29%，大单买入占比 22%。联系股价持续下跌的情况，可以联想到在下跌途中有大额资金一直试图挽回股价，奈何徒劳无功。而观察成交量可以发现，在高位阶段或者股价断崖式下跌阶段，成交量并没有出现明显放大，说明此时庄家还未大面积抛出。

观察后续的走势，可以发现之后的股价出现强势拉升，并且在拉升高位出现量能放大，此时才是庄家的出货阶段。

通过以上案例，可以看到庄家虽然能够利用资金实力拉升股价，但是为使利润变现而出货的行为也并非能够一帆风顺，会面临各种突发事故的阻拦。

2. 多方提防压力不轻

庄家坐庄除了要一心一意布局给散户外，还要提防别的庄家，一旦庄家相互搏杀，则想要再翻身比较困难。

实例

全信股份（300447）股价长时间震荡，基金互相搏杀

如图 9-12 所示为全信股份 2019 年 3 月至 10 月 K 线图。

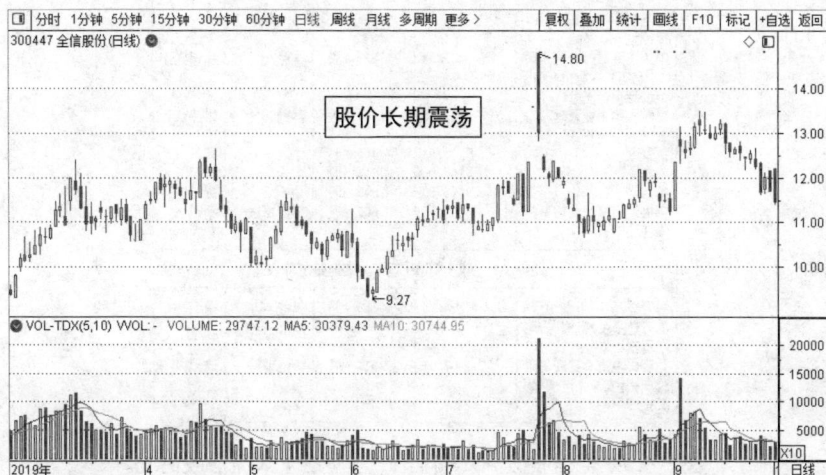

图9-12　全信股份2019年3月至10月K线图

由上图可知，全信股份的股价在 2019 年 3 月至 9 月这长达半年的时间内，一直处于震荡的形态，未有明显的趋势出现。

从公司披露的信息来看，基本每个季度都有基金新进，也有基金退出，显示出对于该股的未来行情走势，有基金机构一致看好，也可能是一致看空，还有可能是一部分看好，一部分看空。这就给这只股票的走势带来了相当大的不确定性，因此从 K 线图上可以看出该股的走势维持了近半年的震荡形态。

来看下全信股份 2019 年第一季度和第二季度的流通股股东情况，如图 9-13 所示为第一季度的十大流通股情况。

十大流通股东　　截止日期：2019-03-31
本期十大流通股中，机构共持1547.81万A股，占流通A股8.89%，占总股本4.95%。
股东户数15393 户均持股20318 流通A股东户数15393 流通A户均持股11310

股东名称	持股数(万股)	占流通股比	股东性质	增减情况(万股)
陈祥楼	3872.09	22.24% A股	个人	维持
杨玉梅	1766.64	10.15% A股	个人	维持
中意资管-招商银行-中意资产-招商银行-定增精选43号资产管理产品	689.66	3.96% A股	银行理财	维持
泰达宏利基金-平安银行-泰达宏利价值成长定向增发698号资产管理计划	489.48	2.81% A股	基金专户理财	维持
中国工商银行股份有限公司-南方大数据100指数证券投资基金	263.92	1.52% A股	基金	新进
建水奥维企业管理有限公司	252.45	1.45% A股	其他	维持
缪登奎	200.51	1.15% A股	个人	-309.49
陈和平	166.66	0.96% A股	个人	-275.34
杨洁	145.50	0.84% A股	个人	维持
中央汇金资产管理有限责任公司	104.75	0.60% A股	资产管理公司	新进
2019-03-31较上期退出前十大流通股东有				
易方达基金-工商银行-易方达基金臻选2号资产管理计划	194.75	1.12% A股	其他	退出
北京久友资本管理有限公司-久友军强定增私募投资基金	157.61	0.91% A股	其他理财	退出

图 9-13　全信股份 2019 年第一季度的十大流通股情况

由上图可知，在 2019 年第一季度，全信股份的前十大流通股股东中，有两家基金机构退出持股，两家基金机构新进，说明对于该股的后市走势，有机构看好，也有机构看空。

在第二季度，十大流通股股东中，一家基金和两名个人股东退出，新进 3 名个人持股者，依旧是看空看多者均有。因此该股的走势一直没有明显的上涨或下跌，皆因盘内的大额资金持筹者对后市看法不一致，且没有一家能够统一局面。

9.3.2　多空转换的残酷现实

了解庄家的弱点对我们认识股指期货的推出带来的格局和思维巨变有很大帮助。庄家弱点可以被散户利用，这是因为在单一做多机制下，庄家只能低吸高抛,庄家都想在低位买到成本低的股票,都想在高位卖给接盘的投资者。而股票数量不多,优质股票更少,这注定其弱点将会充分展现。

实例

上证指数(000001)指数与期货合约的相关性

如图 9-14 所示为上证指数与上证 50 股指期货合约 2019 年 12 月至 2020 年 3 月的 K 线图。

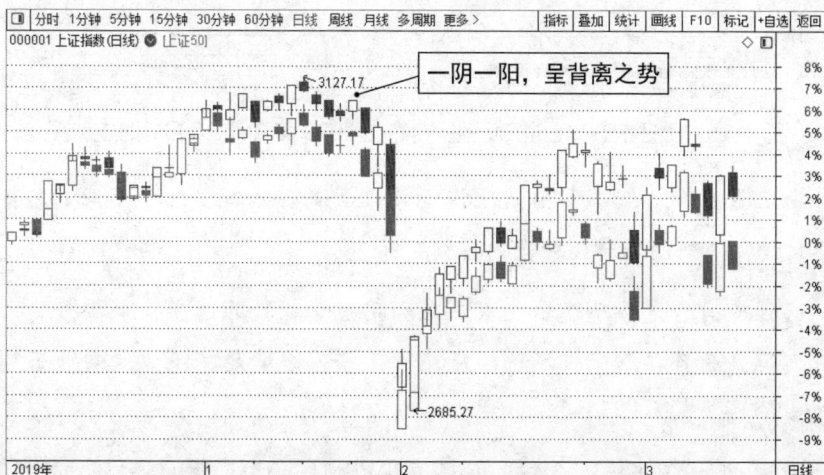

图 9-14 上证指数与上证 50 股指期货合约 2019 年 12 月至 2020 年 3 月 K 线图

由上图可知,上证指数在 2020 年 1 月创出阶段性新高 3127.17,之后出现连续几日的小阴线,随着春节假期的临近,指数日益有下跌的趋势。

观察发现上证 50 的指数合约走势与上证指数走势基本能够吻合,无论是大趋势还是 K 线形态。

观察春节假期之前的指数下跌阶段走势,发现这一阶段内,期货合约指数与上证指数的走势在 2020 年 1 月 20 日出现了背离,当日上证指数收出阳线,而上证 50 期货合约则收出阴线。

来看下 2020 年 1 月 20 日上证指数与上证 50 指数合约的分时走势图,如图 9-15 所示。

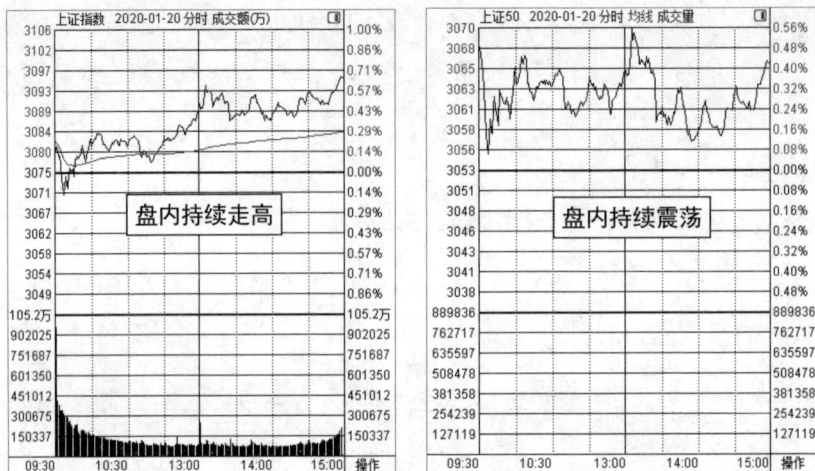

图 9-15 上证指数与上证 50 期货合约在 2020 年 1 月 20 日分时走势图

由上图可知，在 1 月 20 日上证指数与上证 50 合约走出了不同的趋势，指数持续走高，而期货合约盘内持续震荡。

这种不同的走势反映出庄家正在利用现货指数的迷惑性来掩盖其出货的真实性，而且在期货市场已经反应出了庄家嗅觉的不稳定，需要套期保值了。

股指期货可以做空，也就是说庄家可以利用股指期货的套利保值作用，在股票市场上做多，而在期货市场上做空，这样就可以弥补自己的损失。

散户投资者们在股指期货推出后应该逐渐树立起多空转换的思维，所谓多空转换思维就是多头情绪的时候要关注股指期货的运行态势，运用股指期货的套利保值功能做好风险防范，而不是一味地只买不卖，待价而沽。

作为容易被庄家割韭菜的散户投资者而言，每天养成看股指期货走势，收盘看看成交量和持仓变化的习惯，对于操盘战胜庄家，把握大势将会十分有益。